Allegria

Die Autoren

Alexa Kriele, die bekannte Engel-Dolmetscherin, eröffnet in ihren Büchern einen direkten Zugang zur Welt der Engel. Die himmlischen Helfer geben erhellende und erstaunliche Antworten auf die schwierige Frage nach dem Sinn des Lebens und der Schöpfung. Sie studierte Philosophie und Psychologie, danach war sie als Journalistin und Seminarleiterin für Manager tätig. Seit 1994 legt sie den Schwerpunkt ihrer Tätigkeit auf das Dolmetschen der Engel. Sie lebt mit ihrem Mann und ihren vier Kindern in Österreich. Weitere Informationen unter www.angeloi.org

Bernard Jakoby wurde 1957 in Cloppenburg geboren. Nach dem Studium leitete er regelmäßig Seminare, durch die er direkt mit Todesnäheerfahrungen konfrontiert wurde, und betreute Sterbende in Hospizen. Das Thema Nachtodkontakte faszinierte ihn so, dass er einzelne Fälle zu dokumentieren begann. Auf sein erstes Buch »Auch Du lebst ewig«, das 2000 zum Bestseller wurde, folgten weitere Publikationen, die in viele Sprachen übersetzt wurden. Er ist gefragter Interviewpartner, bspw. im Mai 2008 bei Johannes B. Kerner, und gilt heute als der Experte für Sterbeforschung im gesamten deutschsprachigen Raum.

Von Alexa Kriele sind in unserem Programm erschienen

Mit den Engeln über die Schwelle zum Jenseits
Mit den Engeln das Leben meistern
Die Engel geben Antwort
Wie im Himmel – so auf Erden (Bde. 1–4)
Beten mit den Engeln
Von Naturgeistern lernen

Alexa Kriele

Mit den Engeln über die Schwelle zum Jenseits

Bernard Jakoby fragt, die Engel geben Antwort

Ullstein

Besuchen Sie uns im Internet:
www.ullstein-taschenbuch.de

Allegria im Ullstein Taschenbuch
Herausgegeben von Michael Görden

Umwelthinweis:
Dieses Buch wurde auf chlor- und säurefreiem Papier gedruckt.

Ullstein Taschenbuch ist ein Verlag
der Ullstein Buchverlage GmbH
Neuausgabe im Ullstein Taschenbuch
1. Auflage Juni 2009

Umschlaggestaltung: FranklDesign, München
Satz: Nikolaus Hodina, München
Druck und Bindearbeiten: GGP Media GmbH, Pößneck
Printed in Germany
ISBN 978-3-548-74333-2

INHALT

Vorwort

I.

Bernard Jakoby veröffentlichte im Jahre 2000 das Buch *Auch Du lebst ewig – Die erstaunlichen Ergebnisse der modernen Sterbeforschung* (mit einem Vorwort von Elisabeth Kübler-Ross) und ließ eine Reihe weiterer Bücher zum Thema folgen.[1] Der außerordentliche Erfolg dieser Bücher zeigt, wie groß das Bedürfnis weiter Kreise nach sachlicher Information über das Geschehen im Sterben und nach dem Sterben ist.

Wir – Alexa und ich – lernten Bernard Jakoby im Mai 2003 in Italien kennen, durch »Zufall« (oder durch Fügung). Wir sprachen über die so genannten »Nahtoderfahrungen«: Tödlich Verunglückte, bei denen die ärztlichen Wiederbelebungsversuche zum Erfolg geführt haben, erinnern sich in vielen Fällen, dass sie sich bewusst waren, gestorben zu sein, und erzählen von ihren Erfahrungen. Bernard Jakoby hatte zwei Fragen. Erstens: Bestätigen die Engel, dass diesen Berichten reale Erlebnisse entsprechen, die jede Seele nach dem Sterben so oder ähnlich hat? Zweitens: Wenn es nicht zur Wiederbelebung kommt – wie geht es weiter, was für Erfahrungen macht die Seele dann? Wir verabredeten, das einmal zu erfragen.

In den Sommerferien besuchte uns Bernard Jakoby für eine Woche. Jeden Morgen, Mittag und Abend stellten er – und ergänzend auch ich – Fragen rund um das Thema »Sterben«. Die Antworten stammen von den Engeln Elion, Luminathron oder Jerach. Zu deren Charakterisierung ist in unseren früheren Büchern schon das Nötige gesagt worden. Die Tonbandaufzeich-

[1] *Das Leben danach – Was mit uns geschieht, wenn wir sterben,* 2001; *Die Brücke zum Licht – Nahtoderfahrungen als Hoffnung,* 2002; *Keine Seele geht verloren – Hilfe und Hoffnung bei plötzlichen Todesfällen und Suizid,* 2003, alle im Verlag Langen Müller.

nungen ließen wir abschreiben. Meine Aufgabe war es, die Texte zu redigieren und nach inhaltlicher Zusammengehörigkeit zu ordnen. Alsdann legten wir das Manuskript, wie üblich, dem Hohelehrer vor, der noch manches Erläuternde und auch einige Übungen hinzufügte.

II.

Es ist uns bewusst, dass diese Texte eine Herausforderung der gängigen Vorstellung sind, mit dem Tod sei »alles aus«. Denn es gebe kein Bewusstsein ohne funktionierendes Gehirn, folglich kein Fortleben der Seele nach dem Sterben und natürlich weder Gott noch Engel. Diese Annahme war ursprünglich nicht mehr als eine Forschungshypothese: Man wollte herausfinden, was sich unter Zugrundelegung dieser Annahme über die Weltzusammenhänge erkennen lässt. Erst im Laufe der Jahrhunderte verhärtete sie sich zum grundlegenden Dogma der »materialistischen« Weltanschauung. Man gab vor, es handle sich um das *Ergebnis* wissenschaftlicher Forschung und täuschte nicht nur andere darüber, sondern auch sich selbst. Und man versuchte, dieser Haltung durch sozialen Druck allgemein verbindliche Geltung zu verschaffen.

Doch das gelingt nicht mehr so leicht. Immer mehr Menschen stellen kritische Fragen und wollen wissen, wie es sich wirklich verhält. Im 19. und 20. Jahrhundert hat die materialistische Weltanschauung eine dogmatische Macht erlangt, die den sozialen Druck, den früher religiöse Weltvorstellungen ausübten, weit überstieg. Mit »Aufklärung« verband man nicht nur die Aufforderung: »Habe Mut, dich deines eigenen Verstandes zu bedienen!«, sondern: »In erster Linie unterwerfe dich bedingungslos dem materialistischen Dogma.« Religiöse, spirituelle, esoterische Erfahrungen waren der Lächerlichkeit preisgegeben, Engelgespräche hätten keine Chance gehabt, ernst genommen zu werden.

Doch das hat sich geändert. Immer weniger Menschen lassen sich so einfach bevormunden. Und die Engel nutzen das allmähliche Mündigwerden der Menschen zur Information auch über Fragen, die den Naturwissenschaften von ihrem methodischen Ansatz her prinzipiell unzugänglich sind.

III.

Die »Nahtoderfahrungen«, die Bernard Jakoby in seiner Einleitung zusammenfassend darstellt, bilden eine Brücke zwischen wissenschaftlicher und spiritueller Welterkenntnis. Die Materialisten wandten gegen die Erfahrungsberichte Wiederbelebter ein: So etwas könne es gar nicht geben. Die »Wiederbelebten« seien nur scheinbar gestorben, in Wirklichkeit bloß bewusstlos gewesen. Chemische und physiologische Prozesse im Gehirn hätten bei ihnen entsprechende Illusionen hervorgerufen. Doch da blieben Fragen.

Die Wiederbelebten berichten beispielsweise, wie sie die ärztlichen Bemühungen beobachtet haben, und zwar erzählen sie von Details, die sie unmöglich kennen könnten, wenn sie sie nicht gesehen hätten. Oder sie berichten, wie sie von einem weit entfernt wohnenden Angehörigen Abschied genommen haben. Dieser hat dann zu einem Zeitpunkt, als die Nachricht von dem Unglücksfall noch gar nicht eingetroffen war, einem anderen erzählt: der Betreffende sei ihm erschienen, um »Adieu« zu sagen. Wie ist das alles möglich? Neugierig gewordene Forscherteams unterzogen solche Berichte einer methodischen Kontrolle und fanden sie authentisch.

Die Wiederbelebten berichten ferner, dass sie durch ein tunnelartiges Dunkel auf ein Licht zugegangen seien, dass sie von früher Verstorbenen in Empfang genommen worden seien, dass ihr Leben wie in einem Film vor ihrem inneren Auge abgelaufen sei. Meist wussten sie gar nicht, dass das typische Geschehensabläufe sind, die auch von anderen Wiederbelebten so geschildert werden.

Die Materialisten helfen sich, indem sie die Zeugenberichte bezweifeln: diese »müssten« auf psychologischer Manipulation, wenn nicht auf Schwindel beruhen, ja sie weigern sich, solchen Unsinn auch nur zur Kenntnis zu nehmen. Doch es gibt keinen Grund, die Seriosität der Forscher, die die Nahtodberichte überprüft und als korrekt bestätigt haben, in Frage zu stellen.

Zum Geist wissenschaftlicher Wahrheitssuche gehört, auch überraschende und erstaunliche Forschungsergebnisse gelten zu lassen und nicht nur solche, die sich in den Rahmen der bisher vorausgesetzten Annahmen hineinzwängen lassen. Gewiss ist behutsame Skepsis immer angebracht. Gibt man jedoch dem bisher üblich gewesenen Denkschema bedingungslos Vorrang vor neuen Erkenntnissen, so heißt das, der wissenschaftlichen Forschung aus ideologischen Motiven die Anerkennung zu versagen.

Die Menschen, die Nahtoderfahrungen gemacht haben, zweifeln nicht mehr an der realen Existenz einer jenseitigen Welt. Sie haben erfahren, dass sie ihren Körper verlassen haben und sich dennoch ihrer selbst bewusst waren. Die Erinnerung an ihre Erlebnisse hat sie zutiefst berührt, ja erschüttert. Sie haben ihre Weltsicht um die religiöse Perspektive erweitert und stellen Fragen, die sich damit auftun. Es interessiert sie nicht mehr, was »man« sagt oder was man zu sagen hat, wenn man als »moderner Mensch« gelten will. Es interessiert sie vielmehr, wie die Realitäten dieser Welt wirklich sind. Sie sind Zeugen dieser Realität.

Wer ihre Zeugenberichte nach sorgfältiger kritischer Prüfung ernst nimmt, gehört zu den Pionieren des neuen Jahrtausends. Der mündige, aufgeklärte Mensch will nicht nur wissen, was die empirische Wissenschaft über die Gegebenheiten der materiellen Welt herausfinden kann. Er zeigt sich auch offen für Fragen nach der Welt des Himmels, die niemand so zuverlässig beantworten kann wie die heiligen Engel Gottes. Es ist ja von großer lebenspraktischer Bedeutung, schon während des Erdenlebens zu wissen, was für Erfahrungen die Seele nach dem Sterben machen wird.

Martin Kriele

Einleitung

Eine Nahtoderfahrung ist das Erlebnis von Menschen, die klinisch tot gewesen sind und dann reanimiert wurden. Die Betroffenen berichten von Erlebnissen außerhalb ihres Körpers und jenseits des Wahrnehmbaren.

Erstmals wurde ich Ende der siebziger Jahre durch das Buch *Leben nach dem Tod* (1977) von Raymond Moody auf die Existenz von Nahtoderfahrungen aufmerksam. Seit nunmehr über zwanzig Jahren beschäftige ich mich ausgiebig mit dem Sterben, dem Übergang in die andere Welt und was danach mit uns geschieht. Bald lernte ich auch die Bücher von Elisabeth Kübler-Ross schätzen.

Im Jahr 1986 erkrankte meine Mutter an Magenkrebs, 1988 mein Vater an Darmkrebs. Durch die intensive Begleitung meiner Eltern erhielt ich tiefe Einblicke in den Sterbeprozess sowie den Umgang von Kliniken mit finalen Tumorerkrankungen. Meine Eltern starben 1990: mein Vater im August, meine Mutter im November. Damals beendete ich gerade mein Studium der Literaturwissenschaft. Nach dem Tod der Eltern folgte eine schwierige Zeit der Neuorientierung und die Verarbeitung des Verlusts. Schließlich ging ich 1994 nach Berlin, wo ich schon bald erste Seminare und Vorträge hielt. Immer mehr Menschen vertrauten mir ihre persönlichen Erfahrungen an. Daneben ergaben sich diverse Sterbebegleitungen in meinem privaten Umfeld. Ende 1997 erschien in der *Berliner Morgenpost* ein erster Artikel über meine Arbeit, und dieser führte zu einer enormen Nachfrage nach Seminaren und Vorträgen. Der Bedarf nach sachlicher Information über die Sterbe-Erfahrung ist enorm, so dass zunehmend Einladungen zu Ärztekongressen, in Hospizeinrichtungen oder Pflegeheime erfolgen.

Im Sommer 2003 lernte ich Alexa Kriele und ihren Mann Martin auf einem Kongress über das Leben nach dem Tod in Italien kennen. Wie sich herausstellen sollte, war dies eine von den Engeln arrangierte Begegnung. Wir verstanden uns auf Anhieb und ich lernte Alexa als eine sehr bodenständige, fest im Leben verankerte Frau kennen, deren Grundanschauungen auf berührende Weise mit den meinigen korrespondieren. Noch am selben Abend beschlossen wir, ein gemeinsames Projekt ins Auge zu fassen, wobei ich den Engeln Fragen über den Gesamtzusammenhang vom Sterben, dem Übergang und dem Leben danach stellen sollte.

Nun hatte ich zwar schon von Alexa Kriele und ihrer Arbeit gehört, und es befanden sich auch einige Bücher von ihr in meiner Bibliothek, aber eigentlich stand ich Engeln grundsätzlich sehr skeptisch gegenüber. Für meinen Geschmack gibt es zu viele süßlich-oberflächlich anmutende Engelbücher, die rein subjektive Erlebnisse viel zu euphorisch darstellen, als dass sie ernst genommen werden können. Natürlich hatten mir auch Teilnehmerinnen in meinen Seminaren immer wieder von Eingriffen der Engel in ihr Leben berichtet.

Ich selbst hatte in Berlin vor Jahren an einem Abend teilgenommen, an dem Engel gechannelt wurden, was mir ziemlich unglaubwürdig vorkam. Die gegebenen Antworten waren so allgemein, dass sie auf alles zutreffen konnten. Und so fragte ich mich ernsthaft, als ich aus Italien zurückkam, ob ein solches Frage-Antwort-Buch – und dazu noch über Sterben und Tod – mit meiner eher sachlich-aufklärenden Arbeit zu vereinbaren sei. Ich führte zahlreiche Gespräche mit Alexa, in denen ich offen meine Bedenken äußerte.

In meinem damaligen Sommerurlaub las ich dann Alexas Buch über den Sinn des Lebens. Ich war überrascht und gefangen von der tiefen und echten Geistigkeit der Antworten der Engel. Anfang Juli 2003 reiste ich dann nach Möggers, um die Befragung durchzuführen.

Was ich in jener Woche erleben durfte, habe ich nie für möglich gehalten. Es hat mein Leben für immer verändert, weil ich mit einer Realität konfrontiert wurde, die ich so zumindest bislang nicht angenommen hatte. Äußerlich liefen die Befragungen unspektakulär ab. Alexa konzentrierte sich kurz, sprach ein Gebet, und dann spürte sie die Gegenwart der Engel, was sich durch ein Lächeln auf ihrem Gesicht ausdrückte. Alexa versteht sich als Dolmetscherin der Engel, nicht als Medium oder Channel. Sie hört die Stimmen der Engel in ihrem Inneren und gibt wieder, was diese ihr auf die Fragen antworten. Welche Antworten dann aber auf meine vorbereiteten Fragen kamen, war mehr als erstaunlich.

Im Grunde bestätigten die Engel alles, was ich in meinen bisherigen Büchern an Wissen über den Tod niedergeschrieben habe. Doch die Mitteilungen gingen noch darüber hinaus und boten tiefe Einsichten in die geistige Realität des Jenseits. Alles ist hier im Folgenden nachzulesen.

Zum besseren Verständnis des Lesers möchte ich nun einen kurzen Abriss über den Stand der heutigen Sterbeforschung geben.

Die Geschichte der Sterbeforschung

Der Vorgang des Sterbens weist bestimmte Merkmale auf, die sich zu allen Zeiten und in allen Kulturen feststellen lassen. Der zugrunde liegende Kode, der uns aufzeigt, was mit uns geschieht, wenn wir sterben, ist historisch belegbar.

Schon im Gilgamesch-Epos, der ältesten überlieferten literarischen Erzählung, befindet sich der Held auf der Suche nach Unsterblichkeit. Er dringt in das Reich des Todes ein und kehrt von dort zurück. Wie in den heutigen Nahtoderfahrungen auch, finden wir in diesem Epos den dunklen Tunnel, das Licht und paradiesische Landschaften.

Plato schildert in seiner *Politeia* die tiefe Nahtoderfahrung des Kriegers Er. Im Neuen Testament wird im zweiten Korinther-Brief das Außerkörperlichkeitserleben mit Paradiesvisionen des Apostels Paulus beschrieben (2 Korinther 12,2–4). Schon hier wird die Unmöglichkeit artikuliert, solche Erfahrungen niederzuschreiben. Im Tibetischen Buch der Toten finden sich exakte Angaben darüber, was die Seele in den Zwischenstufen des Jenseits erlebt. Auch diese so genannten Bardo-Stationen weisen große Ähnlichkeiten mit Todesnähe-Erlebnissen auf. In der Mystik des Mittelalters wird ein erweiterter Bewusstseinszustand erfahren, in dem durch persönliche Hingabe und Versenkung eine Vereinigung mit Gott angestrebt wird. Die gemeinsame Quelle all dieser mystischen Erfahrungen über die Jahrhunderte ist das Licht, welches geschaut wird.

Durch dieses Licht gehen wir alle beim Sterben. Das Licht ist ein Bote Gottes, ein Engel, der die viel beschriebene Liebe vermittelt. Unabhängig von der jeweiligen Kultur, ist das Licht ein Ausdruck der Urkraft hinter allem Sein. Das wird auch in Nahtoderfahrungen beschrieben. Mellen Thomas Benedict berichtet: »... ich unterhielt mich mit dem Licht. Es nahm dabei ständig eine andere Gestalt an, die von Jesus, Buddha, Krishna, von Mandalas, archetypischen Bildern und Zeichen. Ich fragte das Licht: ›Was geht hier vor?‹ Das Licht antwortete: ›... dass der jeweilige Glaube die Art von Feedback bestimmt, die man von dem Licht bekommt. Wenn man buddhistisch, katholisch oder fundamentalistisch orientiert war, bekommt man seine eigenen Sachen zurückgespiegelt ...‹«[2]

Eine direkte Begegnung mit Gott oder Christus würden wir gar nicht ohne weiteres ertragen. Eine Nahtoderfahrung zeigt, dass der Tod ein Übergang ist in eine andere Form des Seins. Sterben ermöglicht die Erfahrung einer Bewusstseinserweiterung, die grundsätzlich transzendenter oder mystischer Natur ist. So gesehen hat jeder von uns schon im Leben die Möglichkeit, sich als Teil der Unendlichkeit zu erfahren. Das Wissen um ein Leben nach dem Tod zieht sich durch die Jahrhunderte. Erst der Materialismus des einsetzenden 20. Jahrhunderts mit seinen zwei verheerenden Weltkriegen führte in der Mitte des Jahrhunderts zu einer extremen Verdrängung von Sterben und Tod.

Die Schweizer Ärztin Elisabeth Kübler-Ross war es, die den Tod in den sechziger Jahren wieder zu einem öffentlichen Thema machte. Sie wagte es, sich als Medizinerin an die Betten von Sterbenden zu setzen und ihre Beobachtungen über den Sterbeprozess aufzuzeichnen. Damals sprach niemand mit den Sterbenden über ihren bevorstehenden Tod, sondern man log sie aus falscher Barmherzigkeit an. Die Gesellschaft wurde nun von dem Wissen erschüttert, dass Sterbende den eigenen Tod in einer bestimmten, voraussagbaren Weise emotional verarbeiten. Die Erkenntnisse von Elisabeth Kübler-Ross über das so genannte »Fünf-Phasen-Modell des Sterbeprozesses« (Verleugnung, Isolation, Wut, Depression und Annahme) legte sie in ihrem Buch *Interviews mit Sterbenden* 1969 nieder, das weltweit auf gro-

[2] Michael Baigent, *Spiegelbild der Sterne.* München 2001, S. 225.

ßes Interesse stieß. Fortan galt sie als Pionierin der Sterbeforschung. In späteren Werken, wie *Kinder und Tod* (1984) oder *Über den Tod und das Leben danach* (1982), beschäftigte sich die Schweizer Ärztin auch mit den spirituellen Aspekten der Sterbe-Erfahrung.

Es ist ihrer Vorarbeit zu verdanken, dass in den siebziger Jahren die Zeit reif wurde für die Nahtoderfahrung. Unerschütterlich trat sie für die Rechte der Sterbenden ein. Es ist ihr Verdienst, dass wir heute frei darüber entscheiden können, wo wir sterben wollen: ob im Krankenhaus, zu Hause, im Pflegeheim oder im Hospiz.

Kübler-Ross unterstützte die Publikation von Raymond Moodys Publikation *Leben nach dem Tod* – ein ebenfalls erfolgreicher Titel – durch ein Vorwort. Erstmals berichtete dieses Buch anhand zahlreicher Fallbeispiele von der Nahtoderfahrung und wurde dadurch Millionen von Menschen ein Begriff. Die Intensivmedizin ermöglicht es heute, immer mehr Menschen aus dem klinischen Tod zurückzuholen. Es gibt heute mindestens fünfzig Millionen Menschen auf der ganzen Welt, die Todesnähe-Erlebnisse erfahren haben. Alleine für Deutschland belegt eine Studie der Universität Konstanz von Ende 1999, dass 3,5 Millionen Menschen derartige Erfahrungen gemacht haben. Die heute vorliegenden Erkenntnisse der Sterbeforschung zeigen eindeutig, dass Sterben keineswegs die Auslöschung des Lebens bedeutet, sondern nur ein Übergang ist in eine andere Form des Seins.

Im Gefolge von Kübler-Ross und Moody etablierte sich dann die Sterbeforschung. Wissenschaftler aller Disziplinen haben in den vergangenen dreißig Jahren weltweit und unabhängig voneinander die ursprünglichen Befunde bestätigt und erweitert. So konnte die Existenz der außerkörperlichen Erfahrung immer wieder verifiziert werden. Es gibt eine Studie mit Blinden, in der nachgewiesen werden konnte, dass diese während ihrer Erlebnisse an der Schwelle zum Tod sehen konnten. Die Sterbe-Erfahrungen von Kindern wurden ebenso eindeutig dokumentiert. Auch die negativen Höllenerfahrungen, die früher gerne unterschlagen wurden, sind zum Gegenstand wissenschaftlicher Forschung geworden. All diese spezifischen, unterschiedlichen Forschungsergebnisse werden in meinen Büchern umfassend dargestellt.

Die Bedeutung der Nahtoderfahrung für unser Leben

Der Kardiologe Pim van Lommel führte die erste prospektive Studie über einen Zeitraum von zehn Jahren durch: van Lommel und sein Team befragten dabei 344 Patienten direkt nach einer Wiederbelebung, welche Erfahrungen sie während des klinischen Todes gemacht haben. Alle Teilnehmer der Studie wiesen nachweislich einen Herzstillstand auf. Dieser direkte Forschungsansatz ist neu, da alle bisherigen Studien retrospektiv entstanden sind. Moody, Kübler-Ross oder der Psychologe und Sterbeforscher Kenneth Ring befragten ihre Patienten oft Jahre später nach einer Nahtoderfahrung, wobei die näheren Umstände des klinischen Todes nicht mehr überprüft werden konnten. In Holland hingegen wurden die Patienten direkt, innerhalb weniger Tage, nach einer Nahtoderfahrung gefragt. In dieser Studie wurden auch die Persönlichkeitsveränderungen von Menschen nach einer Nahtoderfahrung erstmals in Europa erfasst. Dafür nahmen die Forscher zwei und acht Jahre später noch einmal Kontakt mit den Patienten auf. Wie sich herausstellte, verfügten alle Menschen, die eine Nahtoderfahrung erlebt hatten, nicht nur über eine konkrete Erinnerung, sondern unterschieden sich von den übrigen Patienten, die keine Nahtoderfahrung aufweisen konnten. Menschen mit Todesnähe-Erlebnissen haben keine Angst mehr vor dem Tod und sind von einem Leben danach absolut überzeugt. Sie glauben nicht, sie wissen! Es zeigte sich, dass die sozialen und ethischen Einstellungen der Betroffenen sich erheblich verändert hatten. Grundsätzlich verändert sich die Persönlichkeit eines Patienten durch die Lichterfahrung.

Von den 344 befragten Patienten erlebten 61 eine Nahtoderfahrung und 41 davon sogar eine Kernerfahrung. Diese Ergebnisse entsprechen dem Durchschnitt aller bisherigen Erhebungen:

Von allen Menschen, die klinisch tot waren, erinnern sich 18 Prozent an eine Nahtoderfahrung. Dass sich scheinbar so wenige erinnern, hat unterschiedliche Gründe. Zum einen werden häufig zu starke Beruhigungsmittel verabreicht, die das Kurzzeitgedächtnis auslöschen. Es gibt offensichtlich unterschiedliche Grade von Todesnähe, die wissenschaftlich nicht messbar sind. Ein anderer wesentlicher Faktor ist die Verdrängung. Viele

Menschen können veränderte Bewusstseinszustände nicht einordnen und wollen sie deshalb nicht akzeptieren oder realisieren. Deswegen werden solche Erlebnisse verdrängt, auch weil sie häufig nicht in das vorherrschende Weltbild der betroffenen Person passen.

Die Studie stellte fest, dass es sieben Jahre dauert, bis ein solches Erleben in die Persönlichkeit eines Menschen integriert werden kann. Zahlreiche Menschen sind nach einer Nahtoderfahrung über Jahre desorientiert und wissen nicht, wie sie ihre neu gewonnenen Erkenntnisse über den Tod und das Leben danach in eine wie auch immer geartete Praxis umsetzen können. Darüber hinaus berichten einige unter ihnen, dass sie mit allem Wissen verbunden waren oder sogar Einsichten in ihre Zukunft erhielten. Es zeigt sich, dass vor allem die Angehörigen Schwierigkeiten mit den Persönlichkeitsveränderungen haben.

Das eigentlich Aufsehen erregende Ergebnis dieser Studie war die Erkenntnis der Mediziner, dass Bewusstsein unabhängig vom Körper existiert. Die Forschungsergebnisse wurden in zahlreichen medizinischen Fachzeitschriften veröffentlicht und führen bis heute zu Pro- und Contra-Diskussionen in den Naturwissenschaften. Eine Parallelstudie zum gleichen Zeitpunkt in England ergab ähnliche Befunde. Heute können wir mit Sicherheit sagen, dass die Existenz und Bedeutung der Todesnähe-Erlebnisse wissenschaftlich nicht mehr ignoriert werden kann. Die Studie bestätigt unter Laborbedingungen den Kode der Nahtoderfahrung, der uns darüber belehrt, was mit uns geschieht, wenn wir sterben.

Pim van Lommel kommt als Schulmediziner zu folgendem überraschenden Schluss: »Was wir nun wissen ist, dass die üblichen Erklärungen für Nahtodeserfahrungen nicht stimmen. Sie treten nicht aufgrund von absterbenden Hirnzellen oder einer Veränderung der Blutzufuhr auf. Auch das Alter, Geschlecht, der Beruf oder die Religion spielen keine Rolle«, sagte er gegenüber dem holländischen *Telegraaf*.[3]

Damit ist das viel zitierte Argument vom Sauerstoffmangel im Gehirn als Ursache einer Nahtoderfahrung vom Tisch. Wenn Sauerstoffmangel die Ursache wäre, müssten sich alle Patienten, die klinisch tot gewesen sind, an eine Nahtoderfahrung erinnern.

3 *De Telegraaf*, 13.12.2001.

Lommels Ergebnisse belegen, dass ein Mensch über Bewusstsein und Selbstbewusstsein verfügt, selbst wenn sein Gehirn nicht mehr funktioniert. Auch sein britischer Kollege Sam Parnia kam in seiner Parallelstudie an der Universität Southampton zu folgendem Ergebnis: »All diese Nahtoderlebnisse müssen in tiefer Bewusstlosigkeit entstanden sein. Das ist ein überraschendes Ergebnis, weil bei einem tief komatösen Patienten die Gehirnstrukturen schwer beeinträchtigt sein müssen, auch jene, die das Gedächtnis und die subjektiven Erfahrungen unterstützten.«[4]

Ich möchte nun im Folgenden den Kode der Nahtoderfahrung und seine Bedeutung für den Sterbeprozess des Menschen genauer darstellen.

Der Kode der Nahtoderfahrung

1. Das Gefühl, tot zu sein

Viele Menschen mit Nahtoderfahrung berichten, dass sie reines Bewusstsein waren und ihnen absolut klar war, dass sie gestorben sind. Sie verlassen den physischen Körper und berichten von einer Dimension ohne Zeit. Das Ich schwebt über dem Geschehen. Die Betroffenen nehmen sich als körperlos oder extrem leicht wahr, können sich mit sehr schneller Geschwindigkeit fortbewegen und an jeden beliebigen Ort versetzen.

2. Frieden und Schmerzfreiheit

Es kommt zu einer Stimmungsaufhellung mit Gefühlen von Leichtigkeit, Wohlbefinden, Friede und Glück. Wichtig zu wissen ist es, dass Menschen mit schweren Schmerzen sich bei Nahtoderfahrungen schmerzfrei fühlen. Der Schmerz endet, sobald der Körper hinter sich gelassen wird. Schmerz ist ein Phänomen, das nur mit dem biologischen Körper zu tun hat, niemals aber mit dem Leben nach dem Tod. Aller körperlicher Schmerz endet nun.

Ein Seminarteilnehmer erzählte mir: »Ich habe jetzt keine Angst mehr vor dem Tod. Ich kann Ihnen aus persönlicher Erfahrung versichern, dass der Schmerz endet, auch wenn er noch

4 siehe *PM Perspektive*, 1/2002.

so schlimm wird, und Sie finden sich außerhalb Ihres Körpers wieder in einer anderen Dimension, noch sehr lebendig, aber ohne jeden Schmerz.«

3. Das Erlebnis der Außerkörperlichkeit

Dieser Baustein der Nahtoderfahrung, dass sich Sterbende plötzlich erleben, wie sie auf ihren eigenen Körper herabschauen, gilt als ganz wesentliches Element des Nahtodkodes.

Das Erleben der Außerkörperlichkeit ist Teil einer immensen Bewusstseinserweiterung. Alle Begrenzungen des Körpers sind aufgehoben und der Mensch erlebt sich als körperlos.

Bewusstsein ist ein universales Phänomen und gilt als Grund allen Seins. Der Begriff Bewusstsein meint in diesem Zusammenhang, dass der Erlebende sich seiner Situation und Umwelt, aller Ereignisse und seiner Handlungen klar bewusst ist. Er ist mit einer Ich-Identität ausgestattet und bemerkt, dass er nun Teil der Einheit schlechthin ist. Im außerkörperlichen Zustand zeigt sich, dass Bewusstsein weder im Raum noch in der Zeit lokalisiert und durch das Leben oder den Tod nicht beschränkt ist. Da der Mensch ein Teil dieses Universalbewusstseins ist, kehrt er während der außerkörperlichen Erfahrung sozusagen in seinen natürlichen Zustand zurück. Diese Erlebenden nehmen alle Dinge wahr, die sich im Umfeld ihres Todes ereignen, und befinden sich in Gedankenschnelle in der Gegenwart von Angehörigen, wo immer diese sich auch aufhalten mögen.

Die Seminarteilnehmerin Sabine Uhlig berichtet Folgendes: »Ich schwebte an die Decke, sah zu, wie die Ärzte hektisch versuchten, meinen Körper zu reanimieren. Doch ich fühlte mich wohl und lachte darüber. Während der OP konnte ich ins Nebenzimmer schweben und sehen, wie die Schwestern meine neugeborene Tochter badeten. Dann dachte ich an meinen damals neunjährigen Sohn, der mit seinem Chor auf Sylt war. Ich befand mich unmittelbar in seiner Gegenwart und sah, wie er zu Mittag aß. Ich spürte irgendwie, dass er mich noch brauchte.«

Später befragte sie die Krankenschwestern, fuhr sogar selbst nach Sylt, um sich das Hotel, in dem ihr Sohn war, anzuschauen – alles war genauso, wie sie es im Todeskampf gesehen hatte!

Bei einer schweren Bypassoperation kam es bei einem 43-jährigen Mann zu zweimaligem Herzstillstand: »Plötzlich fühlte ich mich außerhalb meines Körpers halbhoch im Raum schwebend und beobachtete die Bemühungen der Ärzte um meinen Körper. Ich erkannte jedes Detail und verstand ihre Gespräche.« Zwei Beobachtungen blieben ihm besonders im Gedächtnis. »In dem Schwebezustand sah ich deutlich das Firmenschild/Typenschild eines medizinischen Gerätes. Ich nannte dem Arzt die genauen Bezeichnungen auf diesem Schild.« Es stellte sich heraus, dass die Angaben des Mannes stimmten. Die Schwester bestätigte, dass es für den Patienten unmöglich gewesen sei, dieses Gerät während des Eingriffs zu sehen.[5]

4. Das Tunnelerlebnis

Der Tunnel ist der Übergang in die geistige Welt. Manche berichten davon, durch eine Dunkelheit oder Leere hindurchgegangen zu sein. Andere sprechen von Strassen, Korridoren, Flüssen, Räumen, Bergpässen, Brücken, langen Gängen oder gar dunklen Wolken. Manche nehmen auch Geräusche wahr, von einer Art Rauschen bis hin zu ätherischer Musik.

Durch das Übergangserlebnis des Tunnels verändert sich das Zeitgefühl der Betroffenen, und es stellt sich eine Bewusstseinserweiterung ein. Das vom Körper losgelöste Ich erkennt nun nicht länger Dinge der physikalischen Welt, wie es noch beim außerkörperlichen Erleben beschrieben wird. Nun wird ein visionäres Licht erlebt, auf das die Betroffenen regelrecht zurasen. Während dieser Reise erweitert sich das Bewusstsein dergestalt, dass das Ich im Stande ist, die geistige Welt zu schauen. Neben dem Licht können nun andere Lichtwesen, Verstorbene, unbekannte Farben oder wundervolle Landschaften wahrgenommen werden. Es sind alles Dinge, die nicht von dieser Welt sind, also übersinnliche oder außersinnliche Wahrnehmungen. Die gesamte Perspektive des Ichs verändert sich, da alles, was vorgeht, nun gleichzeitig erlebt wird und bewusst ist. Durch die im Tunnel erfahrene Bewusstseinserweiterung verbindet sich alles mit allem. Der Geist begegnet sich in allem selbst und ist sich gleichzeitig seiner Einzigartigkeit voll bewusst.

5 Günter Ewald: *Ich war tot. Ein Naturwissenschaftler untersucht Nahtod-Erfahrungen*, Augsburg 1999, S. 23.

5. *Begegnung mit Verstorbenen oder Lichtwesen*

Während einer Nahtoderfahrung kommt es sehr häufig zu einer Begegnung mit schon verstorbenen Angehörigen. Bei der Durchquerung des Tunnels berichten etliche davon, die Anwesenheit von Verstorbenen wahrgenommen zu haben. Diese Wesen erscheinen in der Form, wie man sie gekannt hat; die Kommunikation erfolgt durch Gedankenübertragung.

Besonders bemerkenswert an diesen Begegnungen ist es, dass manchmal Personen gesehen werden, von denen der Betroffene nicht wusste, dass sie schon gestorben waren. Andere berichten von einem Treffen mit ihnen bis dahin unbekannten Personen, wobei sich später herausstellte, nachdem sie ins Leben zurückgekehrt sind, dass es sich um verstorbene Verwandte handelte, die sie gar nicht gekannt hatten.

In der medizinischen Studie von Pim van Lommel wird ein solches Beispiel zitiert: »Ein Patient erzählte mir, dass er während seiner Nahtoderfahrung, die durch einen Herzstillstand verursacht wurde, nicht nur seine verstorbene Großmutter sah, sondern auch einen Mann, der ihn liebevoll anschaute, welchen er aber nicht kannte. Mehr als zehn Jahre später, auf dem Totenbett seiner Mutter, erzählte sie ihm, dass er ein uneheliches Kind sei. Sein Vater war ein Jude, der deportiert wurde und während des Zweiten Weltkrieges ums Leben kam. Seine Mutter zeigte ihm ein Bild: Es war der unbekannte Mann, den er während seiner Nahtoderfahrung gesehen hatte. Dieser Mann war sein biologischer Vater.«[6]

Elisabeth Kübler-Ross stellte bereits 1984 in ihrem Buch *Kinder und Tod* fest, dass kein einziges der sterbenden Kinder jemals lebende Personen während einer Nahtoderfahrung gesehen hatte. Gerade bei kleinen Kindern könnte angenommen werden, dass sie sich nach ihrer Mutter oder ihrem Vater sehnen. Alle bis heute vorliegenden Studien weisen aber darauf hin, dass es sich in diesen Visionen immer um schon verstorbene Angehörige handelte.

6 Die ausführliche Originalstudie von Pim van Lommel kann unter folgender Adresse bestellt werden: Division of Cardiologie, Hospital Rijnstate, Postbox 9555, 6800 TA Arnhem Netherlands. Zitat vgl. S. 6 dieser Studie.

Aus diesen Gesamtzusammenhängen lässt sich erschließen, dass niemand alleine stirbt. Entweder werden wir von verstorbenen Verwandten abgeholt oder aber von Lichtwesen in Empfang genommen. Selbst wenn jemand alleine in der Wüste verhungert oder verdurstet, sind Geistwesen bei dem Betroffenen, um ihm bei seinem Übergang behilflich zu sein.

6. Die Lichterfahrung

Die Begegnung mit dem Licht gilt heute in der Forschung als das transformierende Element einer Nahtoderfahrung. Alle Betroffenen, die das Licht gesehen haben, weisen starke Persönlichkeitsveränderungen auf.

Es gibt durchaus kulturelle Abweichungen hinsichtlich der religiösen Deutung des Ereignisses. Viele Christen beschreiben das Erlebnis als Begegnung mit Gott oder Jesus Christus. Moslems erblicken eher Mohammed, Buddhisten halten die Erscheinung für Buddha, die Hinduisten erkennen bestimmte Figuren ihrer übergroßen Götterwelt.

Das Lichtwesen wird aber stets als reine bedingungslose Liebe dargestellt. Es handelt sich um die größtmögliche Liebesenergie überhaupt. Unabhängig von der Interpretation der Lichtgestalt wird diese dem Verstandesmenschen kaum zugängliche Liebe mit Ruhe, Geborgenheit, Frieden, Harmonie oder Heimat assoziiert.

Die betroffenen Menschen spüren durch hochkonzentrierte Gedanken ihr volles Ich-Bewusstsein. Sie lösen sich von den Bindungen des irdischen Lebens und erfahren eine Liebe, die sie einerseits so noch nie erlebt haben, andererseits fühlen sie sich geborgen und zu Hause. Das strahlend schöne Licht wird zum Inbegriff absoluter Liebe und absoluten Begreifens. Gefühle höchster Seligkeit werden ausgelöst, so dass alles Irdische zurückgelassen werden kann und nur noch der Wunsch besteht, mit dem Licht zu verschmelzen.

Günter Ewald berichtet: »Diese Helligkeit war keine Person oder Raum. Es war die absolute Liebe, das, was man sich immer gewünscht hat, ein warmes Leuchten, wie ein liebevolles Warten auf mich … Alles in mir war nun darauf aus, in dieses Licht hineinzuschweben, sich darin aufzulösen, ja, es wäre ein Auflösen gewesen. Soweit ich noch denken konnte, dachte ich nur, dass es dieses ist, wofür ich überhaupt gelebt habe, und jetzt bin ich da. Dieses Hinstreben war so stark und so ein intensives Gefühl in mir, wie ich es in meinem Leben nie empfunden habe.«[7]

7. Die Lebensrückschau

Eines der ganz wesentlichen Elemente der Nahtoderfahrung ist die Lebensrückschau. Dabei werden wir nicht nur aus der Perspektive, wie wir selbst eine Situation erlebt haben, mit unserem ganzen Leben konfrontiert, sondern wir erleben die Konsequenzen unserer Gedanken, Worte und Taten.

Eine Patientin von Kübler-Ross erzählte: »... Ich sah mein Leben, lebte es noch einmal. Alles, was ich je gefühlt hatte, fühlte ich noch einmal – jeden Schnitt, jeden Schmerz, jedes Gefühl und alles, was zu dem jeweiligen Abschnitt meines Lebens dazugehörte. Gleichzeitig sah ich die Auswirkung meines Lebens auf meine Mitmenschen ... Ich fühlte alles, was sie fühlten, und dadurch begriff ich die Folgen meines gesamten Tuns, des guten wie des schlechten.«[8]

Eine solche Lebensrückschau wird häufig als positiv, aber gleichzeitig auch als erschreckend empfunden. Jeder Gedanke des Lebens wird bewusst. Unsere Taten, Worte und Gedanken bilden ein Energiefeld, das uns selbst, wie auch andere Menschen beeinflusst. Alles, was wir auf Erden tun oder denken, hat einen tieferen Sinn. Es ist so, als ob wir uns zum ersten Mal ungeschminkt ins Gesicht sehen. Der Maßstab in Gegenwart des liebenden Lichts ist Liebe: Die einzig bedeutsame Frage ist, ob Liebe gegeben oder zurückgehalten wurde. Der Betroffene gewinnt immens an Lebenseinsicht über den Zweck und Sinn seiner Existenz hier auf Erden.

Wir sind bei der Lebensrückschau mit den Erinnerungen, Gefühlen und dem Bewusstsein anderer Menschen verbunden, weil diese in der geistigen Welt unvergängliche Energiefelder sind. Insofern erleben wir nun die Konsequenzen, die unsere irdischen Handlungen auf andere haben.

7 Günter Ewald: *Ich war tot. Ein Naturwissenschaftler untersucht Nahtod-Erfahrungen*, S. 31.

8 Kenneth Ring / Evelyn Elsaesser-Valarino: *Im Angesicht des Lichts*, München 1999, S. 247.

Die vergangenen Augenblicke werden wiedererlebt und nun spüren wir auch den Schmerz der anderen, den wir bei ihnen ausgelöst haben. Wir erleben nicht nur die eigene Perspektive und die eigenen Gefühle während der Ereignisse in unserem Leben, sondern haben gleichzeitig Zugang zum Bewusstsein der beteiligten Personen. Wir erkennen selbst, ohne dass wir von außen beeinflusst oder gar gerichtet werden, welche Dinge wir gut oder nicht so gut gemeistert haben. Nichts geht verloren, da alles Bewusste und Unbewusste in einem Energiefeld in der geistigen Welt gespeichert ist. Zeit und Raum existieren nicht länger, da alles gleichzeitig ist. Sobald wir uns auf ein bestimmtes Erlebnis konzentrieren, erleben wir es wieder.

8. Die widerwillige Rückkehr

Die Rückkehr in den Körper erfolgt auf zweierlei Weise: Sie kann von den Betroffenen gewünscht sein, oder gegen ihren Willen erzwungen werden.

Jeder, der die Ekstase des Lichtes erlebt hat, weiß nun von der Existenz einer Kraft der Liebe, die unbeschreiblich ist und die als eigentliche Heimat erkannt wird. Auf dieser Ebene des Erlebens zeigt sich, dass der Grund für die Rückkehr unvollendete Aufgaben oder nicht gelöste Probleme sind. Durch die Erfahrung der Lebensrückschau sind diese Menschen zum ersten Mal mit sich selbst in einer Weise konfrontiert worden, dass sie nun erkennen können, was sie noch im Leben zu erledigen haben.

In der Welt des Jenseits muss offenbar eine Barriere oder Grenze überwunden werden, bevor ein Mensch endgültig stirbt und nicht in seinen Körper zurückkehren kann. Die Patienten *wissen* während ihres Erlebens, dass keine Rückkehr mehr möglich ist, wenn sie diese Grenze überschreiten. In den Berichten sind es manchmal verstorbene Angehörige oder Lichtwesen, welche die Betroffenen davon abhalten, zu weit ins Licht zu gehen.

Ein Bericht erzählt folgendes: »Während einer Notoperation verließ eine Frau ihren Körper. Sie schwebte durch einen Tunnel, an dessen Ende ein helles Licht aufschien. Sie kam darauf zu, doch nun stand sie vor einem großen Tor. Sie sah eine leuchtende Lichtgestalt davor, die die Hand ausstreckte und ihr bedeutete, zurückzugehen, weil ihre Zeit noch nicht gekommen war.« Andere berichten davon, sogar verhandelt zu haben, um ins Leben zurückzukehren.

Die Sterbephasen nach Elisabeth Kübler-Ross

Im Folgenden werden die unterschiedlichen Phasen des Sterbens näher erläutert. Auch die Engel beziehen sich im Verlauf ihrer Aussagen immer wieder auf dieses Modell. Der Sterbeprozess stellt kein lineares Geschehen dar. Die einzelnen Stadien des Sterbens stehen nicht isoliert nebeneinander, sondern sind vielmehr mit- und ineinander verwoben. Mancher scheint in einer Phase stecken zu bleiben, andere durchlaufen den Prozess sogar mehrfach.

Grundsätzlich ist es wichtig zu wissen, dass die Sterbephasen Ausdruck sind von der Wandlung unseres Geistes, unserer persönlichen Einstellung zu uns selbst und dem nahenden Tod. Sie spiegeln das Hin- und Herpendeln unserer Gefühle wider. Das Phasenmodell bezieht sich vor allem auf Situationen, in denen sich das Sterben über einen längeren Zeitraum hinzieht. Der letzte Entwicklungsprozess wird direkt vom Sterbenden selbst über das Bewusstsein aufgenommen und gestaltet.[9]

Erste Phase: Nicht-Wahrhaben-Wollen

Wenn ein Mensch mit einer Diagnose konfrontiert wird, löst diese zunächst einen tiefen Schock aus. Sein Inneres bäumt sich gegen diese bedrohliche Realität auf. Er will es nicht wahrhaben: »Nein, nicht ich!«

Die Reaktion des Menschen auf einen solchen Schock ist unterschiedlich: Der eine verliert den Halt, ist wie gelähmt, andere verdrängen, stecken den Kopf in den Sand. Sie wollen die Tatsache ihres nahenden Todes nicht akzeptieren. Andere versuchen, wie bisher weiterzuleben oder pilgern von einer Klinik zur nächsten, um den vermeintlichen Irrtum aufklären zu lassen.

9 vgl. Elisabeth Kübler-Ross: *Interviews mit Sterbenden*, Stuttgart 1984.

Seelisch kommt es zu extremen Gefühlsschwankungen. Dabei stellt das Verdrängen ein Gegengewicht zur Lebensbedrohung dar.

Die alltägliche Routine im Beruf oder im Privatleben wird zum einzigen Halt in einer Welt, die ins Wanken geraten ist. Der Schock löst sich nur langsam, bis allmählich begriffen werden kann, was die Diagnose bedeutet. Nun erst können Ängste bewusst geäußert werden. Bei vielen Betroffenen zeigt sich, dass sie besonders in der Stille, Einsamkeit und der Dunkelheit der vertrauten Umgebung Wege aus der Lähmung angesichts einer tödlichen Diagnose erkennen können. Dennoch herrscht am Tage das Muster des Verdrängens und Verleugnens weiterhin vor. Es braucht viel Zeit und vor allem ein liebevolles Verständnis seitens der Begleiter, bis dieses Leugnen aufgegeben werden kann.

In dieser schwierigen Phase ist es besonders wichtig, den Betroffenen seine Meinung äußern zu lassen. Ein Begleiter sollte vor allem Respekt vor der Meinung des Betroffenen haben, auch wenn sie ihm nicht realistisch scheint. Jeder braucht seine Zeit, bis er einer Wahrheit ins Gesicht schauen kann. Die Abwehr unangenehmer Dinge ist ein weit verbreitetes Phänomen, weil wir alle viele Dinge auf später verschieben, mit denen wir uns nicht auseinander setzen möchten. Das ist eine Gewohnheit im alltäglichen Leben und auch ein Begleiter ist davon nicht ausgenommen.

Elisabeth Kübler-Ross hat uns darauf aufmerksam gemacht, dass alles Verdrängen, Nicht-Wahrhaben-Wollen und alle anderen, damit verbundenen Verhaltensweisen auch häufig dem Bedürfnis des Begleiters entsprechen. Die Konfrontation mit Sterbenden ist immer eine große seelische Herausforderung.

Die typischen Merkmale dieser ersten Phase des Nicht-Wahrhaben-Wollens sind zusammengefasst: Schock, Verdrängen, Leugnen, Stimmungslabiltät.

Beispiele entsprechender Äußerungen der Betroffenen sind: »Nein, nicht ich! Ich bin wie gelähmt! Ich kann es nicht glauben! Ich fühle mich so hilflos! Meine Gedanken kreisen nur um die Diagnose! Ich bin starr vor Schreck!« …

Die wesentlichsten Punkte in dieser Phase sind für den Begleiter: Abwarten, Zuhören, nicht widersprechen, Gesprächsbereitschaft signalisieren.

Zweite Phase: Auflehnung

Die zweite Phase des Sterbeprozesses ist die Phase der aufbrechenden Emotionen. Wenn das Verdrängen aufgelöst werden kann und die Wirklichkeit erkannt wird, steigen gewaltige Gefühle auf. »Warum ich?« ist die zentrale Leitfrage, wobei die ganze Bandbreite negativer Gefühle durchlaufen wird: Wut, Zorn, Hadern mit sich und seinem Schicksal, mit Gott und der Welt. Das drückt sich in aggressivem Verhalten, ständigem Nörgeln oder einem starken Kritisieren der Umwelt aus. Manche Patienten tyrannisieren das Krankenhauspersonal. Angehörige fühlen sich durch plötzliche Kritik vor den Kopf gestoßen. Das Nicht-Wahrhaben-Wollen der ersten Phase weicht den aufbrechenden, oft sehr heftigen Emotionen. Wir haben es hier mit der sicherlich schwierigsten Phase in der Begleitung zu tun. Sie stellt hohe Anforderungen an Angehörige oder Krankenpflegepersonal, was Geduld und Nachsicht anbelangt. Der Prozess der aufbrechenden Gefühle ist aber für den Patienten ein Segen, da er nun versucht, mit sich ins Reine zu kommen.

Die Heftigkeit der Gefühle ist abhängig von den unerledigten Dingen des Sterbenden. Dabei ist seine Persönlichkeit von ausschlaggebender Bedeutung für die konkreten Formen des Ausagierens seiner Gefühle. Die Bandbreite möglicher emotionaler Äußerungen reicht vom ängstlichen Ausklammern, Hilfe suchendem Mitteilungsbedürfnis über wütende Ablehnung, Tyrannei, Aggression und Wut. Der Sterbende ist in dieser Phase der aufbrechenden Emotionen unkalkulierbar, was es besonders für den Begleiter schwierig macht. Der Patient braucht uns nun am dringendsten, und trotz der Schwierigkeit des emotionalen Zustandes sollten wir einfach da sein. Leider isolieren wir Sterbende in diesem für sie schweren Durchgangsstadium. Dabei ist für den Begleiter die Unterscheidung zwischen dem, was ihn persönlich betrifft, und dem, wenn er als Sündenbock oder Stellvertreter herhalten muss, selbst für professionelle Hilfskräfte nicht immer einfach.

Der Sterbende hingegen lehnt sich gegen das eigene Schicksal auf. Er muss die bestürzende Einsicht verarbeiten, dass vieles, was für die Zukunft geplant war, nicht mehr Wirklichkeit werden kann. Alles Unerledigte, das auf später verschoben wurde, steht nun vor seinem inneren Auge. Das lässt ihn zornig, wütend und aggressiv werden.

Die typischen Merkmale der zweiten Phase der Auflehnung sind noch einmal zusammengefasst: Wut, Zorn, Hass, Nörgeln, Kritisieren, Selbstanklage, Schuldzuweisungen. Beispiele entsprechender Äußerungen sind: »Warum ich? Meine Wut ist grenzenlos! Alles geht mir auf die Nerven! Mit mir nicht! Ich traue keinem mehr! Warum ist Gott so ungerecht?« …

Die wesentlichsten Punkte für den Begleiter in dieser Phase sind: Nichts persönlich nehmen, verständnisvolle Zuwendung, nicht werten, aktives Zuhören, aber auch abgrenzen können.

Dritte Phase: Verhandeln

Wenn die Phase der Auflehnung überwunden wird, stellt sich eine Zeit des Verhandelns mit Gott und der Welt ein, wobei als Gegenleistung eine Verlängerung des Lebens erwartet wird. Aus dem wutschnaubenden, ewig nörgelnden Patienten wird plötzlich ein angenehmer, umgänglicher Mensch. Das Verhandeln mit seinem Schicksal geschieht sowohl auf konkreten Alltagsebenen wie auch auf der spirituellen Ebene. Patienten geben Versprechen ab im Austausch mit der Abtrotzung einer längeren Lebenszeit.

Das ist die Phase, in welcher unerledigte Dinge in Angriff genommen werden, letzte Anweisungen getroffen und Testamente verfasst werden. Vor allem auf der spirituellen Ebene wird mit Gott verhandelt: »Wenn ich die Hochzeit meines Sohnes noch mitfeiern kann, spende ich der Gemeinde einen höheren Betrag, gehe regelmäßig in die Kirche« Der Patient schöpft Hoffnung, dem Tod noch einmal davonzukommen. Das scheinbar Endgültige seines Schicksals wird abzuwenden versucht. Er ist auch bereit, alle möglichen therapeutischen Maßnahmen auszuschöpfen.

Es ist darauf hinzuweisen, dass es zahlreiche »stille Verhandler« gibt, die eine besondere Aufmerksamkeit und viel Verständnis vom Begleitenden erfordern. Die Phase des Verhandelns stellt eine Strategie dar, mit der man der Realität des nahen Endes aus dem Weg gehen möchte. Vorsicht ist vor allem geboten vor unrealistischen Plänen und Erwartungen. Das erfordert in der Begleitung Abgrenzung und Distanz. Die typischen Merkmale der dritten Phase sind zusammengefasst: Hoffnungsvoll sein, kooperativ, aktiv und umgänglich.

Beispiele entsprechender Äußerungen sind: »Ja, es trifft mich, aber ... Wenn Gott mich nur noch ein Jahr leben lässt! Ich nehme alle Behandlungen auf mich, wenn ...« Die wesentlichsten Punkte für den Begleiter sind: Hoffnung zulassen, jedoch keine unrealistischen Hoffnungen wecken, Strategien und Inhalte des Verhandelns nicht bewerten, vor allem »Wortbrüchigkeit« nicht persönlich nehmen.

Vierte Phase: Depression

Wenn der Sterbende irgendwann begreift, dass alle seine Bemühungen nicht zu dem gewünschten Ergebnis geführt haben, setzt eine große Traurigkeit ein. Der Betroffene begreift nun endgültig, dass ein Freikaufen oder Herausschwindeln aus der Realität, sterben zu müssen, nicht mehr möglich ist. In diesem Stadium der Depression gesteht er sich ein: »Ja, ich!« Zum einen handelt es sich um eine tiefe Niedergeschlagenheit (reaktive Depression) auf alle vergangenen Verluste, auf ungelebte Möglichkeiten, Versäumnisse und Unterlassungen. Zum anderen geht es um eine Depression, die man auch als voraussehende Traurigkeit bezeichnen könnte. Der Sterbende begreift, dass er alles, was ihm wichtig war, Menschen wie Dinge, zurücklassen muss. Es ist der Vorbereitungsschmerz auf alle anstehenden Trennungen und Abschiede. Der Unausweichlichkeit des eigenen Todes wird ins Auge geblickt, ein Rückzug in die Gedankenwelt erfolgt und im Inneren wird eine Lebensbilanz gezogen.

Für den Begleiter ist es wichtig, die Depression beim Sterbenden zuzulassen und keine oberflächlichen Versuche zu unternehmen, abzulenken oder zu vertrösten. Es geht um das grundsätzliche Verständnis, dass es schwer ist, seinem Tod ins Auge blicken zu müssen und alles hinter sich zu lassen. Dabei ist es von außerordentlicher Wichtigkeit, keine Wertung der Lebensbilanz des Patienten vorzunehmen. Der Sterbende betrachtet sein Leben, wie es war, und zieht daraus seine eigenen Rückschlüsse. Das erfordert vom Begleiter, dass er Ruhe, Geduld und Respekt vor dem Sterbenden aufbringt.

Einfühlsame Begleitung in dieser Phase bedeutet auch, sich über die eigenen Verlust- und Abschiedsgefühle klar zu sein, sie aber nicht in die Beziehung zum Patienten einfließen zu lassen. Der Begleiter muss sich abgrenzen können und gleichzeitig Verständnis für die Situation des Sterbenden aufbringen: Der Weg des Menschen in den Tod führt immer durch Depression und Verzweiflung.

Wenn sich ein Sterbender selbst klar ins Gesicht schaut, führt das zu wichtigen Einsichten über sein Leben. Dabei wird Ungeklärtes zu einer inneren Klärung gebracht. Die individuelle Auseinandersetzung mit Schuld und Konflikten des Lebens fördert wichtige Loslassungsprozesse. Durch eine solche Lebensrückschau wird der Patient nun unerledigte und ungeregelte Dinge zu einem Abschluss bringen (z. B. Testament, Übergabe, Besitz). Je positiver dieser Prozess bewältigt wird, desto besser gelingt es dem Sterbenden, seinen nahenden Tod zu akzeptieren. Dann wird die letzte Stufe seines Lebensweges erreicht: die Phase der Annahme.

Die typischen Merkmale der vierten Phase sind: Trauer, Tränen, Rückzug, depressive Erstarrung, Angst, Sinnfrage, Lebensbilanz. Entsprechende Äußerungen sind: »Ja, ich! Ich schaue zurück! Es wird mir bewusst, was alles nicht mehr sein kann. Ich habe Angst vor dem Sterben! Was bleibt von mir? ...« In der Begleitung ist es wesentlich, Tränen und Trauer zulassen zu können. Nicht ablenken oder vertrösten ist nun gefordert, sondern Verständnis, Dasein und Hilfestellung bei Dingen, die noch erledigt werden können.

Fünfte Phase: Annahme

In diesem letzten Stadium stellt sich beim Patienten Ruhe und Zufriedenheit ein. Als Folge der verschiedenen Kämpfe während der vorangegangenen Phasen ist der Sterbende physisch und psychisch erschöpft, aber er hat in sein Schicksal eingewilligt. Er kann seinen Tod annehmen oder als Erlösung betrachten und sich selbst sagen: »Ja, ich sterbe!«

»Wenn man ihm gestattet zu trauern, wenn sein Leben nicht künstlich verlängert wird und wenn seine Familie gelernt hat, sich zu fügen, wird er im Stande sein, in Frieden und Einverständnis zu sterben«, sagt Elisabeth Kübler-Ross dazu. Manchmal ist es allerdings nicht leicht, zwischen Resignation und echter Anteilnahme zu unterscheiden. Resignation stellt sich als eine Art müde Zustimmung ein oder gar als Sich-Aufgeben, da das Gefühl vorherrscht, nichts mehr tun zu können. Insofern ist die Begegnung mit anderen einem Sterbenden in dieser letzten Phase vor dem Tod besonders wichtig. Er verfügt nun über eine besondere Sensibilität. Auch Körperkontakt sollte ermöglicht werden. Handhalten und Berührungen vermitteln dem Sterbenden, dass er nicht alleine ist und in Geborgenheit und Sicherheit loslassen kann.

Die typischen Merkmale dieser letzten Phase im Sterbeprozess der Annahme sind: Ein friedlicher Zustand, Erschöpfung, Gelöstheit und große Sensibilität. Beispiele entsprechender Äußerungen sind: »Ja, ich! Ich mache mir um das Morgen keine Sorgen! Der Tod macht mir keine Angst! Ich erlebe alles intensiv! …«

In der Begleitung kommt es nun darauf an, sich Zeit zu nehmen und für den Sterbenden da zu sein, um letzte Wünsche festzuhalten. Wenn sich dieser zurückziehen will, sollte das akzeptiert werden.

Die Sterbephasen stellen einen Rahmen dar, der uns ermöglicht, die Vorgänge beim Sterben einzuordnen und zu verstehen. Der Tod ist unausweichlicher Bestandteil unseres Lebens. Wenn wir das heutige Wissen über das Sterben und was dabei mit uns geschieht in eine Begleitung einfließen lassen, können wir dem Sterbenden Erleichterung und Annahme ermöglichen.

Elisabeth Kübler-Ross konzentrierte sich in ihren Darlegungen auf ihre Wahrnehmungen an Sterbebetten. Sie beschrieb den äußerlich sichtbaren Prozess des Sterbens. Das Reifwerden zum Tode beinhaltet aber auch den inwendigen Prozess der Wandlung. Heute ist es wichtiger denn je, die Vorgänge des inneren Wachsens und Reifens beim Sterben zu begreifen. Es ist auffällig, dass sich Wahrnehmungsverschiebungen und Bewusstseinserweiterungen vollziehen, die in manchen Punkten dem Kode der Nahtoderfahrung ähnlich sind.

Die Bedeutung der Nahtoderfahrung für das innere Erleben von Sterbenden

Die Wandlung und das Reifwerden zum Tode ist vor allem auch ein inneres Erleben, das jeder Sterbende durchläuft. Dieser Prozess des Reifens kann von außen nicht beeinflusst werden. Man kann ihn weder forcieren noch bremsen. In diesem inneren Erleben zeigen sich die Elemente des Nahtodkodes.

1. Tunnelerlebnis

Sterbende berichten häufig vom Gefühl zu fallen. Sie sehen einen dunklen Durchgang, eine Tür oder einen Tunnel. Wenn ein Sterbender von einem solchen Übergang spricht, ist der Tod nahe. Das Bewusstsein bewegt sich auf eine andere Ebene des Seins zu und wird nun vom Alltagsgeschehen abgezogen.

Das kann sich in der Bitte einer Sterbenden ausdrücken, die auf eine weiße Wand starrt und darum bittet, die Tür aufzumachen. Das ist die Tür, die nur sie selbst öffnen kann, die aber für sie real ist.

Eine Sterbende sagte einmal: »Ich weiß jetzt, dass Sterben ein Prozess ist, dass Sterben Wandlung bedeutet. Sterben ist wie ein Tor, wenn man es durchschritten hat, steht man mitten im Leben.«

2. Die Konfrontation mit der Todesangst

Im Sterbeprozess spielt die Todesangst eine große Rolle, die Angst vor dem ungewissen Danach. Viele werden von dieser Angst durch das sich verändernde Bewusstsein während der Tunnelerfahrung eingeholt. Bilder von Mächten der Finsternis stehen neben lichtvollem Erleben, auch das archetypische Motiv des Letzten Gerichts taucht auf. In diesem geistigen Ringen eines Sterbenden geht es um das Loslassen von allem Irdischen, um sich in die Ewigkeit fallen lassen zu können. Die Grunderfahrung dabei ist, dass Angst nicht das Letzte ist. Wenn sie durchschritten wird, stärkt sich das Gottvertrauen. Der Betroffene weiß nun, dass er keine Angst zu haben braucht und von guten Mächten getragen wird. Das Geheimnis der Todesangst wurde vom Mystiker Meister Eckart so ausgedrückt: »Fürchtet man den Tod und hält ihn zurück, dann sieht man Teufel, die einem das Leben entreißen. Ist man jedoch zufrieden und im persönlichen Einklang mit sich selbst, verwandeln sich die Teufel in Engel.«

Es sind die eigenen Bilder und Einstellungen, mit denen wir konfrontiert werden. Häufig geht es bei den Ängsten auch um religiöse Dinge, die noch nicht richtig eingeordnet, verdaut oder verarbeitet sind. Gerade eine übertriebene religiöse Erziehung, die auf der Angst vor einem strafenden Gott beruht, kann zu starker Todesangst führen. Solche Menschen kommen sich oft unwürdig, sündig und unvollkommen vor. Wenn das als unwesentlich und als Hemmschuh erkannt wird, kommt es zu einer Phase der Ergebung. Die Menschen können ihre Ängste loslassen und den Tod willkommen heißen.

3. Die unerledigten Geschäfte

Die Dauer eines Sterbeprozesses hat immer mit den unerledigten Geschäften eines Betroffenen zu tun. Diese sind Bestandteil jeden Sterbe- und Wachstumsprozesses. Die ungelösten Probleme des Lebens sind all unsere unterdrückten Schmerzen, sei es der Mangel an Liebe, den wir in unserem Leben erfahren haben, oder das eigene Zurückhalten von Liebe und Verstehen anderen gegenüber. Der aufgestaute Zorn, die Wut und der Hass sind Unerledigtes, das in unserem Inneren lebenslang wütet bis ins Sterben hinein – und natürlich die Ängste, Scham- und Schuldgefühle, die sich auftürmen, sowie unsere Versäumnisse. Im Sterbeprozess steigen alle unterdrückten Gefühle aus der eigenen Innenwelt an die Oberfläche. Das führt häufig zu einer enormen Verzögerung des Sterbeprozesses. Wer aber im Leben schon gelernt hat, an schwierigen Umständen zu wachsen, statt den Kopf in den Sand zu stecken, kann nun eine enorme Kraft aus diesen Lebenserfahrungen ziehen.

Bei Menschen mit Nahtoderfahrungen drückt sich die Bewältigung der unerledigten Geschäfte in den Persönlichkeitsveränderungen aus. Sie haben durch ihr Erleben erfahren, dass seelisches Wachstum nur dann möglich ist, wenn man seine Negativität überwindet, durch seine Ängste hindurchgeht, und sich selbst ungeschminkt ins Gesicht schauen kann. Dieser Prozess wird niemandem vom uns erspart bleiben, egal, ob es uns gefällt oder nicht.

4. *Der Lebensrückblick*

Zur Aufarbeitung des Lebens gehört unweigerlich seine Bilanz. Der Sterbende fragt sich: »War ich authentisch? War ich liebesfähig? Wer bin ich eigentlich?«

Es drückt sich hierin das Bedürfnis aus, mit sich selbst ins Reine zu kommen. Sogar in den letzten Tagen vor dem Tod und auch im Koma können noch Schritte letzter Reifung und Bewusstwerdung vollzogen werden. Patienten, die bereits als apathisch beschrieben werden, sind plötzlich wieder da: Sie sprechen manchmal oder vollbringen eine notdürftige Bewegung oder Geste. Es scheint, dass ein sie bewegendes Thema zum Abschluss gebracht wird. Oder ein letzter Sinnzusammenhang wird erspürt, damit der Sterbende sich in den Tod fallen lassen kann. Auffällig ist der Umstand, dass sich die Aufmerksamkeit des Sterbenden von der Außenwelt zurückzieht. Er wendet sich jetzt der eigenen Innenwelt zu und tritt ein in andere Welten.

Ein Sterbebegleiter erzählt: »Ich saß stundenlang an ihrem Krankenbett und bewachte oder behütete ihren Wandel zwischen den Welten, die uns nicht zugänglich sind. Tauchte sie aus diesen Welten auf, fragte sie uns nach täglichen Ereignissen, um die Antworten dann achtlos unter ihr Krankenbett zu fegen. *Sie* brauchte sie nicht mehr, diese unsere Welt machte kaum noch Sinn für sie, denn mit jedem Tag, den sie schwächer und schwächer wurde, entfernte sie sich von uns.«[10]

Das eigentliche Thema in der Lebensbilanz ist Versöhnung, vor allem die Aussöhnung mit sich selbst. Es kann ein längerer Prozess sein, bis eigene Fehler oder Versäumnisse anderen gegenüber eingestanden werden. Durch Schuldprojektionen kommen wir nicht weiter. Die eigentliche Ursache, dass eine Person oder ein Umstand im Leben zu einer ganz bestimmten Konsequenz führte, liegt bei uns selbst.

Wenn der Sterbende seine Lebensbilanz zieht, taucht er ein in seine Vergangenheit, die aus seiner Innenwelt aufsteigt. Er sieht Tränen auf Gesichtern, die er geliebt hat, er sieht die schönen Tage seines Lebens. Nun erkennt er die Unsinnigkeit mancher Verurteilung, die er ausgesprochen hat. Er wünscht sich, die eine

[10] Ernst Bergemann (Hrsg.): *Verständnisvoll miteinander leben bis zuletzt*, Vechta 2002, S. 90.

oder andere Sache zu bereinigen. Manche können lange nicht sterben und sind verhärtet, weil sie sich nach Versöhnung mit einem bestimmten Menschen sehnen. Tabuisierte Menschen – eine Tochter oder Sohn, eine frühere Ehefrau oder Ehemann, Angehörige oder Freunde wurden während des Lebens leicht wegrationalisiert. Im Angesicht des Todes kommt es häufig vor, dass in letzter Sekunde eine Versöhnung gewünscht wird. Es geht immer darum, Sinn im eigenen Leben zu finden.

Die Versöhnungsschritte am Sterbebett oder das Warten, bis ausbleibende oder abgelehnte Personen am Totenbett erscheinen, führen erst dann zum Loslassen, zum Sterben-Können, zum Zurücklassen können. Da wir ernten, was wir säen, und jeder von uns seinen eigenen individuellen Tod stirbt, verlaufen die Sterbeprozesse bei jedem unterschiedlich. Das hat damit zu tun, dass sich jeder auf seinem eigenen geistigen Weg befindet, und jeder von uns ganz eigene und unterschiedliche Lektionen im Leben lernen muss.

Trotz aller körperlichen Einschränkungen und eines starken Schlafbedürfnisses können die letzten Tage sehr erfüllt sein. Manche kontaktfreudigen Menschen wollen kurz vor ihrem Tod plötzlich keinen Besuch mehr haben oder keine Telefonate mehr führen, weil sie die verbleibende Kraft für ihren eigenen Prozess brauchen. Viele Sterbende gehen unmittelbar vor ihrem Tod in eine Regression. Sie werden wie ein Baby: annehmend, hilfesuchend, lebenssatt. Irgendwann stellt sich Friede ein.

5. Veränderte Wahrnehmung und Visionen

Wenn das Ringen um sich abgeschlossen, letzte Dinge erledigt wurden und die Lebensbilanz gemacht ist, hört aller Kampf auf. Die innere Not ist ausgestanden, Schmerzen verschwinden plötzlich, die vorherige Angst vor dem Fallen im Tunnel geht über in einen verklärten Gesichtsausdruck. Jegliche Todesangst hebt sich auf. Eine Bewusstseinserweiterung stellt sich ein, in deren Verlauf es zu einer spirituellen Öffnung kommt: Der Sterbende nimmt nun Dinge wahr, welche die Anwesenden nicht sehen können.

Elisabeth Kübler-Ross erzählte von dem Tod des 16-jährigen Sohnes ihrer besten Freundin. Der Junge war unheilbar an Mukoviszidose erkrankt. Er lag schon längere Zeit auf der Intensivstation und wurde künstlich beatmet. Er war verschleimt und konnte nicht sprechen. Kurz vor seinem Tod zog der Junge plötzlich alle Infusionsnadeln eigenhändig heraus und sprach mit seiner Mutter. Er bekam Luft, trotz der Verschleimung. Dann fing er an zu singen, ein Lied, was keiner der Anwesenden je gehört hatte. Mit den Worten: »Es ist wunderschön hier!« verstarb er kurz darauf.

Solche Sterbebetterlebnisse, die mit einer Aufklarung des Bewusstseins eines Sterbenden kurz vor dem Tod einhergehen, sind auf der ganzen Welt nachgewiesen worden. In dem Bericht einer Sterbebegleiterin heißt es: »Hanna drehte sich plötzlich auf den Rücken, öffnete die Augen weit, und ein seliges Lächeln verklärte ihre Züge. Noch nie habe ich ein Mädchen so schön gesehen und mit so strahlenden Augen. Ihr Blick streifte voll seligen Staunens weiter im Zimmer umher, als sähe sie eine weite herrliche Landschaft vor sich ausgebreitet, deren Anblick sie entzückte. Kurz darauf starb sie. Als Stunden später der Ehemann Abschied nahm, schaute er voll Staunen in das friedliche Antlitz, das eine unbeschreibliche Ruhe und Entrücktheit ausstrahlte.«

Insgesamt zeigen uns die unterschiedlichen Phasen des Sterbens, wie wichtig für jeden Einzelnen dieser Reifungsprozess ist. Alles Leiden und alle Schmerzen haben ihren Sinn in der Erlösung und Vollendung eines Menschen. Besonders bedenklich erscheint in diesem Gesamtzusammenhang die Forderung nach aktiver Sterbehilfe. Dies bedeutet nichts anderes, als einen lebenswichtigen Vorgang abzukürzen und jemanden um seine letzte Reifungsmöglichkeit zu bringen.

Wir können unserer eigenen Verantwortung und der Erledigung unserer persönlichen Angelegenheiten nicht entkommen. Unabhängig davon, wie wir sterben – ob durch Unfall, Selbstmord oder lang andauernde Krankheit, begegnen wir uns selbst in unserer eigenen Innenwelt. Alles, was wir im irdischen Leben nicht erledigt haben, nehmen wir mit in die andere Welt hinüber. Insofern wird sich jeder von uns auch nach seinem Tod weiterentwickeln, um ins Licht eingehen zu können. Es ist für jeden von uns viel einfacher, schon im Hier und Jetzt seelisch und geistig zu wachsen. Das sind die einzigen Dinge, die für unsere Weiterexistenz in der geistigen Welt von Belang sind.

Spontane Kontakte mit Verstorbenen

Es gibt Millionen von Menschen auf der ganzen Welt, die von ihren Kontakten mit Verstorbenen berichten. Diese Nachtodbegegnungen ereignen sich in vielfältigen Formen, die ich hier im Folgenden anhand ausgewählter Beispiele näher erläutern möchte. Sie sind als Hilfestellung gedacht, um mit eigenen Erfahrungen besser umgehen zu können. Leider trauen wir uns häufig nicht, mit anderen über unsere Erfahrungen offen zu sprechen, obwohl derartige Phänomene sehr weit verbreitet sind. Nach vorsichtigen Schätzungen gibt es allein in Deutschland etwa 15 Millionen Menschen, die spontane Kontakte mit Verstorbenen erlebt haben. Viele sind verstandesmäßig hin und her gerissen zwischen der Annahme, Wunschvorstellungen erlegen zu sein, und dem gleichzeitig tieferen Wissen, ihren geliebten Verstorbenen tatsächlich begegnet zu sein. Solche Erfahrungen sind Geschenke, die uns die Gewissheit vermitteln können, dass unsere Toten tatsächlich weiterleben, und das Spenden von Trost und Beistand gehört zu den wichtigsten Aufgaben der Verstorbenen nach ihrem Tod. Natürlich spielen auch unerledigte Geschäfte eine überaus wichtige Rolle. Verstorbene bitten oft um Vergebung für bestimmte Dinge, die sie uns angetan haben. Oder sie haften an Personen und Orten durch erdwärts gerichtete Wünsche. Durch Vergebung und Gebet können wir dazu beitragen, dass sie ihren Weg ins Licht finden. Im Folgenden möchte ich kurz anhand von Beispielen auf die wichtigsten Formen von Nachtodkontakten eingehen.

1. Das Gefühl von Gegenwart

Die Anwesenheit von Verstorbenen in Form eines Gegenwartempfindens ist intuitiver Natur. Ein fast körperliches Empfinden von Nähe stellt sich ein und wird häufig spontan erlebt, ohne dass die Betroffenen an den Verstorbenen gedacht haben.

Jeder Mensch verfügt über einen eigenen Wesenskern und ein individuelles Energiemuster. Das wird von den Hinterbliebenen gespürt, weswegen die Gegenwart als vertraut und eindeutig erlebt wird. Diese subtile Form der Kontaktaufnahme wird in alltäglichen Situationen spontan erfahren. Die Betroffenen müssen keine besonderen Anstrengungen unternehmen oder überhaupt an die Verstorbenen denken.

Iris, eine Seminarteilnehmerin, erzählte mir: »Ich saß im Wohnzimmer und war in Gedanken vertieft in ein Buch, das ich las. Meine Mutter war vor sechs Wochen gestorben. Plötzlich fühlte ich mich in Frieden und Sanftmut eingehüllt. Dabei spürte ich die Gegenwart meiner Mutter. Es war harmonisch, natürlich und wohltuend. Ich fühlte mich geborgen und getröstet. Ich hatte den Eindruck, dass sie sich von mir verabschieden wollte.«

Elke, eine andere Seminarteilnehmerin, schildert ihr Erlebnis: »Ich war auf dem Heimweg von der Arbeit, als plötzlich meine verstorbene Mutter bei mir im Auto war. Sie war einfach da. Ich spürte ihre Gegenwart, ihr ganzes Wesen, als säße sie neben mir. Fast glaubte ich, sie berühren zu können. Ich empfand ein unbeschreibliches Gefühl von Wärme, als ob sie mir zeigen wollte, dass sie immer für mich da ist. Ich schwebte vor Glück und fühlte mich getröstet.«

2. Begegnungen im Traum

Einer der häufigsten Wege zur Kontaktaufnahme ist die Erscheinung von Verstorbenen im Traumgeschehen. Im Gegensatz zu diffusen Tagesverarbeitungsträumen werden solche Begegnungen als überaus real erlebt und noch Jahre danach genau erinnert. Die Verstorbenen erscheinen in ihrer einstigen, jedoch verjüngten Gestalt. Sie sehen aus wie in den besten Jahren und sind heil und ganz, auch bei vorhergehenden Behinderungen. Derartige Beschreibungen werden auch immer wieder von Menschen mit Nahtoderfahrungen berichtet.

In der Einschlafphase oder kurz vor dem Aufwachen, in der so genannten »Alpha-Phase«, einem Zustand zwischen Wachen und Schlafen, kommt es besonders oft zu Nachtodkontakten.

Der Seminarteilnehmer Heiko beschreibt Folgendes: »Mein Vater starb an einem Herzanfall. Im Dämmerzustand spürte ich seine Gegenwart. Er wusste, dass ich sehr traurig war und auch nach zwei Jahren seinen Tod noch nicht verarbeitet hatte. Ich konnte diese Tatsache nicht akzeptieren. Im Traum machte er mich darauf aufmerksam, mich auf mein eigenes Leben zu besinnen … ›Mir geht es gut. Höre auf, mich zurückzuwünschen.

Ich habe andere Dinge zu tun.‹ Ich sah ihn, wie er mich ansah und lächelte. Er war zufrieden und glücklich. Nach diesem Erlebnis konnte ich den Tod meines Vaters endlich annehmen.«

Anna verlor ihren 18-jährigen Bruder Bernd durch einen Verkehrsunfall. Sie war wütend und verbittert und konnte ihn nicht loslassen. Im Traum kam er auf sie zugelaufen und war glücklich und zufrieden. Bernd teilte ihr mit, dass für ihn alles in Ordnung sei und er sie liebe. Anna solle sich keine Sorgen mehr machen und ihre Wut und Verbitterung loslassen. Danach verschwand er und Anna kam durch ihren Traum endlich zur Ruhe.

Auch wenn Verstorbene durch einen Unfall ums Leben kamen, und wir uns vielleicht ihr mögliches Leiden vorstellen, ist es ihr Anliegen, uns mitzuteilen, dass sie dabei keinen körperlichen Schmerz empfanden: Die meisten verlassen ihren Körper schon vorher.

3. Der Augenblick des Todes

Vor allem im Moment des Todes eines Menschen ereignen sich immer wieder eigentümliche Phänomene. So bleiben Uhren stehen, Bilder fallen von der Wand oder Menschen haben das Gefühl von der Anwesenheit eines Sterbenden, obwohl sie die Todesnachricht noch nicht vernommen haben. Es gibt viele Dokumente aus der Zeit des Zweiten Weltkriegs, die in eindrucksvoller Weise bezeugen, dass sich Sterbende, die an der Front gefallen sind, bei ihren Angehörigen gemeldet haben.

Der Moment, in dem ein gerade Verstorbener von uns Abschied nimmt und im wahrsten Sinne des Wortes durch unser Herz fliegt, hängt mit der Liebesenergie zusammen, die uns mit ihm verbindet. Verstorbene sind im Stande, uns jederzeit und an jedem Ort zu finden, wenn sie es wollen und an uns denken.

Erlebnisse mit Verstorbenen, die sich im Umfeld ihres Todes ereignen, sind außerordentlich häufig. Der Tod eines Angehörigen kündigt sich auf verschiedene Weise an: durch Geräusche, Gerüche, Gegenstände, Wachwerden oder Lichterscheinungen.

Die Seminarteilnehmerin Ingeborg Weiler berichtete mir: »Ich war auf Urlaub in Österreich zusammen mit meiner Mutter. Mitten in der Nacht wachte ich plötzlich auf. Ich war unruhig und aufgeregt und musste immer an meinen Lebensgefährten

Fred denken. Es gab kein Telefon in unserem Ferienhaus und ich dachte darüber nach, sofort nach München zu fahren, weil ich das ausgeprägte Gefühl hatte, dass Fred mich erreichen wollte. Ich fand keine Ruhe und fuhr noch in der Nacht nach München. Während der Fahrt weinte ich entsetzlich. Als ich endlich meine Wohnung erreicht hatte, rief ich sofort bei Fred an, doch er meldete sich nicht. Ich spürte ihn deutlich um mich und hatte das Gefühl, dass er mir etwas sagen wollte. Aber ich konnte nichts tun. Etwas später stellte sich heraus, dass mein Lebensgefährte in jener Nacht in einer Klinik in Amerika plötzlich verstorben war. Heute weiß ich, dass ich in jener Nacht eine innere Verbindung zu Fred hatte und seinen Wunsch gespürt habe, sich von mir zu verabschieden.«

Eine Frau hörte ein lautes Geräusch, als ihr Opa starb. Sie erlebte dies ebenfalls, als ihr Vater einen Unfall hatte. Eine andere Dame wachte morgens mit einem seltsamen lauten Rauschen im Ohr auf, als kurz darauf das Krankenhaus anrief und ihr den Tod des Ehemannes mitteilte.

Andere werden nachts wach, sehen die Uhrzeit und prägen sich den Zeitpunkt des Wachwerdens ein. Wenig später erhalten sie die Nachricht, dass zu dieser Zeit ein Familienangehöriger gestorben ist. In ihrer Jugend erlebte Hilde den Augenblick des Todes ihrer Freundin: »Ich wachte nachts plötzlich auf und spürte ihre Anwesenheit in meinem Zimmer. Es war, als wolle sie sich verabschieden. Das Erlebnis war wie ein Hauch. Dann schlief ich beruhigt ein. Am nächsten Morgen erfuhr ich von ihrem Tod zu diesem Zeitpunkt.«

Monika, schrieb mir: »Als meine Tochter sich durch eine Überdosis Drogen das Leben nahm, schlief ihre elfjährige Tochter bei mir. Nach dem Aufwachen erzählte sie mir, dass sie ganz deutlich geträumt habe, ihre Mama und Martin, mein früher verstorbener Sohn, schwebten beide Hand in Hand durch die Luft. Sie lächelten und winkten ihr zu. Zu diesem Zeitpunkt ahnten wir noch nichts vom Tod meiner Tochter. Der Anruf von der Intensivstation kam erst einige Zeit später.«

Im Sterbemoment können auch Blumen abknicken oder ein intensiver bestimmter Wohlgeruch verbreitet sich im Raum. Kurz vor und nach dem Tod sind starke Lichterscheinungen bis hin zu fast körperlichen Erscheinungen immer wieder bekundet worden.

4. Das Einwirken Verstorbener auf Elektrizität

Eine besondere Variante der Kontaktaufnahme von Verstorbenen ist das Einwirken auf die Hinterbliebenen über Elektrizität. Elektrische Geräte gehen plötzlich an, der Wasserkessel beginnt laut, ohne dass er angestellt wurde, zu sieden, der CD-Player springt an, Lichter gehen an und aus, der Fernseher stellt sich von selbst an oder aus oder im Computer erscheinen Botschaften, durch die sie ihre Anwesenheit bemerkbar machen.

Nachtodkontakte im Zusammenhang mit physikalischen Phänomenen ereignen sich ungewöhnlich häufig. Es scheint für Verstorbene einfacher zu sein, sich über Elektrizität mitzuteilen. Besonders typisch sind Berichte wie der Folgende: »Mein Vater war gerade verstorben. Ich konnte nicht schlafen, weil ich ständig an ihn denken musste. Wie schön wäre es, wenn er ein Zeichen geben würde, dachte ich. Da ging plötzlich das Licht in meinem Zimmer aus! Ich fragte laut und deutlich: Bist du hier, Vater?, worauf die Nachttischlampe an und aus ging. Diese Phänomene wiederholten sich in den nächsten Wochen mehrfach.« Der verstorbene Vater reagiert hier auf die Gedanken seiner Tochter.

Aber auch Gegenstände können bewegt werden. In einem Seminar erzählte mir ein junger Mann, dass er sich mit einem Freund abgesprochen hatte, ein Zeichen aus dem Jenseits zu senden, wenn dieses möglich ist. Nach einem Streit verloren sich die beiden aus den Augen. Der frühere Freund kam durch einen Motorradunfall ums Leben, ohne dass der andere dies wusste. Zwei Jahre später dachte er an seinen früheren Freund und rief bei dessen Familie an. Nun erfuhr er von seinem Tod. Während dieses Telefonats fielen plötzlich mehrere fest stehende Gegenstände von den Schränken und dann ging auch noch das Licht aus. Der junge Mann musste lachen. Das war eindeutig das versprochene Zeichen!

An diesem Beispiel zeigt sich, dass ein Verstorbener manchmal erst dann ein Zeichen sendet, wenn wir dafür offen sind und es erkennen können. Es kommt mitunter auch vor, dass Hinterbliebene über das Telefon eine Nachricht erhalten. Das kann im Schlaf wie auch Wachzustand erfolgen. Die Stimme des Verstorbenen ist dabei deutlich zu hören oder klingt von ganz weit weg.

Nach der Beendigung eines solchen Gesprächs gibt es allerdings kein Klicken oder Freizeichen. Es wird einfach Stille wahrgenommen.

Heute geschehen solche Kontakte sogar über das Handy. Die Tante einer jungen Seminarteilnehmerin verstarb plötzlich über Nacht. Nachbarn hatten sie morgens tot im Sessel gefunden. Es gab keine Möglichkeit, Abschied zu nehmen oder irgendwelche Verfügungen zu treffen. Als die junge Frau in der ersten Nacht danach erschöpft eingeschlafen war, klingelte in ihrem »Traum« das Handy und ihre Tante meldete sich auf diese Weise bei ihr: Sie erklärte ihr genau, wo Geld und besondere Briefe zu finden seien, und sie gab ihr einige Hinweise, was mit ihren Sachen zu geschehen habe. Am nächsten Tag fand sie genau an den bezeichneten Stellen die Briefe und das Geld, das sonst vernichtet worden wäre.

5. Empathische Todeserlebnisse

Immer mehr Menschen haben heute so genannte »empathische Todeserlebnisse«, das heißt, sie erleben zeitgleich den Übergang eines Angehörigen, manchmal sogar eines Fremden mit. Die moderne Sterbeforschung weist darauf hin, dass ein derartiges Erleben verstärkt vorkommt.

Zur Zeit werden insbesondere die geburtenstarke Jahrgänge der fünfziger und sechziger Jahre mit dem Sterben ihrer Eltern konfrontiert. Diese Generation ist offener für spirituelle Fragen und alternatives und natürliches Heilen. Außerdem vollzog sich in den letzten Jahren eine Veränderung in unserer Krankenhauspraxis: Heute werden Menschen nicht unbedingt beim Sterben ihrer Angehörigen ausgegrenzt, sondern sogar ermutigt, im letzten Augenblick des Lebens dabei zu sein.

Doch selbst wenn wir nicht direkt am Sterbebett anwesend sind, was bei lang andauernden Sterbeprozessen häufig der Fall ist, da niemand den genauen Zeitpunkt des Todes voraussagen kann, kommt es zu einem gleichzeitigen Miterleben des Todes eines nahe stehenden Menschen.

Hannelore, eine Seminarteilnehmerin, erzählte, dass ihre Mutter vor kurzem nach einem längeren Krebsleiden starb. Das Krankenhaus hatte schon mehrere Male bei ihr angerufen, dass ihre Mutter direkt im Sterben läge. Hannelore hatte tagelang bei ihr am Bett gesessen und gewacht. Doch ihre Mutter starb nicht. Schließlich war sie völlig erschöpft und fuhr nach Hause. Bald schon klingelte das Telefon und das Krankenhaus teilte ihr erneut mit, dass es mit ihrer Mutter zu Ende gehe. Da sie völlig erschöpft war, fuhr sie nicht in die Klinik. Am nächsten Morgen gegen acht Uhr hatte sie im Halbdämmerschlaf ein Bild vom Tunnel vor ihrem inneren Auge. Sie sah eine Gestalt aus dem Dunkel aufsteigen und dann bemerkte sie ein helles Licht. Kurz darauf bekam sie einen Anruf und man teilte ihr mit, dass ihre Mutter gegen acht Uhr gestorben sei!

Empathische Todeserlebnisse sind häufig bei Menschen, mit denen man durch tiefe Liebe verbunden ist. Wie schon geschildert, hatte ich selbst direkt den Tod meiner Mutter miterlebt. Mich bewog dieses Erleben, mich intensiv mit Sterben und Tod zu befassen. Ich wusste nun, dass die geistige Welt tatsächlich existiert. Es gibt aber auch Berichte, wo nicht Betroffene den Tod eines anderen miterleben.

Eine junge Frau erzählte mir in einer Fernsehsendung, dass sie mit ihrem Mann zusammen in einen Stau geriet, weil sich weiter vor ihnen ein Unfall ereignet hatte. Sie sah einen dunklen Schatten über der Unfallstelle und wusste, dass dort jemand soeben gestorben war. Plötzlich nahm sie als inneres Bild einen fremden Mann wahr, der durch den Tunnel ins Licht schwebte. Sie erschrak, vergaß aber dieses Erlebnis nie.

Der Tod eines Menschen wird auch über große Distanzen wahrgenommen, da Zeit und Raum für Verstorbene keine Rolle spielen. Ingrid, eine Seminarteilnehmerin aus München, erzählte, dass sie jahrelang mit John, einem in Deutschland stationierten Soldaten eng befreundet war: »Schließlich kam es zu einer Trennung, da er nach Amerika zurück musste. Ich ließ ihn los und fand einen neuen Freund. Ungefähr zwei Jahre später hatte ich das sichere Gefühl, dass John gerade gestorben war. Ich fühlte seine Gegenwart und war zutiefst beunruhigt. Obwohl ich keinen Kontakt mehr hatte, rief ich seine Tante in Amerika an. Ich wollte wissen, was los ist. Von ihr erfuhr ich, dass John ganz plötzlich in einem Krankenhaus gestorben war. Die Tante berichtete mir, dass er bis zuletzt an mich gedacht hatte und auch immer noch von mir gesprochen hatte.

Ich war traurig und wusste nicht, was ich denken sollte. Dann hatte ich einen Traum. Ich stand an Johns Grab, als er mir erschien und meine Hand nahm. Er sagte, dass er immer bei mir sei und ich nicht so viel weinen sollte. Dann zeigte er mir, wo er jetzt lebt. Ich erblickte eine leuchtende, farbige Landschaft, in vollem Rot und Gold wie bei einem Sonnenuntergang. Ein tiefer Friede und Freude erfüllte mich. John beteuerte mir, dass er auf mich warte und ich sollte aufhören zu trauern.« Danach ging es Ingrid wesentlich besser und sie fühlte sich getröstet.

6. Verschiedene Nachtodphänomene

Es wird ebenfalls sehr häufig darüber berichtet, dass Verstorbene versuchen, uns in schwierigen Situationen zu helfen und uns zu warnen. Mancher Betroffene empfindet einen Verstorbenen gar als persönlichen Schutzengel.

Viele Menschen berichten von Stimmen, die sich über das Innere und über die Gedanken kundtun. Das wird als telepathische Kommunikation bezeichnet. Andere hören die Stimme eines Verstorbenen auch im Außen. Die meisten Botschaften, die durch Gehörwahrnehmung übermittelt werden, sind kurz und knapp: »Ich liebe dich«, »Mir geht es gut«, »Alles ist in Ordnung, ich fühle mich wohl.« Seltener sind komplexe Botschaften über die geistige Welt. Verstorbene wollen uns beistehen, trösten und beruhigen.

Die Seminarteilnehmerin Gisela hatte nach dem frühen Tod ihrer Mutter sehr hart körperlich zu arbeiten, um den Lebensunterhalt für sich und die kleinen Geschwister zu verdienen. An einem besonders schweren Tag, als es ihr fast zu viel war, kamen plötzlich aus dem leeren Raum genau die ermunternden Worte, mit denen ihre Mutter zu Lebzeiten zu ihr gesprochen hatte: »Es wird alles gut, Du machst es wunderbar! Ich bin sehr stolz auf Dich!« Sie tröstete sie, dass alles nur halb so schwer sei und mit der Zeit vergehen werde.

Auch Düfte werden oft wahrgenommen, die spezifisch mit Verstorbenen zu tun haben: Parfüme, Rasierwasser, Blumen, Tabak. Gerade Geruchsphänomene ereignen sich außerordentlich häufig und werden von zahlreichen Betroffenen beschrieben: Anna beklagte den plötzlichen Tod ihrer Großmutter. Sie konnte nicht loslassen, da ihre Oma völlig unerwartet an einem Herzinfarkt verstorben war. Wenige Wochen nach der Beerdigung bemerkte sie beim Abendbrot, dass der Duft ihrer Großmutter sich im Raum ausbreitete. Sie hatte ein bestimmtes Moschusparfüm benutzt, das nun auch von Annas Ehemann wahrgenommen wurde. Beide spürten dann die energetische Gegenwart der Verstorbenen. Anna fühlte sich dadurch bestärkt, dass ihre Oma weiterlebte, und bewältigte dadurch ihre Trauer.

Es kann zu Erscheinungen Verstorbener kommen, die als helles Licht wahrgenommen werden, als Gesicht, als halber oder kompletter Körper bis hin zur lebensecht wirkenden Gestalt. Verstorbene werden normalerweise als heil, ganz und gesund gesehen, auch wenn sie vorher durch eine Erkrankung entstellt waren. Nachtodkontakte sind trostreich und haben das Potenzial, unser Leben zu verändern. Sie zeugen davon, dass die Liebe unserer Verstorbenen über den Tod hinaus voll wirksam bleibt und dass das Leben nach dem Tod Realität ist.

Erscheinungen von Verstorbenen sind auch Bestandteil des Nahtodkodes. Verschiedene medizinische Studien zeigten, dass ein hoher Prozentsatz psychisch normaler Individuen visionäre, spontane Begegnungen mit Verstorbenen aufweist. Sie helfen den Trauernden, ihren Kummer besser zu bewältigen.

Die hier dargestellten, wesentlichen Erkenntnisse der Sterbeforschung zeigen, dass der Tod nur ein Übergang ist in eine andere Form des Seins. Ebenso verweisen all diese Erlebnisse in den Nahtoderfahrungen oder Nachtodkontakten wie auch im Sterbeprozess auf die Existenz des Jenseits. Die Betroffenen berichten von paradiesischen Landschaften, dem Verbundensein mit allem Wissen und der Begegnung mit Verstorbenen.

Was dann nach dem Tod mit uns geschieht und welche Aufgabe die Engel im Jenseits inne haben, können Sie in diesen wunderbaren neuen Botschaften der Engel über den Übergang und das Leben danach nachlesen.

Bernard Jakoby

1. Kapitel: Leib und Seele

I.
Die Seele verlässt den Körper

B.J.: Menschen, die eine so genannte »Nahtoderfahrung« gemacht haben, galten nach einem Unfall oder einer Operation zunächst als tot, doch führten sofortige Wiederbelebungsversuche zum Erfolg. Sie berichten, dass in der Zwischenzeit ihr Bewusstsein nicht erloschen war. Sie hatten das Gefühl, ihren Körper verlassen zu haben, konnten auf ihn hinabblicken, sich aber auch von Angehörigen verabschieden. Dann hatten sie das Gefühl, durch einen »Tunnel« hindurchzugehen, an dessen Ende einer Lichterscheinung zu begegnen und früher verstorbene Angehörige wahrzunehmen. In einem Rückblick liefen die Ereignisse ihres Erdenlebens wie im Film vor ihnen ab. *(s. S. 23f.)*
Entspricht das den Erfahrungen, die die Seele des Verstorbenen im Allgemeinen durchläuft?

Ja. Die Seele hat den Körper verlassen, sie hat sich verabschiedet und auf eine große Reise begeben. Sie lebt in der anderen Welt fort. Was sie zunächst erlebt, wird in diesen Zeugenberichten zutreffend geschildert. Was ihr »Nahtoderfahrung« nennt, ist in Wirklichkeit eine »Sterbe-Erfahrung«. Denn »tot« sein heißt, nicht mehr sein. Deshalb gibt es den Tod gar nicht.

Die Wiederbelebung ist nur kurze Zeit möglich, solange nämlich das feinstoffliche Band, das die Seele noch wie eine Nabelschnur mit dem Körper verbindet, nicht gerissen ist. Das geschieht, sobald die Verwesung einsetzt und die organische Einheit des Körpers nicht mehr besteht. Dann löst sich dieses Band auf.

Ist das die so genannte »Silberschnur«, von der in den Erfahrungsberichten öfter die Rede ist?

Richtig. Bis dahin gibt es noch die Möglichkeit der Rückkehr. Auch im Prozess des Inkarnierens kann die Seele ihre Entscheidung, auf die Welt zu kommen, noch revidieren; die Mutter erlebt das dann als Fehlgeburt. Das alles gehört zu den Gegebenheiten der Freiheit.

Wenn wir also davon ausgehen, dass die Wiederbelebten berichten, was die Seelen nach dem Sterben erleben – bedeutet das, im Sterben bleibt der Seele die Fähigkeit zur sinnlichen Wahrnehmung erhalten?

Andersrum. Die Wahrnehmungsfähigkeit der Seele findet in den Organen des Körpers eine perfekte Entsprechung. Alle sinnlichen Wahrnehmungsmöglichkeiten, über die der Körper verfügt, sind Nachbildungen auf der materiellen Ebene.

Das erklärt, dass zum Beispiel Menschen, die blind waren, während dieser außerkörperlichen Erfahrung sehen konnten und Rollstuhlfahrer sich als ganz heil empfunden haben?

Richtig. Die Ebenbildlichkeit und Gleichnishaftigkeit des Menschen bezieht sich nicht auf den Körper. Der Körper sieht nicht so aus, wie du dir Gott vorstellen solltest. Sie bezieht sich auf die Geschöpfe, die Gott zunächst geschaffen hatte: die Seele. Die Seele kann sehen, die Seele kann hören, die Seele kann sogar schmecken, tasten und riechen. Die Seele kann nachdenken, planen, Entscheidungen treffen, etwas wünschen und wollen. Der Körper ist sozusagen das Gewand der Seele, er umhüllt sie wie der Handschuh die Hand. Und er dient ihr als Instrument, um in der irdischen Welt handeln und wirken zu können.

Welche Rolle spielt das Gehirn?

Ein Teil des Bewusstseins »inkarniert« sich im Gehirn. Dadurch hat es die Möglichkeit, in die materiellen Gegebenheiten hineinzuwirken, sich in ihnen auszudrücken, sie zu verändern, sie neu zu kombinieren, in ihnen aktiv zu werden, bestimmte Informationen nach außen zu bringen, aber auch von außen im Innern aufzunehmen und zu verarbeiten. Es schafft und hinterlässt Eindrücke in der irdischen Welt. Das Gehirn ist in der Lage, die geistige und die materielle Welt miteinander zu verbinden. Die Seele benutzt das Gehirn, um sich in die Materie hineinzubegeben.

Und die anderen Teile des Bewusstseins?

Jedes Organ, ja jede Zelle ist von Bewusstsein erfüllt und durchatmet. Denn kein Teil der Schöpfung ist ohne Geist. Und natürlich herrscht in den Innenräumen des Menschen ein höchst bewusstes Leben.

Auch das so genannte »Unbewusste« und das »Unterbewusste« gehören zum Gesamtkomplex des Bewusstseins. Diese Teile des Bewusstseins sind zwar in eurem jeweils aktuellen Tagesbewusstsein nicht ohne weiteres gegenwärtig. Das Gehirn steht euch aber zur Verfügung, um sie zu reflektieren, und dann werden sie Teil des »Selbstbewusstseins«. Ihr könnt euch beispielsweise einen bestimmten Vorgang aus eurer Kindheit in Erinnerung rufen, dann taucht er ins helle Licht des »bewussten Bewusstseins«, er war euch aber auch vorher schon bewusst.

Wie verhält es sich bei einem geistig behinderten Menschen?

Da ist das Gehirn nicht ganz intakt, und das Bewusstsein kann sich mittels dieses Gehirns nicht so ausdrücken und manifestieren, wie es das möchte. Nimm ein anderes Bild: Das Bewusstsein ist der Reiter und das Gehirn ist das Pferd. Dann würdest du sagen: Dieses Pferd hat nur drei Beine oder nur ein Auge, deshalb kann sich der Reiter nur humpelnd und lahmend darauf bewegen.

In den Heimen von geistig Behinderten habe ich Menschen getroffen, die glücklicher und liebevoller sind als andere Menschen. Ist das ein Ausdruck dafür, dass sie einen Zugang zu den geistigen Welten haben?

Es fehlt ihnen eine ganz bestimmte Ebene der Kommunikation mit der inkarnierten Welt – nämlich die Verstandesebene. Sie können sich aber auf der Ebene der Intuition, der Gefühle und Emotionen mit dir verständigen und du mit ihnen. Sie können sich – auch wenn das eigenartig klingt – in gewisser Weise auch auf der spirituellen Ebene mit dir verständigen und du mit ihnen, z.B. über Liebe, über Zärtlichkeit, über Gebet, über Klang und Melodie, über Schönheiten, über Licht und Farbe, über die Unterschiede zwischen hell und dunkel. Nur die Verstandesebene ist beeinträchtigt.

Wenn du in der Lage bist, mit einem Verstorbenen in Gesprächskontakt zu treten, wirst du sehen, dass die Verstandesebene des zuvor geistig Behinderten voll intakt ist; sie hat sich nur im inkarnierten Zustand nicht vermitteln können. Ebenso sind die Sehfähigkeit des zuvor Blinden, die Bewegungsfähigkeit des zuvor Gelähmten unbeeinträchtigt – und so fort.

Die Fähigkeiten der Seele waren auch während des Erdenlebens vorhanden, es fehlten ihnen nur die Entfaltungsmöglichkeiten im Körper und damit innerhalb der irdisch-materiellen Welt, weil im Körper etwas nicht intakt war: beim geistig Behinderten im Gehirn, beim Blinden in den Augen, beim Tauben in den Ohren. So wie das gesunde Auge die Bilder, das gesunde Ohr die Töne nicht produzieren, sondern aufnehmen und dann ins Gehirn umsetzen, so produziert das gesunde Gehirn nicht Gedanken, Orientierungen, Erinnerungen und dergleichen, sondern nimmt sie auf und setzt sie ins irdische Bewusstsein um.

Die Heilungen Jesu wurden möglich, indem er diese vorhandenen Fähigkeiten in den Körper wieder integrierte. Jesus nutzte seine Macht über die Materie – nicht gewalttätig, sondern in Liebe. Er passte den Körper an das seelische Urbild an, damit dieses wieder mit dem Körper kommunizieren konnte. Die Heilung bedeutete eine Versöhnung zwischen den materiellen und den geistigen Gegebenheiten der Originalbilder, eine mystische Hochzeit, die nicht denkbar wäre ohne Liebe.

II.
Die Seele

Wie können wir uns die Seele vorstellen?

Die Seele ist eine reale Gegebenheit, die zwar nicht eine materielle, aber eine feinstoffliche Existenz hat. Es handelt sich um eine Aneinanderfügung von Räumlichkeiten. Diejenigen, die mit der Lehre von den »Innenräumen« vertraut sind, wissen, dass jeder Mensch in sich eine »Innere Kirche« trägt – etwa in der Höhe des Herzens[11] –, darunter (im Solarplexus) eine »Innere Quelle«[12], darunter eine »Innere Krypta« mit dem »Inneren Kind«[13], im Unterleib ein »Inneres Meer« mit einer Insel, auf der sich Tiere, ein Vulkan und ein »Engel am Brunnen« befinden[14], in der Höhe des Halses den »Innenraum mit dem Marienengel[15] und den mit dem Sophienengel«[16], in der Höhe der Stirn den »Innenraum mit dem Inneren Weisen«,[17] im Scheitel den »Inneren Kosmos«[18]. In der fernöstlichen Weisheitslehre werden diese Innenräume in der Lehre von den so genannten »Chakren« angedeutet, allerdings nicht in ihrer vollen Bedeutung erfasst.

Es gibt neben diesen Haupt-Innenräumen noch eine Reihe von Neben-Innenräumen, insgesamt sind es 22 Innenräume. In diesen Innenräumen entfaltet sich das »Innenleben« des Menschen.

11 siehe Alexa Kriele: *Wie im Himmel so auf Erden,* Bd. I, S. 13ff.
12 Bd. I, S. 82ff.
13 Bd. I, S. 182ff., Bd. II, S. 79ff.
14 Bd. II, S. 208ff.
15 Bd. I, S. 159ff.
16 Bd. I, S. 226, Bd. III, S. 29ff.
17 Bd. I, S. 132ff.
18 Bd. II, S. 57ff.

Nehmen wir auf diese Innenräume Bezug, wenn wir beispielsweise sagen: »Gehe in dich«, oder »Ich habe im Innersten erfahren«, oder »Das bewahre ich in meinem Herzen«?

Ja, mit dem »Herzen« ist ja nicht das körperliche Herz gemeint, sondern der Herz-Innenraum, in dem ihr »Herzensfreude«, aber auch »Herzeleid« erfahren könnt, das ihr von Schmerzen im körperlichen Herzen zu unterscheiden wisst. Das, was ihr am unmittelbarsten erlebt – täglich, stündlich, in jedem Augenblick –, ist euer »Seelenleben«, das sich in den verschiedenen Innenräumen abspielt: z. B. an der »Inneren Quelle« Lebensmut, Fähigkeit zur Sammlung und inneren Ruhe; beim »Inneren Kind« Urvertrauen, Lebensfreude, Lebendigkeit, Spieltrieb; beim Marienengel Wahrheitsliebe, Sanftmut, Ehrfurcht; beim Inneren Weisen Weisheit und Autorität; auf der Inneren Insel verkörpern die »Tiere« unter anderem Neugier, das Streben nach Schönheit und Erfolg, der »Vulkan« die Vitalkraft, um nur ein paar Beispiele zu nennen.

Gibt es in diesen Innenräumen auch die dunklen Impulse wie Neid, Bosheit, Rachsucht, Lüge und so fort?

Nein, diese Impulse gehen von einem »Doppelgänger« aus, der jeden Menschen begleitet, der also von außen in ihn hineinwirkt, ihn in Versuchung und Konflikte zu stürzen strebt.[19] Er ist ein »gefallener Engel«, ein graues und selbst erlösungsbedürftiges Wesen, das den Menschen an seiner linken Seite begleitet, sich sozusagen an ihm festgesaugt hat. Da er nicht in den Innenräumen wohnt, gehört er nicht zur Seele des Menschen; er wird den Menschen vielmehr beim Sterben verlassen.

Während des Erdenlebens braucht der Mensch ihn, um fest in der Erdenwelt verankert zu sein und um in der freien Auseinandersetzung mit seinen Impulsen an Reife, Kraft und Fähigkeiten zu wachsen. Die dunklen Impulse kommen von diesem Doppelgänger, denn die Seele ist an sich licht und rein. Sie nimmt aber »Eindrücke« seiner Impulse in sich auf und kann diese sogar über das Ende ihres Erdenlebens hinaus mitnehmen, wie beispielsweise Wut und Rachebedürfnis.

[19] siehe Alexa Kriele: *Wie im Himmel so auf Erden,* Bd. I, S. 269ff.

Kann man sagen, die Summe der Innenräume mache die Seele aus?

Ja. Die Innenräume des Menschen sind alle aneinander gefügt, sie bilden eine Gesamtheit – eben die Seele. Wenn ihr sie euch bildhaft vorstellen wollt, denkt euch, ihr zeichnet ein aus 22 Kugeln zusammengesetztes Strichmännchen, weiß-braun-rosa schimmernd wie Perlmutt.

Beim Sterben verlässt die Seele den Körper, sie legt ihn ab wie ein Gewand, das sie vorübergehend getragen hat. Aber sie hört deshalb nicht auf, zu leben. Ihre Innenwelt und damit auch ihr Bewusstsein leben in der so genannten »jenseitigen« Welt fort und gehen ganz neuen Erfahrungen entgegen.

Es ist irreführend zu sagen, der Mensch »habe« eine Seele. Er *ist* die Seele, und während des Erdenlebens *hat* diese einen Körper.

Die Geschichten von Menschen, die dem Teufel ihre Seele verkauft haben wie z.B. Faust, sind also abwegig?

Das sind naive Volksmärchen oder Sagen. Die Frage ist, ob der Witz dabei verstanden wird. Der Mensch ist die Seele selbst. Die kann er gar nicht verkaufen, sie gehört dem Vater. Der »dumme Teufel« ist übertölpelt, er konnte auf keine Weise ein Recht an ihr erlangen. Goethe hat das richtig gesehen, sein »Faust« findet am Ende den Weg in den Himmel.

Kann man also sagen, der Körper sei sozusagen das »Gewand« der Seele?

Ja, aber das ist nur als ein vorläufiges Bild zu verstehen: Die Seele durchdringt den Körper ganz und gar bis in alle Zellen hinein. Sie bildet mit ihm eine symbiotische Einheit und steht mit ihm in einer Wechselbeziehung: Sie nutzt ihn als ihr Instrument, um mit allen seinen Organen in der irdischen Welt tätig sein zu können. Sie ist aber auch davon abhängig, wie gesund, frisch und kraftvoll er ist. Sie reagiert auf ihn, er reagiert auf sie. Ihr kennt die Reaktionen des Errötens oder des schnell schlagenden Herzens, er kennt die psychischen Wirkungen von Medikamenten oder von Drogen, ihr kennt die psychosomatische Medizin, die psychovegetativen Syndrome, die hormonellen und physiologischen Zusammenhänge.

Diese Symbiose von Körper und Seele ist so eng, so durchdringend, dass manche den Schluss gezogen haben, das psychische Leben sei eine Funktion des Körpers, es existiere also nicht mehr, wenn der Körper zerstört und nicht mehr funktionsfähig ist. Aber diese Vorstellung entspricht nicht der Realität. Nach dem Sterben verwest der Körper, aber die Seele lebt fort und ist sich ihrer selbst bewusst. Sie wurde als untrennbare und unzerstörbare Einheit von Gottvater geschaffen.

Wenn alle Menschen die gleichen 22 Innenräume haben, sind sie dann im Innersten alle gleich?

Alle Seelen bestehen aus diesen 22 Innenräumen, aber diese sind individuell verschieden ausgestaltet, wie du das vom Körper auch kennst. Jeder sieht ein bisschen anders aus, selbst eineiige Zwillinge kann der mit ihnen Vertraute voneinander unterscheiden. Der Vater hat die Seelen aus sich heraus gesetzt, und eine jede ist eine etwas andere Facette aus seiner unendlich reichen Innenwelt.

Kann man sagen: »Ich bin« diese Seele?

Ja, aber im inkarnierten Zustand bist du die Seele in deinem Körper, begleitet und beeinflusst vom Doppelgänger, konfrontiert mit den irdischen Gegebenheiten. Die Seele ist – in einem Bild – die Landschaft aus der Innenwelt des Vaters, die eure Heimat ist: die Innere Kirche, das Innere Meer, die Innere Quelle und so fort. Sie ist der Ort, an den ihr euch zurückzieht, wenn ihr nach Hause möchtet, wenn ihr »in euch geht« im Sinne von: »Gehe nach Hause« – d. h. gehe in dich hinein, an den Ort, den du so gut kennst seit Jahrmillionen, und auch in diesem Leben seit Jahren, er ist deine ständige Heimat. Dieses innere Zuhause ist ein Stück vom Vater, das »erinnerst« du, wenn du nach Innen gehst.

Du findest dort einen Ort der Ruhe, an dem hundert Jahre so schnell vergehen wie ein Lidschlag, während in der Außenwelt das Leben in immer größerer Geschwindigkeit und Dramatik abläuft.

Auch die Innenwelt der Seele erlebt eine Dramatik, aber in viel größeren zeitlichen Zusammenhängen. Du findest in ihr ein ganz neues Verhältnis zu deiner Freiheit und wirst dadurch auch in der Außenwelt freier. Du kannst tief durchatmen und wirst das dann auch im Äußeren tun können. Findest du hier Liebe, Frieden, Dankbarkeit, Heimat, wirst du das alles auch im Äußeren finden. Und umgekehrt: Ohne die innere Heimat gefunden zu haben, wirst du auch im Äußeren heimatlos bleiben. Ohne diese innere Geborgenheit wirst du auch im Äußeren ungeborgen sein. Ohne diesen inneren Atem zu spüren, bleibst du auch im Äußeren atemlos.

Dieses Wechselspiel von Innen und Außen hat auch einen bestürzenden Aspekt: Wenn du die Impulse deines Doppelgängers in deinem Reflexionszentrum – dem Gehirn – reflektierst, werden dir die gleichen Impulse auch aus der Außenwelt begegnen. Wenn du beispielsweise Wut, Hass, Aggression, Rachsucht, Undank nach außen spiegelst, werden sie aus der Außenwelt auf dich zurückkommen. Selbst wenn du versuchst, diese Impulse zu verdrängen, sie sozusagen im Keller zu verstauen, schaffst du ihnen Raum und gibst ihnen Macht, wenn auch in sehr verdrehter Form. Auch wenn du deine Bedürfnisse nach Liebe, Anerkennung, Nähe, Beziehung verdrängst, wirst du der Liebe, der Anerkennung usw. nur in pervertierter Form in der Außenwelt begegnen.

Verdrängen ist eine Art von Kultivieren. Den Doppelgänger verdrängen wollen, heißt, ihn erst recht zu reizen – »Du bist mir der Richtige« – und ihn zu aktivieren. Denn die Realität der gefallenen Schöpfung lässt sich nicht verdrängen, schon gar nicht dadurch, dass du zu gut und zu blauäugig wirst. Es kommt darauf an, souverän mit dem Doppelgänger umzugehen, und das gelingt dir in dem Maße, in dem du in deiner inneren Heimat und damit in den Gegebenheiten der lichten Schöpfung einen festen Stand findest.

III.
Geist und Bewusstsein

Wie ist das Verhältnis von »Geist« und »Bewusstsein« zur Seele? Sind sie Bestandteile der Seele?

Stelle dir die Innenräume als Gefäße vor, dann ist Geist der Inhalt, der sie füllt. Der Geist »wohnt« also in der Seele wie die Seele im Körper. Das Bewusstsein ist die individuelle Fähigkeit, den Geist wahrzunehmen, zu erkennen, zu handhaben, zu nutzen, mit ihm umzugehen, z.B. zu erinnern und zu planen. Der Geist erfüllt alles Seiende, nicht nur die Seelen, sondern auch die menschlichen Organe, ja jede einzelne Zelle – du verfügst also über mehrere Formen von Bewusstsein. Bewusstsein haben natürlich auch Tiere und Pflanzen, sogar Steine und Gestirne. Aber der Grad des Bewusstseins ist sehr unterschiedlich, beispielsweise bei den Gruppenseelen der Tiere höher als beim einzelnen Tier, beim Menschen höher als bei den Tieren, und auch beim einzelnen Menschen je nach seiner Alters- und Entwicklungsstufe höher oder niedriger. Anders gewendet: Bewusstsein ist der Zugang des Einzelnen zum Geist. Geist ist sowieso immer da, Bewusstsein ist das Instrument, an ihm teilzuhaben. Es ermöglicht den Anteil des Einzelnen am Geist. »Der Geist weht, wo er will«, er ist der Wind, der alles durchweht, der göttliche Atem. Ihr »atmet« ihn ein. Es geht darum, möglichst viel Geist aufzunehmen und in sich zu tragen, aber auch möglichst viel Geist wieder weiterzugeben, »auszuatmen«. Die Seele atmet man weder ein noch aus. Man ist sie und lebt am besten, indem man sich ihrer als im Körper befindlich bewusst ist und nicht die Vorstellung hat, nur ein Körper mit bestimmten Funktionen zu sein.

Im menschlichen Sprachgebrauch werden Seele und Geist häufig in einen gewissen Gegensatz gebracht wie beispielsweise in dem Buch von Klages Der Geist als Widersacher der Seele.

Da liegt das Missverständnis vor, Geist mit Verstand (oder Intellekt) gleichzusetzen. Der Verstand kann zum Widersacher der Seele werden, wenn er nämlich den Geist nur verzerrt spiegelt. Er ist nur eine von mehreren Möglichkeiten, wie man Geist aufnehmen und verarbeiten kann, und nicht einmal die potenteste. Auch die Pflanze nimmt Geist auf, wenngleich sie kein Gehirn und somit keinen Intellekt hat. Die Seele kann nicht anders, als Geist aufzunehmen und zu verarbeiten, und der Mensch kann ihn sich in seinem Bewusstsein, das den Verstand weit übersteigt, zu eigen machen. Manch einer ist ziemlich arm an Verstand, aber trotzdem reich an Herzensweisheit, an Lebenserfahrung, an Humor, an liebenswürdigem Verständnis für die Menschen, hat für sie ein »offenes Herz«. Denke z.B. an den Pfarrer von Ars, zu dem Tausende von Menschen strömten; ein Heiliger von immenser Weisheit, die aus dem Herzen kam.[20]

Rudolf Steiner lehrte, dass der Mensch nicht nur aus Leib und Seele besteht, sondern aus Leib, Seele und Geist.

Das ist richtig, nur: der Geist erfüllt die Seele. In dem Maße, in dem er das tut und in dem das Bewusstsein ihn aufnimmt und umsetzt, hat der Mensch Geist. Er hat also viel mehr Geist als Intellekt. Der Intellekt ist ein Teil des Geistes, nämlich der Teil, der sich im Gehirn spiegelt. Wenn man diesen Teil mit dem Begriff »Geist« gleichsetzt und den menschlichen Geist in seiner Gesamtheit außer Acht lässt, dann ist – wie Rudolf Steiner richtig sagt – Materialismus die Folge des Lebens im Geiste.[21] Der Geist gehört zur Seele. Wenn der Mensch stirbt, verlässt die Seele den Körper zusammen mit dem von ihrem Bewusstsein aufgenommenen Geist.

ÜBUNG: Leib, Seele, Geist, Bewusstsein

Um das Verhältnis von Leib, Seele, Geist und Bewusstsein nicht nur verstandesmäßig zu erfassen, sondern wirklich zu erleben und zu erfühlen, empfehle ich eine Übung.

20 Jean Baptiste Vianney, 1786–1859, war intellektuell unbegabt, aber ein begnadeter Seelsorger.

21 Rudolf Steiner, Vortrag vom 24.4.1921, S. 152ff.

Setze dich in Ruhe hin und versuche zu spüren, wie sich das alles anfühlt.

1. Der Körper
   Richte deine Aufmerksamkeit auf die Zehen, hebe sie, lasse sie wieder sinken. Tu dasselbe mit den Füßen. Dann spanne die Muskeln in den Unterschenkeln an und lass sie wieder locker. Lege die Hände auf die Oberschenkel und spüre deren Existenz, spüre, wie sie sich anfühlen. Bewege die Muskeln deines Unterleibs, des Oberkörpers, der Arme und Hände, des Gesichts. Vergegenwärtige dir deine inneren Organe und wie sie alle so brav ihre Arbeit tun. Mache dir also bewusst: Ja richtig, ich habe einen Körper.

2. Die Seele
   Jetzt stelle dir vor, dein Körper sei aus Kristallglas geblasen, er sei also hohl und bilde eine wunderschöne Skulptur. In ihrem Innern siehst du eine Aneinanderreihung von herrlichen und belebten Landschaften. Da ist z.B. die innere Quelle, das Meer mit der Insel. Du siehst Wiesen und Wälder, hörst das Gezwitscher und Gebrumme. Es gibt Wind und Wolken, Tageszeiten und Jahreszeiten. Du siehst deine Innere Kirche, die Krypta, die Türme, du siehst den Raum mit den Inneren Weisen. Du siehst das alles belebt: den Engel am Altar, den Inneren Christus in der Inneren Kirche, das Kind in der Krypta, den Weisen in seinem Raum, die Vulkanesin in dem Vulkan auf der Inneren Insel[22], den Engel am Brunnen. In den Neben-Innenräumen siehst du die Eremiten in den Füßen, die Handwerker in den Knien, die Eltern in den Händen, die Engel in den Schulterblättern usw.

3. Der Geist
   Nun stell dir vor, das alles steht vor deinen Augen nicht nur wie eine Aneinanderreihung von Gemälden, sondern es ist durchatmet, es lebt und webt, fühlt, denkt, bewegt sich, ist tätig, ist durchpulst von Willen und Lebendigkeit. Achte jetzt auf deinen Atem, lass ihn langsam gehen, nimm

[22] siehe Alexa Kriele: *Wie im Himmel so auf Erden*, Bd. II, S. 213–217.

mit jedem Atemzug von oben helles golden-silbern-weißes Licht auf und lass es bewusst deinen ganzen Körper bis in die Zehen hinein durchströmen. Es wird alle deine Seelenwelten, deine inneren Landschaften durchleuchten, sie hell und deutlich erkennbar machen. Lass das Licht nach außen strahlen.

4. Das Bewusstsein
Dann sage dir: »Das bin alles Ich!« Konzentriere dich auf den Kopf und sage dir: »Ich denke«, auf den Mund: »Ich spreche«, auf die Augen: »Ich sehe« und so fort. Wende dich dem Herzen zu: Es ist mit Herzblut gefüllt! So steige von oben durch deinen Körper und durch deine Seelenwelten hinab: Deine Glieder und deine Organe, deine Innenräume und ihre Bewohner in ihrer Lebendigkeit, das alles gehört zu mir, ja ich bin das alles!

IV.
Zeit und Ewigkeit

Hat Gott die Seele schon zu Beginn der Schöpfung erschaffen oder erst im Augenblick der Zeugung oder der Geburt oder irgendwann zwischendrin?

Die Seele existiert seit Beginn der Schöpfung und wird erst am Ende aller Zeiten zum Vater heimkehren – zusammen mit der ganzen Schöpfung. Sie existierte schon im »Paradies«, d.h. schon vor dem »Fall der Engel« und damit vor der Entstehung der Materie.[23]

Tritt sie mit dem Sterben also nicht in die Ewigkeit ein, sondern bleibt der Zeitlichkeit verhaftet?

Die so genannten »Nahtoderfahrungen«, die du erforschst, zeigen ein zeitliches Nacheinander. Die Seele durchläuft auch nach den Erfahrungen, die du schilderst, einen Entwicklungsprozess, beginnend mit dem Gespräch mit Christus, dem himmlischen Richter.

Allerdings unterliegt sie nicht den Zeitvorstellungen, wie sie auf der Erde herrschen. Tausend Jahre sind für sie wie ein Tag, wie es im Psalm heißt, ja auch Jahrmillionen kann sie abwarten, ohne dass ihr die Zeit lang wird. Insofern also eure Zeitbegriffe aufgehoben und gleichgültig geworden sind, kann man von Ewigkeit sprechen. Wenn du aber unter Ewigkeit das schlussendliche Ruhen im Vater verstehst, dann tritt die Schöpfung – und mit ihr die Seele – erst »am Ende aller Zeiten« in die Ewigkeit ein.

[23] siehe Alexa Kriele: *Die Engel geben Antwort auf Fragen nach dem Sinn des Lebens,* S. 31–44.

Angenommen, eine Katastrophe wie beispielsweise. der Einschlag eines Asteroiden auf der Erde oder ein Atomkrieg zerstöre alle Lebensmöglichkeiten des Menschen, ist dann dieser göttliche Plan durchkreuzt?

Das ist nicht zu erwarten. Aber gesetzt, es passiert, dann wird man für die Menschenseelen anderswo Gelegenheit zur Weiterentwicklung finden. Diese Erde ist nicht die einzige Erde, es gibt auch andere, auch in eurer Galaxie. »Erde« ist ähnlich wie »Mond« ein Gattungsbegriff. Allerdings ist eure Erde von ganz besonderer Schönheit, ihr solltet sie lieben, hüten und pflegen.

Die Menschen mit der Nahtoderfahrung berichten, dass sie das Gefühl hatten, in die Ewigkeit eingetreten zu sein.

Weil sie erfahren haben, wie die irdische Zeit aufgehoben ist. Sie erleben unendlich viel und erfahren nachher: es war nur eine Sekunde. Oder sie haben das Gefühl, ihre Erlebnisse blitzschnell gemacht zu haben und erfahren später, die Wiederbelebungsversuche haben Stunden in Anspruch genommen. Die irdischen Zeitmaße sind für das Bewusstsein in der anderen Welt ohne Bedeutung. Diese Zeitlosigkeit ist das, was man vielfach als »Ewigkeit« bezeichnet, und dieser Sprachgebrauch ist ganz legitim.

Was »Ewigkeit« in diesem Sinne bedeutet, kann der auf das Gehirn angewiesene Verstand nicht erfassen, und schon gar nicht die absolute Ewigkeit, das schlussendliche Ruhen im Vater. Du kannst Zeitlosigkeit nicht diskutieren, wohl aber erfahren, nämlich in Augenblicken, in denen du in deine Innenwelt versunken bist, und zwar ganz und gar und so beglückend konzentriert, dass du losgelöst bist von allem rundherum in der Welt, von allen Bedürfnissen, vom Ticken der Uhr. Wenn du wieder auftauchst, wirst du für diese Erfahrung keine Worte finden, aber du erinnerst dich und weißt, was du gerade erlebt hast. Der Augenblick, in dem du die Zeitlosigkeit erlebst, ist so groß wie die Ewigkeit, er lässt dich erahnen, was Ewigkeit ist.

Die Zeugen der Nahtoderfahrung haben große Mühe, diesen Zustand zu beschreiben, sie können sich nur in Bildern ausdrücken.

Ja, weil der Verstand eben an die Raum-Zeit-Achse gebunden ist.

Das Ziel aller Evolution ist also die Heimkehr zum Vater?

Ja, sie ist das Ziel der Entwicklung nicht nur der einzelnen Seele, sondern der gesamten Schöpfung. Der Mensch hat eine Aufgabe nicht nur für sich, sondern für die Schöpfung schlechthin: Er kann durch seine Liebeskraft die »gefallenen Engel« allmählich davon überzeugen, dass sie auf dem falschen Weg waren und sie mit der Zeit – einen nach dem anderen – bereit machen, sich aus freiem Willen dem Vater wieder zuzuwenden, und mit ihnen alle Menschen, ja die ganze Schöpfung. Das ist ein sehr schwieriger und langwieriger Prozess. Die lichten Engel unterstützen den Menschen darin. Sie sind auf den Menschen angewiesen, sie können das Ziel nicht ohne ihn erreichen.

Es ist aber so angelegt, dass die lichten Kräfte die dunklen überwiegen und dass deshalb das Ziel mit Gewissheit erreicht werden wird. Die Menschwerdung des göttlichen Sohnes, seine irdische Inkarnation in Jesus Christus hat dieser Entwicklung »vorwärts zurück zum Vater« den entscheidenden Impuls gegeben.[24] Am »Ende der Zeiten« tritt dann die Schöpfung wieder in die Ewigkeit ein, aus der sie hervorgegangen ist.

Wenn ich das alles richtig verstanden habe, ist die Ewigkeit auch in der Zeitlichkeit präsent und erfahrbar?

Ja, diese Begriffe bezeichnen Befindlichkeiten und nicht – wie auch immer definierte – »Dimensionen«. »Ewigkeit« erfährst du als die absolute, allumfassende göttliche Liebe. Sie ist, wie du richtig sagst, in der Zeitlichkeit stets präsent und erfahrbar. Je weniger du von dieser Liebe erfahren und weitergegeben hast, desto unfreier bist du in die Zeitlichkeit hineingezwungen, in sie gebunden, ihr »verhaftet«, desto erbarmungsloser wirkt sie auf dich ein.

Jesu Wort »Liebe deinen Nächsten wie dich selbst« ist mehr als ein Motto für deine sozialen Beziehungen. Es ist der Schlüssel, der dir das Tor zur Ewigkeit öffnet. Je mehr du liebst – dich,

24 siehe Alexa Kriele: *Wie im Himmel so auf Erden*, Bd. II, S. 337ff.

die anderen, die Wesen des Himmels, die ganze Schöpfung –, desto freier wird dein Verhältnis zur Zeit, desto spürbarer wird, was »Ewigkeit« bedeutet.

ÜBUNG: Zeitlosigkeit empfinden

Du kannst dein Verständnis für den Begriff »Ewigkeit« vertiefen, wenn du folgende Übung machst. Stell dir einmal vor, du seist der himmlische Vater (das kannst du in einer Übung ohne Gefahr für deine innere Balance tun). Versuche dein Leben, dein Umfeld, den Vorgarten, den Wald, die Landschaft, den Erdball, das Sonnensystem, die Galaxie, das Universum mit dem Blick des Vaters zu betrachten: voller Liebe, aber auch freudig und stolz auf diese Schöpfung: Ja, sie ist wohlgeraten und schön.
Dann betrachte das alles mit dem Blick der Mutter: mitsorgend, behütend, wärmend, umhüllend, schützend.
Dann betrachte es mit dem Blick des Sohnes: »Ja, ich bin euer Bruder, ich bin bei euch, ich gehe eure Wege mit, ich zeige euch den rechten Weg, ich lehre euch, ich helfe euch.«
Es kommt darauf an, diese Sichtweise nicht nur verstandesmäßig nachzuvollziehen, sondern sie als die deine so lebendig wie möglich zu empfinden. In dem Maße, in dem dir das gelingt, wird sich dein Verhältnis zur Zeit lockern. Du wirst deine Innenwelt als deine Heimat erleben und wissen, dass sie deine ewige Heimat ist.

V.
Inkarnation und Exkarnation

Welchen Stellenwert hat das Sterben und damit der Eintritt in die Zeitlosigkeit für die Seele?

Es mag dich erstaunen: Keinen besonders großen, sondern etwa so viel wie ein Umzug in eine Stadt auf einem anderen Kontinent und der Beginn eines neuen Lebensabschnitts. Es gibt zwar Menschen, für die ist ein Umzug eine Katastrophe, und so erleben sie auch das Sterben. Im Allgemeinen aber ist die Flexibilität der Menschen so groß, dass sie mit dem Gedanken des Umzugs gut leben können, auch wenn sie sich am bisherigen Ort wohl gefühlt haben: Sie empfinden ihn vielleicht sogar als spannend und freuen sich auf das, was sie an dem neuen Ort erwartet.

Für die Hinterbliebenen ist das Sterben eines geliebten Menschen schlimm, für die Seele des Sterbenden hingegen normalerweise nicht.

Warum gibt es dieses Sterben, diesen »Umzug« überhaupt?

Seitdem die Schöpfung ins Materielle hineingefallen ist, ist das Altern des Körpers, seine Anfälligkeit, seine Ermüdung, der Verschleiß der Materie eine Gegebenheit. Das ist auch sinnvoll, denn all dies ist Voraussetzung für die Abfolge der Generationen und damit der Evolution.

Nimm aber einmal an, die Materie wäre so feinstofflich wie die Seele, und du hättest eine Art Lichtkörper wie ein Engel, dann würdest du trotzdem von Erfahrung zu Erfahrung, von Menschengruppe zu Menschengruppe wechseln und von Zeit zu Zeit umziehen wollen, um andere Fähigkeiten zu entwickeln und neue Erfahrungen zu machen. Du könntest dann sogar deinen Körper mitnehmen, wenn du willst und er dazu bereit ist.

Da du aber einen irdischen materiellen Körper hast, geht das nicht, du lässt also den Körper zurück.

Wenn die Seelen schon vor dem »Fall der Engel« existierten, also uralt sind, kann man dann sagen, sie »inkarnieren« sich im menschlichen Körper und »exkarnieren« beim Sterben wieder?

Richtig. Und die Rückkehr des Wiederbelebten in den Körper ist tatsächlich eine Form von »Reinkarnation«, d.h. der Wiedereintritt der Seele ins »Fleisch«. Sie ist einer Wiedergeburt vergleichbar, wenn auch mit der Besonderheit, dass die Seele in ihrem früheren Körper mit seinen genetischen Veranlagungen neugeboren wird und an ihre bisherige Biografie anknüpft. Es würde Sinn machen, den Tag, an dem das geschehen ist, künftig als einen zweiten Geburtstag zu feiern. Die Seele bekommt einen Blick für die Tatsache der Inkarnation und lernt daraus, die Dinge des Lebens in einem neuen Licht zu erfahren und zu bewerten.

Bedeutet das, dass sich die Seele auch wiederholt inkarnieren kann? Es gibt ja sehr viele Menschen, die an Reinkarnation glauben, aber auch andere, die das nicht tun – sowohl Materialisten als auch Christen.

Die Reinkarnation ist keine Glaubensfrage, sondern eine Gegebenheit. Man kann die Realität nur zur Kenntnis nehmen oder ignorieren. Man glaubt auch nicht an ein Leben nach dem Sterben – man weiß es oder weiß es nicht. Man kann auch die Schwerkraft zur Kenntnis nehmen oder es sein lassen. Besser ist, man tut es und lässt entsprechende Vorsichts- und Rettungsmaßnahmen walten.

Glauben bedeutet, sich »anzugeloben«, also das Gelübde abzulegen, dass man heilige und ernstliche Konsequenzen ziehen wird. Wenn man die Reinkarnation ernst nimmt, wird man z.B. geloben, das, was in diesem Leben nicht mehr gutzumachen ist, im nächsten Leben besser zu machen. Ansonsten bedeutet »glauben« nur so viel, wie man im Alltagsgebrauch unter dem Wort versteht: ich vermute, ich nehme an.

Im religiösen Zusammenhang gibt es überhaupt keine »Glaubensfragen«. Es gibt erstens Fragen, zweitens das Suchen und

Finden von Antworten, drittens die gewonnene Erkenntnis zur »Glaubenssache« machen, d.h. freiwillig Konsequenzen ziehen.

Das Finden der Antwort hat nichts mit »Glauben« zu tun. Es gibt drei Möglichkeiten: Entweder man erkennt den Glauben an, oder man erlebt und erfährt den Himmel, oder man begegnet vertrauenswürdigen Zeugen. Danach kann die gewonnene Erkenntnis zur Glaubenssache werden. Also der Begriff »Glaube« ist einerseits viel sachlicher, schlichter und einfacher, andererseits viel heiliger, als er mitunter verwandt wird.

Warum inkarnieren sich die Seelen wiederholt?

Die Seelen inkarnieren, weil sie helfen wollen, die im Zusammenhang mit dem »Fall der Engel« in die Materie gefallene Schöpfung wieder heim zum Vater zu führen. Sie inkarnieren zum Heil der Welt – aus Liebe zum Vater, zur Schöpfung und zum eigenen Heil. Das ist mit einer einmaligen Inkarnation nicht machbar, sondern es ist ein sehr langer Prozess der Freiheit, der Lebendigkeit und des Wachstums.[25]

Wenn die Rede auf Reinkarnation kommt, wird öfter die Frage gestellt: Warum gibt es heute sechs Milliarden Menschen? Woher kommen die vielen Seelen?

Nun, die Seelen sind seit der Schöpfung da. Sinnvoller wäre die Frage: Warum gab es früher weniger Menschen auf Erden? Weil sich die Seelen damals seltener inkarnierten, entweder weil sie keine Gelegenheit fanden oder weil sie nicht irgendwo ohne die ihr zugehörige Gemeinschaft auf Erden leben wollten. Es gibt eine Dynamik der Gemeinschaft von Seelen, die miteinander vertraut sind und sich zusammengehörig fühlen. Wenn sich einige von ihnen inkarnieren, ziehen sie das andere nach. Je mehr Seelen inkarnieren, desto mehr kommen hinzu. Es gibt freilich auch Seelen, die haben so eine Art Pioniergeist, die kommen als erste und finden gerade das spannend. Dann folgen andere nach. Das ist ein freies Spiel.

[25] eingehender: Alexa Kriele: *Die Engel geben Antwort auf Fragen nach dem Sinn des Lebens,* S. 38–44.

Das heißt, die Seelen inkarnieren in unterschiedlicher Häufigkeit?

Ja. Denn sie inkarnieren immer freiwillig, sonst geschähe es ja auch nicht zum Heil der Welt. Ihr solltet wirklich ernst nehmen, dass Inkarnation immer freiwillig geschieht. Nichts und niemand zwingt eine Seele auf die Erde. Das ist nicht möglich und wäre auch nicht wünschenswert. Denn käme sie nicht freiwillig, könnte sie nicht zum Heil der Welt kommen. Sie will etwas vom Himmel auf die Erde bringen. Und sie kommt in der Regel, weil sie mindestens einen Menschen auf der Welt oder eine Gemeinschaft und eine Gegend der Erde liebt. Sonst kommt sie nicht.

Wie lange halten sie sich denn normalerweise in der anderen Welt auf?

Da gibt es kein Schema. Einige inkarnieren etwa alle 200 Jahre, andere 1000 Jahre. Das normale Minimum beträgt einige Jahre. Aber die einzelne Seele ist nicht auf einen bestimmten Rhythmus festgelegt. Es ist alles frei. Es kommt auch vor, dass eine Seele schon nach wenigen Monaten wieder inkarniert, z. B. wenn ein Kind beispielsweise vor oder bei der Geburt oder bald danach gestorben ist, weil etwas nicht stimmte oder der Körper nicht der war, den die Seele wollte. Dann unternimmt sie sehr schnell einen neuen Versuch. Aber mindestens für eine kleine Weise hält sie sich immer in der anderen Welt auf. Dass sie sofort nach dem Sterben wiederkehrt, kommt so gut wie gar nicht vor.

Wenn die Seelen freiwillig inkarnieren, warum tun sie das dann in einem Elendsviertel oder in einem Hungergebiet oder wo sie aidskrank auf die Welt kommen und nach wenigen Monaten wieder sterben müssen?

Dann hat die Seele freiwillig »Ja« zu diesem sehr schwierigen oder kurzen Leben gesagt. Vielleicht war ihr gerade die Erfahrung wichtig, auch auf den schon bald bevorstehenden Tod hin geliebt, gewürdigt und geschätzt zu werden. Vielleicht hatte sie gerade zu dieser Mutter eine besonders innige Verbindung. Vielleicht hat sie in ihrer früheren Inkarnation skrupellose Entscheidungen getroffen, die zur ökologischen oder wirtschaftlichen

Verelendung beigetragen haben und will so etwas nun aus dem Blickwinkel der Betroffenen erfahren. Vielleicht wollte sie am Schicksal einer Gemeinschaft, der sie sich zugehörig fühlt, teilhaben. Vielleicht wollte sie, dass möglichst viele dieses Schicksal teilen, damit es auffällt und in der Welt nicht übersehen wird. Vielleicht hat sie sich für das Mitleiden entschieden, um Beistand leisten zu können.

Die Seele wird also nicht etwa zur Strafe ins Unglück geschickt?

Nein, sie kommt freiwillig, um zu lernen, um weiser, reifer, liebevoller zu werden. Die Seele inkarniert ja, um der Schöpfung auf dem Weg zur freiwilligen Heimkehr zu helfen. Jede Geburt ist ein Stückchen Weihnachten: Sie bringt Licht ins Dunkel der Welt. Das kann nicht gleichzeitig eine Strafaktion sein. Damit würde ja dem Prinzip der Freiheit zuwidergehandelt und dem erstrebten Ziel geradezu entgegengewirkt.

Kann man wenigstens sagen, die Inkarnation ins Elend sei eine »karmische Folge« früheren Tuns? Manche Leute meinen ja z.B., ein behindertes Kind büße frühere Vergehen ab.

Nein, nein. Das Problem mit dem Begriff »Karma« ist die Vorstellung von buchhalterischen Maschinen, die Soll und Haben berechnen, und wehe, dein moralischer Kontostand ist rot: Dann wirst du behindert oder kommst ins Elend oder erleidest, was du anderen zugefügt hast. So ist das nicht. Der Himmel ist erfüllt von realen freien Wesen mit Gesicht und Namen, von den Engeln bis hinauf zur Trinität, und sie achten die menschliche Freiheit. Da gibt es keine Rechenmaschinen, keine Buchhaltung, keine »karmische Gesetzlichkeit«.

Aber alles Handeln hat doch Folgen?

Selbstverständlich, selbst Gedanken können sehr weit reichende Folgen haben, die über das Sichtbare hinausgehen. Es ist für den Menschen sehr wichtig, das zu begreifen, damit er auch lernt, es zu berücksichtigen. Diesem Zweck diente die uralte – wenn auch so hypermodern klingende – Karmalehre, ebenso wie in anderen Kulturkreisen die Lehre vom zürnenden, rächenden, strafenden

Gott, die auch noch in der Heiligen Schrift Niederschlag gefunden hat. Aber das Gottesbild, das euch Christus vermittelt hat, ist das von dem in liebevoller Geduld auf die freiwillige Heimkehr wartenden Vater. In der Heiligen Schrift stehen mehrere Gottesbilder nebeneinander; die hatten auch alle ihren Sinn und haben ihn teilweise noch immer. Die Gläubigen pflegen sich auszusuchen, welches Gottesbild ihnen entspricht, ohne sich dessen bewusst zu sein. Ich rate euch: Haltet euch an die Gottesgleichnisse Christi, weil sie die Realität wiedergeben. Der Himmel hat nichts gegen fernöstliche oder andere Lehren oder Religionen. Ihr aber wollt doch der Realität so nahe wie möglich kommen, und die ist: Gott straft nicht, auch nicht mittels karmischer Gesetzlichkeiten. Er setzt auf eure Freiwilligkeit.

Da kommt meist der Einwand: Jesus konnte nicht vom Karma sprechen, weil er nicht von Reinkarnation sprach.

Er sprach im engeren Jüngerkreis sehr wohl von Reinkarnation, das klingt an einigen Stellen auch im Evangelium an.[26] Es gab aber gute Gründe, diesen Gedanken zunächst nicht in die christliche Tradition einfließen zu lassen.[27]

Gehört zu diesen Gründen auch, dass mit dem Gedanken der Reinkarnation auch die Lehre vom Karma assoziiert wurde?

Jedenfalls bestand die Gefahr, dass die Vorstellung von »karmischer Gesetzlichkeit« das realistische Gottesbild verdunkelt hätte.

Um das Thema abzurunden, will ich noch hinzufügen: Der Gebrauch des Begriffs »Karma« ist nicht völlig verfehlt. Es macht schon Sinn zu sagen, eine Seele will etwas wieder gutmachen, eine Schuld abtragen oder natürlich auch eine liebevolle Beziehung zu anderen Seelen in neuen Varianten weiterführen. Nur: das geschieht, wenn und weil die Seele es will und nicht auf Grund irgendeiner Gesetzlichkeit, eines mechanischen Automatismus. So etwas gibt es nicht. Die Seele trägt eine Erinnerung an alle frü-

26 Beispiele dafür bei Martin Kriele: *Anthroposophie und Kirche,* 1996, S. 71–75.

27 Martin Kriele: ebd. S. 67.

heren Inkarnationen in sich, auch wenn ihr das nicht bewusst wird; ihr »höheres Ich«, der so genannte »Sonnenengel«, von dem wir später sprechen wollen, bewahrt diese Erinnerung auf. Die Seele knüpft also an frühere Erfahrungen an, baut auf ihnen auf und will aus ihnen Konsequenzen ziehen.

In den »Nahtoderfahrungen« erlebt die Seele die so genannte »Lebensrückschau«, d. h. sie erinnert sich an ihr letztes Leben. Warum nicht auch an frühere Leben?

Weil das jetzt keine Rolle spielt, es geht ja darum, dieses letzte Leben zu betrachten, durchzuarbeiten und seine Versionen und Lebenslügen zu korrigieren. Verknüpfungen mit früheren Leben kommen aber durchaus vor, wenn es nämlich um Fragen geht wie z. B.: Ist mir diese Wiedergutmachung gelungen, oder habe ich jenes Problem jetzt besser gelöst, bin ich in denselben Fehler zurückgefallen?

Nur noch eine Frage zum Thema Reinkarnation: Kann sich die Menschenseele auch als Tier oder Pflanze inkarnieren, wie Pythagoras gelehrt haben soll?

Sie inkarniert immer nur als Mensch, nicht z. B. als Kakadu oder Salatkopf oder so etwas. Auch Pythagoras hat so etwas nicht gelehrt, das wurde ihm von unwissenden und albernden Gegnern angehängt.[28] Er war ein Weisheitslehrer, der diese Realitäten sehr klar gesehen hat.

Wir können das Sterben also als »Exkarnation« verstehen?

Richtig, es ist das Heraustreten der Seele aus dem Körper. Es gibt auch ein teilweises Heraustreten, nicht nur im Koma, sondern auch bei bestimmten mystischen Erfahrungen. In den alten Mysterienschulen wurde systematisch geübt, eine »Einweihung« herbeizuführen, also eine reale Erfahrung der jenseitigen Welt. Im Sterben aber geschieht das Heraustreten aus dem Körper endgültig.

28 Gemeint vermutlich Xenophanes.

VI.
Zur materialistischen Weltanschauung

Wissenschaftler, die an der materialistischen Weltanschauung orientiert sind, nehmen an, mit dem Eintritt des Todes erlösche alles Bewusstsein. Ein Mensch, der von »Nahtoderfahrungen« berichtet, könne also nicht wirklich gestorben sein, es schien nur so. Er sei nicht »wiederbelebt«, sondern nur in sein volles Normalbewusstsein zurückgeführt worden. In der Zwischenzeit habe sein Gehirn eine Art von Träumen, Halluzinationen, Phantasmagorien produziert, die physiologisch und chemisch zu erklären seien und die aus einer noch unerklärten Ursache immer ähnlich verliefen – wenn die Berichte nicht überhaupt nur auf Selbsttäuschung oder gar Schwindel beruhten.

Nun, diese Wissenschaftler wirst du nicht überzeugen, indem du Engel fragst und wiedergibst, was wir dazu sagen. Denn sie gehen davon aus, dass es uns Engel gar nicht gibt, weil wir ja nicht körperlich inkarniert sind und kein materielles Gehirn haben. Sie halten das Gehirn für den Ursprung allen Bewusstseins und allen Geistes. Also könne es weder Gott noch die Engel, noch ein Leben nach dem Sterben geben. Das ist ihr Dogma.

Sie haben gar nicht das Bewusstsein, als Seele in einem Körper zu leben. Was sie als ihr Seelenleben, ihr psychisches und geistiges Innenleben erfahren, interpretieren sie als Funktionen des materiellen Körpers, so wie der Gang der Uhr eine Funktion ihres Mechanismus ist. Wenn die Uhr stehen bleibt, macht es natürlich keinen Sinn zu fragen: »Wo ist der Gang geblieben?« Sie meinen, ebenso wenig mache es Sinn, nach dem Sterben eines Menschen zu fragen: »Wo ist die Seele geblieben?« Nun, der Gang der Uhr ist weg, aber die Seele ist nach dem Sterben nicht weg. Sie ist eben nicht nur die Summe der Funktionen eines besonders komplexen und komplizierten materiellen Mechanismus.

Die herrschende Meinung unter den Gehirnforschern ist: Die materiellen Zellmassen des Gehirns allein seien die Produzenten z.B. der Philosophie Platons, der Dichtungen Shakespeares oder der Kompositionen Beethovens.

Diese Vorstellung knüpft an die richtige Beobachtung an, dass der inkarnierte Mensch auf Gehirn und körperliche Sinnesorgane angewiesen ist: Wenn diese nicht intakt sind, fallen bestimmte Fähigkeiten aus, so wie auch ein beschädigtes Radio nicht funktioniert. Die Schlussfolgerung, die körperlichen Gegebenheiten in Gehirn, Sinnesorganen und Nervenzellen seien die Urheber geistiger Phänomen, ist so unlogisch wie es die Annahme wäre, das Radio sei der Urheber von Musik und Nachrichten. Das Gehirn kann nur so viel Geist hervorbringen, wie ihm die Seele zur Verfügung stellt, sei es aus ihrer eigenen Fülle, sei es – wie bei den großen Denkern, Künstlern, Wissenschaftlern und Entdeckern – aus himmlischen Inspirationen.[29]

Das Gehirn nimmt auch die Illusionen und Täuschungen auf, die der Seele aus dunklen Quellen oder mittelbar aus ihrem menschlichen Umfeld zufließen, aber auch die ordnenden Gedanken, mit denen das Ich Wahrheit und Irrtum zu unterscheiden sucht. Das Gehirn ist ein großartiger, wunderbarer Apparat, der das Geistige wahrnimmt, wiederfindet, verarbeitet, verbindet, trennt, in die irdische Welt hinein umsetzt.

In der materialistischen Vorstellung aber ist es kein Aufnahme-, sondern ein Produktionsorgan: Es erzeugt aus sich heraus Gedanken, Vorstellungen, Erinnerungen, Religionen, Kunstwerke, Erkenntnisse und Illusionen in einem wundersamen Überschritt von der Materie zum Geistigen – ein unerklärlicher, geradezu unglaublicher Vorgang.

Man kann verstehen, dass sich Materie in Energie und Energie in Materie verwandelt. Wer für religiöse Fragen aufgeschlossen ist, kann auch nachvollziehen, dass die Welt aus Gottes Geist geschaffen und in die Materie gefallen ist. Das Höhere kann das Niedere, das Umfassende das Einzelne hervorbringen oder auch wieder zurücknehmen. Aber das Umgekehrte denken zu sollen, ist eine Zumutung an den Verstand, es ist dem vernünftigen, d.h.

[29] Über Inspirationen vgl. Alexa Kriele: *Wie im Himmel so auf Erden,* vor allem Bd. III, S. 298ff.

fragenden und um Klärung bemühten Denken nicht nachvollziehbar. Die Anhänger des materialistischen Dogmas versuchen auch gar nicht, das Entstehen des Geistes aus der Materie zu erklären, sie setzen es einfach voraus, geben es aber als »Ergebnis der Wissenschaft« aus und verschaffen ihm soziale Geltung durch sozialen Druck. Wer wagt schon, eine Frage aufzuwerfen, die als wissenschaftlich beantwortet und erledigt angesehen wird?

Ist das ein Argument gegen die Gehirnforschung?

Nein, es ist ein Argument gegen Schlussfolgerungen, die sich aus der Gehirnforschung gar nicht ergeben. Gehirnforschung betreibt man in einer materialistischen oder in einer realistischen Haltung, sie ist unabhängig davon, ob man im materialistischen Dogma befangen ist oder nicht. Das Ich, die individuelle Struktur des Wissenschaftlers, beobachtet und analysiert, wie, wann, an welchem Ort und unter welchen Bedingungen und in welcher Weise das Gehirn funktioniert. Der Unterschied zeigt sich erst in der Interpretation der Forschungsergebnisse. Für den Materialisten ist das beobachtende Ich selbst nur ein Produkt des materiellen Gehirns; dieses beugt sich sozusagen über sich selbst, schaut sich bei der Arbeit zu und erzeugt selbsttätig Wissenschaft und Weltanschauung. Der nicht materialistisch voreingenommene Gehirnforscher erfährt sich in seinem Ich ganz unbefangen als die geistige Individualität, die er ist, und beobachtet die wunderbare Weise, in der das Gehirn das Geistige verarbeitet und umsetzt.

Aus welchen Motiven heraus klammern sich so viele Menschen an das materialistische Dogma?

Dieses Dogma ist zur »herrschenden Meinung« geworden, als sei es wissenschaftlich erwiesen. Wer es vertritt, braucht sich nicht weiter zu rechtfertigen. Wer es in Frage stellen will, muss sich in seinem Umfeld exponieren. Dazu fehlt meist der Mut. Ihr wisst ja, wie Moden funktionieren: Wer sich nicht nach der Mode kleidet, riskiert, ausgelacht zu werden, ins gesellschaftliche Abseits zu geraten. Auch in geistigen Grundsatzfragen gibt es Modeströmungen, auch hier gilt, wie ihr zu sagen pflegt, das soziale »In« und »Out«.

Das ist aber nur ein vordergründiges Motiv, das noch nicht erklärt, wie das materialistische Dogma überhaupt zur Mode der Zeit, zur herrschenden Meinung hat werden können und heute einfach so vorausgesetzt werden kann.

Die letztlich entscheidende Triebkraft ist, dass die Materialisten in früheren Inkarnationen die Erfahrung von Unterdrückung machten. Sie waren vielleicht Sklaven, die ihren Besitzern an Geist und Bildung überlegen waren, oder sie hatten sich als Soldaten oder Höflinge in eine soziale Hierarchie einzufügen, oder sie waren als Frauen weitgehend rechtlos. Sie hatten zu gehorchen oder erlitten grausame Sanktionen, kurz: sie waren einer nicht gerechtfertigten Willkür ausgeliefert und empfanden das als unerträgliche, empörende Missachtung ihrer Menschenwürde. Aus einer solchen Inkarnation brachten sie den Impuls mit, künftig überhaupt keine hierarchische Ordnung mehr anzuerkennen, die nicht durch Sachgründe gerechtfertigt ist. Sie wollen das Ende der Unterdrückung, sie wollen in Würde und Freiheit leben und erstreben diese Befreiung auch für andere Menschen.

Dieser Impuls erfüllt sie mit solcher Vehemenz, dass sie auch die Existenz eines allmächtigen Schöpfergottes und Weltenlenkers und der auf ihn ausgerichteten himmlischen Hierarchien nicht anerkennen wollen. Die Annahme, es gebe keinen Geist ohne materielles Gehirn, ermöglicht ihnen die Konsequenz zu ziehen, dass es folglich weder Gott noch himmlische Hierarchien geben könne. Dann folgt, dass natürlich auch ein Fortleben der Seele nach dem Sterben unmöglich sei. Als Wissenschaftler empfinden sie sich als Herren über sich selbst, über die Grenzen der Erkenntnis und über das auf der Welt Machbare. Sie glauben, der irdische Fortschritt hänge vom Fortschritt der Wissenschaft ab und dieser von ihrer Intelligenz und der wissenschaftlichen Methode, der allein sie sich verpflichtet fühlen. Religiöse Erfahrungen aber entziehen sich einer Erkenntnis, die man durch wissenschaftliche Methoden beweisen könnte. Deshalb erklärt man sie aus Gehirnfunktionen oder man führt sie auf psychologische Motive zurück. Jeden Denkansatz, der religiöse Erfahrungen als solche ernst nimmt, empfinden die Materialisten als Bedrohung ihres Befreiungsimpulses.

Dieser Impuls ist ja an sich berechtigt?

Ja, man kann sogar sagen: Der weltanschauliche Materialist ist Christus sehr nahe. Es kommt ja tatsächlich auf die Anerkennung der Würde und Freiheit des Menschen und auf das Denken und Handeln aus freier Einsicht an. Dieser Impuls wird vom Himmel unterstützt. Insofern ziehen die Materialisten und der Himmel am gleichen Strang.

Auch die religiöse Orientierung, auch die Teilhabe am kirchlichen Leben sollte auf freier Einsicht beruhen und in Freiwilligkeit gelebt werden.

Da drängt sich die Frage auf, ob die Materialisten in früheren Inkarnationen nicht nur unter den Ungerechtigkeiten politischer und sozialer Systeme, sondern auch unter kirchlicher Verfolgung gelitten haben?

In der Tat – für viele gilt das, und daraus gewinnt der gegen die Religion gerichtete Befreiungsimpuls dann besondere Vehemenz. Insofern die Kirche nicht nur der mystische Leib Christi ist, sondern auch eine irdische Macht, blickt die Gemeinschaft der Gläubigen in den heutigen Materialisten einem inneren Problem ins Auge, und sie hat sich deren kämpferisches Engagement selbst zuzuschreiben. Deshalb rate ich: Seht in ihnen weder einen dummen noch böswilligen Feind, sondern lernt daraus und fragt euch: Lebe ich als Christ so, dass niemand unterdrückt, entmachtet, erniedrigt wird, dass niemand unverstanden und ungeliebt bleibt? Stehe ich dafür ein, dass die Würde des Menschen, seine Freiheit, seine innere Größe gehegt und geachtet wird? Diese Haltung wird euch zu einer inneren Versöhnung mit den Verfechtern des weltanschaulichen Materialismus führen.

Jetzt bin ich verblüfft: Im weltanschaulichen Materialismus kommt der im Grunde christliche Befreiungsimpuls zum Ausdruck?

Nun, sein Problem ist die Entfernung von der Realität. Die Menschenwürde lässt sich letztlich nur aus dem göttlichen Ursprung der Menschenseele verstehen, wie Martin ja richtig dargelegt hat.[30] Der weltanschauliche Materialismus kann seine öffentliche Geltung nur behaupten, solange er nicht wirklich auf den Prüfstand gestellt wird. Müsste er sich rechtfertigen, wäre er zu höchst komplizierten, verschachtelten, theoretischen Konstruktionen genötigt, die allesamt unplausibel sind. Er weiß ja auf die Gegenfragen, die ihr aus eurer individuellen Einsicht und Erfahrung stellen würdet, keine Antwort zu geben.

Gilt dasselbe nicht auch für religiöse Weltanschauungen?

Nur so weit sie sich nicht an der Realität orientieren. Die Orientierung an der Realität ist schlicht und einfach, sie folgt der Erfahrung, dem zutiefst innerlich Bewussten. Sie ist das dem Menschen Nächstliegende und ist nur durch Umerziehung und gesellschaftlichen Druck verloren gegangen.

Ich rate dir, lasse das materialistische Denkschema auf sich beruhen und halte dich einfach an die Realität. Die Erfahrungsberichte der Wiederbelebten sind Zeugen dieser Realität. Das Wissen um diese Realität ist in den letzten zwei- bis dreihundert Jahren durch die Konzentration des Interesses auf das von Menschen Machbare zurückgedrängt worden. Es ist aber nicht aus dem Bewusstsein der Menschheit geschwunden. Es wird – gerade auch durch diese Zeugenberichte – wieder in den Vordergrund treten und in etwa 70 Jahren wieder zu der allgemein akzeptierten Selbstverständlichkeit geworden sein, die es zu allen Zeiten und in allen Kulturen war.

30 Martin Kriele: *Grundprobleme der Rechtsphilosophie*, [2]2004, S. 169ff.

2. Kapitel: Die Durcharbeitung des Erdenlebens

I.
Die Nahtoderfahrung

Erlebt die Seele das Gestorbensein so, wie es die »Wiederbelebten« in den so genannten »Nahtodberichten« schildern?

Ja, ihre ersten Erlebnisse sind genau so, wie du sie dargestellt hast (siehe Einleitung S. 18–24) – jedenfalls in aller Regel. Von dem Sonderfall der »Verlorenen Seelen«, die nicht im Himmel angekommen sind und noch auf der Erde herumirren, können wir später sprechen. Aber der Normalfall ist: die Seele ist sich bewusst, ein Sterben erlebt, d.h. sich aus dem Körper herausgehoben zu haben, der ihr einige Zeit gedient hat. Sie erlebt ein Gefühl von Leichtigkeit, Wohlbefinden, Frieden und Glück und ist völlig frei von den Schmerzen, die sie vorher vielleicht gequält haben. Sie kann sozusagen »von oben« auf ihren Körper hinabblicken und beobachten, was die Ärzte noch mit ihm anstellen. Sie kann aber auch in Gedankenschnelle Freunde oder Angehörige irgendwo auf der Erde aufsuchen, um sich von ihnen zu verabschieden.

Viele Angehörige berichten: Ein gerade Verstorbener habe sich von ihnen verabschiedet und sei ihnen in körperlicher Gestalt erschienen. Wie erklärt sich das?

Die Seele, die aus dem Körper heraustritt, ist die Innenraumstruktur. Die Innenräume sind wie eine Perlenkette zusammengefügt. Die Seele nimmt aber ein energetisches Bild des Körpers mit, wie eine Art Hologramm, mit dem sie sich umkleidet.

Ist das der so genannte »Ätherleib«?

Es ist jedenfalls ätherischer Art, ein Extrakt, ein ätherisches Abbild des Körpers, das für die äußeren Augen inkarnierter Menschen nicht sichtbar ist, wohl aber für manche Menschen spürbar; sie nehmen seine Anwesenheit mit den »inneren« Augen und Ohren wahr.

Schließt einmal die äußeren Augen und denkt an einen euch lieben Menschen. Dann seht ihr ihn »innerlich« vor euch. So ähnlich sieht man den Verstorbenen, nur dass man sich sein Bild nicht aus eigener Initiative vor die inneren Augen gerufen hat. So sieht man übrigens auch die Engel.

Wenn sich der Verstorbene verabschiedet, zeigt sich nicht unbedingt das Bild eines Sterbenden von vielleicht achtzig Jahren, sondern des Menschen in der schönsten oder tüchtigsten Zeit seines Lebens, vielleicht den 20-jährigen Jüngling oder den 40-jährigen Familienvater. Ihr habt ja ein Lieblingsbild von euch selbst: Da war ich am meisten Ich, das passt am besten zu mir. Der Sterbende bekleidet sich mit dem Bild, in dem er sich besonders gern sah.

Wie lange behält die Seele diese Art von Identität mit ihrem letzten Leben bei?

Während ihres ganzen Aufenthalts in der anderen Welt bis zu dem Gespräch mit ihrem Sonnenengel, in dem sie ein neues Leben plant.[31] Während dieses Gesprächs ist die Seele »nackt«, d. h. sie ist die unbekleidete Innenraumstruktur, die sich dann wieder mit einem neuen materiellen Körper umkleiden wird.

Was bleibt von meiner Identität als die Person Bernard Jakoby?

Alles, dein Wissen, deine Erinnerungen, dein Bewusstsein, deine Verhaltensweisen usw., die ganze Person. Deine Identität bleibt erhalten. Du bist sogar unter deinem jetzigen Namen noch ansprechbar.

Jede Seele trägt einen ewigen Namen, den ihr der Vater gegeben hat, als er sie schuf. Die Seelen sprechen einander mit dem ewigen Namen an. Du wirst dich aber trotzdem an den jetzigen Namen erinnern und dich angesprochen fühlen, wenn du damit gerufen wirst.

[31] vgl. dazu 3. Kap. Abschnitt IV, S. 136–141.

Mit Vor- oder Nachnamen?

Die Seelen identifizieren sich mit den Vornamen. Die Erinnerung an den Familiennamen bleibt zwar erhalten, verblasst aber und verliert ihre Bedeutung.

Also beim letzten Atemzug erhebt sich die Seele mit diesem Lichtkörper aus dem Körper?

Ja, der letzte Atemzug ist, was die letzte Wehe für die Geburt ist. Jetzt ist die Seele für die Wesen des Himmels sozusagen »zur Welt gekommen«, in ihrer Welt angekommen. Sie ist vom Körper frei, der jetzt ein Leichnam ist. Sie nimmt Abschied auch von sehr fern lebenden Angehörigen, aber auch von Tieren, Pflanzen, mit denen sie zusammengelebt hat, von dem Haus, von der Gegend. Das kann ganz kurz, aber auch sehr ausführlich geschehen. Der Lichtkörper bietet ihr neue Möglichkeiten: Sie kann sich in Gedankengeschwindigkeit bewegen. Die irdischen Raumverhältnisse haben für sie keine Bedeutung mehr, ebenso wenig wie der Zeitrahmen, der auf Erden herrscht. Wenn ihr aus eurer Stadt wegzieht, werdet ihr auch noch einen Besuch bei Verwandten und Freunden machen, um Abschied zu nehmen, euch vielleicht sogar mit »Feinden« versöhnen oder sie um Entschuldigung bitten.

Übung

Versetzt euch einmal gedanklich in die Situation eurer Seele nach dem Sterben: Wen würdet ihr aufsuchen, wem würdet ihr welches Wort, welchen Gruß hinterlassen?

Was geschieht dann?

Die Seele ist sich bewusst, dass sie sich von den Gegebenheiten der Welt entfernt. Viele Seelen wählen dafür ein Bild: Sie erheben sich nach oben wie ein aufsteigender Luftballon. Sie steigen zur Zimmerdecke hinauf, dann sehen sie das Haus und die Stadt von oben, ihr Körper erscheint immer kleiner. Dann steigen sie weiter und weiter, bis sie den ganzen Erdball blau im All schweben sehen. Manche Seelen brauchen dieses Erlebnis des Aufsteigens nicht, aber viele wählen es, weil es bildlich veranschaulicht: Ich gehe da jetzt weg, es geht woandershin.

Dann wenden sie sich um und schauen nicht mehr zurück, sondern nach vorn: Wohin geht es jetzt?

Die Wiederbelebten berichten, sie hätten einen »Tunnel« durchquert, an dessen Ende sie ein wundervolles Licht erwartete. Können wir hierzu nähere Erläuterungen bekommen?

Die Seele hat das Gefühl, dass der Weg, den sie geht oder schwebt, auf etwas Lichtes zugeht. Aber es ist nicht ein Weg in einen Berg oder Schacht hinein. Es geht jedenfalls durch etwas Dunkles hindurch; das kann auch empfunden werden wie das Universum bei Nacht. So leuchtet das Licht, auf das sich die Seele zubewegt, um so heller.

Wie empfindet die Seele dieses Licht?

Es ist ein zwar sehr helles, aber immer noch angenehmes, warmes Licht. Es wirkt nicht erschreckend, sondern in sehr überzeugender Weise liebevoll anziehend. Es ist nicht eine Sache, sondern ein Wesen mit Antlitz und Charakter, lächelnd, zärtlich, singend, umarmend, weich. Dieses Wesen begrüßt die Seele und heißt sie willkommen, tröstet sie vielleicht, und beginnt sie zu führen. Der Weg führt durch dieses Wesen selbst hindurch wie durch ein großes Tor.

Handelt es sich um einen Engel?

Ja, um einen sehr großen und lichtstarken Engel. Einer von ihnen ist Luminathron, das ist der, dem wohl auch ihr begegnen werdet. Einigen von euch ist er ja schon vertraut: Wenn ihr Erlösungsarbeit für »verlorene Seelen« macht, dann geht es ja darum, die Seelen zu Luminathron hinzuführen.[32]

Dieses Licht ist also nicht Christus, wie viele Menschen meinten, die eine Nahtoderfahrung erlebt haben?

[32] siehe Alexa Kriele: *Wie im Himmel so auf Erden*, Bd. II, S. 202f., 332ff.

Das ist insofern nicht falsch, als alle Engel Boten der Heiligen Trinität sind und also Christus – oder auch Gott-Vater – vertreten oder »repräsentieren«. Aber die eigentliche Begegnung der Seele mit Christus selbst kommt später. Davon wird in den Nahtoderfahrungen nicht berichtet.

Was ist der Sinn dieser Begegnung mit Luminathron?

Sie gibt der Seele das Gefühl: »Ich komme in ein Zuhause, das ich kenne, das mir vertraut ist, zu dem ich unterwegs gewesen bin. Ich gehe nicht in die Fremde, ins Nichts oder Nirgendwo, sondern ich kehre heim. Ich werde mit zärtlicher Liebe empfangen.« Und sie gibt der Seele Orientierung: »Hier geht es hin, das ist der richtige Weg«, so wie der Stern den Weg zur Krippe gewiesen hat.

Sieht die Seele in diesem Licht auch Verstorbene, wie es oft beschrieben wird?

Das geschieht, wenn die Seele durch dieses Tor hindurchgeschritten ist. Dann haben sich ihre inneren Augen an dieses Licht gewöhnt und fangen an, wahrzunehmen, was um sie herum ist, nämlich eine Art »Empfangskomitee«. Dazu gehören üblicherweise der Sonnenengel, der zu dem Menschen gehört, der Namenspatron oder ein anderer Heiliger, verstorbene Angehörige und Freunde, vielleicht auch ein Mensch, den die Seele in ihrem Leben sehr verehrt hat, etwa als Lehrer oder auch als Schriftsteller oder Musiker. Sie heißen die Seele willkommen und verhelfen ihr zu einer ersten Vertrautheit mit ihrer neuen Umgebung.

Ist solch ein »Empfangskomitee« nicht eine sehr irdische Vorstellung?

Ja, aber ihr solltet euch das Jenseits überhaupt sehr ähnlich vorstellen wie das Diesseits, nur dass alles nicht materiell ist, sondern »lichtstofflich« wie die Seele selbst. Auch die Seelen von Menschen, denen sie da begegnet, sind wie sie selbst mit einem Lichtgewand bekleidet, das an ihre irdische Erscheinung erinnert, so dass sie sie schon vom Aussehen her wiedererkennt: Da ist meine Mutter, die Schwester, der Nachbar und so fort.

Das »Empfangskomitee« zieht sich dann zurück?

Es lässt die Seele dann erst einmal allein, wie wenn man einem Gast nach der Begrüßung sagt: »Ruh dich erst mal aus, mache dich frisch, dusche oder bade, fühle dich wohl bei uns. Danach werden wir uns weiter um dich kümmern.« Auch der Führungsengel verabschiedet sich jetzt. Während der Schutzengel noch einige Tage beim Körper bleibt, begleitet der Führungsengel die Seele, bis sicher ist, dass sie gut im Himmel angekommen ist.[33]

Und in dieser Ruhephase beginnt die so genannte »Lebensrückschau«?

Spätestens jetzt. Es kommt aber auch vor, dass schon die Entfernung von der Erde weg von Anfang an durch diese Lebensrückschau begleitet wird.

Man sagt, das vergangene Leben laufe wie ein Film ab. Die einen sagen, er laufe vorwärts, die anderen, er laufe rückwärts. Wie verhält es sich damit?

Bei den meisten Seelen läuft der Film rückwärts ab – vom Sterben bis zum Lebensbeginn. Das ist aber nicht festgelegt. Bei manchen Seelen läuft er vorwärts, bei manchen springt er hierhin und dorthin, bei manchen werden einzelne Passagen hervorgehoben. Die Seele ist auch darin frei und an keine Gesetzlichkeit gebunden.

Erfasst diese Rückschau das vergangene Leben bis in die kleinsten Einzelheiten?

Nein, es wird alles Wesentliche hervorgehoben, das für ihr Leben von irgendwelcher Bedeutung war. Die Seele hat jetzt einen klaren Blick für das, was licht und schön und was weniger licht war. Sie sieht auf ihr Leben, indem sie gleichzeitig in Distanz zu ihm steht. Sie entwickelt ein inneres Gespür für das, worauf sie stolz sein kann, aber auch für das, was weniger gut oder vielleicht grauenvoll war. Es fällt ihr »wie Schuppen von den Augen«. Sie

33 Über Schutz- und Führungsengel vgl. Alexa Kriele: *Wie im Himmel so auf Erden*, Bd. I, S. 45ff. und 53ff.

ist tief berührt, teilweise zufrieden und beglückt, teilweise geschockt und entsetzt.

Sie erlebt also nicht nur, was sie damals empfunden hat, sondern auch, was andere angesichts ihres Verhaltens empfunden haben?

Ja, aber das alles geht so schnell, dass es noch nicht so ausführlich und eindringlich geschieht, wie später vor allem in der Begegnung mit Christus. Immerhin sieht die Seele nun, welche Wirkungen sie auf andere Menschen, aber auch auf Tiere und Umwelt ausgeübt hat, und sie sieht es nicht nur, sondern sie erlebt und empfindet es, zwar nur ansatzweise, aber doch schon oft mit großer Erschütterung.

Dadurch gewinnt sie eine Grundeinstellung zu sich und ihrem Leben. Diese entscheidet dann über die Wahl des Ortes, den sie als ihrer würdig empfindet. Sie entscheidet später über die Tätigkeit, der sie sich im Himmel widmen will und über die Aufgaben, die sie sich für die nächste Inkarnation setzen wird. Wie sie sich empfindet, so ordnet sie sich ein.

Alles Weitere kommt in den so genannten »Nahtodberichten« nicht mehr vor.

Nein, die Wiederbelebung kann ja nur im Beginn des Sterbeprozesses erfolgreich versucht werden, danach ist der Körper nicht mehr in der Lage, die Seele wieder aufzunehmen, und die so genannte »Silberschnur« ist endgültig gerissen. Das ist, wie ihr zu sagen pflegt, der »point of no return«. Diese Berichte reichen bis zu der »Tunnel- und Lichterfahrung«, vielleicht noch bis zum »Empfangskomitee« und den Anfängen der »Lebensrückschau«. Alles Weitere setzt voraus, dass die Seele die Erde endgültig und unwiderruflich verlassen hat. Es ist auf die Zukunft hin orientiert.

II.
Reue und Vergebung

Die Seele wählt also selbst den Ort, an dem sie sich aufhalten wird?

Ja, und der kann schön und angenehm, aber auch unangenehm sein; es ist dort vielleicht sehr stürmisch und kalt. Und wenn die ihr verbundenen Seelen sie einladen: »komm, bleib hier bei uns«, lehnt sie vielleicht ab, weil sie angesichts ihrer inneren Verfassung das Gefühl hat, da gehöre sie nicht hin.

Es gibt ja moralisch sensible Menschen und andere, die ganz davon überzeugt sind, immer im Recht zu sein. Sind nach dem Sterben alle gleich sensibel?

Sie haben jedenfalls ihren Doppelgänger nicht mehr zur Seite. Dieser hatte keinen Zugang zu den Innenräumen, zu der lichten Seele. Nach dem Sterben gehen ihr »die Augen auf«. In der Lebensrückschau erlebt sie die dunklen Wesen, die ihr Leben beherrscht haben. Das ist, was man als die Präsenz von Teufeln zu bezeichnen pflegt.

Die dunklen Wesen selbst haben keinen Zugang zum Jenseits?

Nein, so wenig wie zu den Innenräumen des Menschen. Die dunklen Wesen halten sich in der Zwischenwelt auf und nehmen über den Doppelgänger auf das Menschenleben Einfluss, im Jenseits haben sie aber keinen Zugang mehr zur Seele.

Es kommt allerdings vor, dass die Seele noch nachwirkende Eindrücke ihres früheren Einflusses – beispielsweise Empfindungen wie Wut, Rache, Abneigung, Selbstgerechtigkeit – in sich trägt, dass sie eine erlittene Ungerechtigkeit nicht verkraftet hat.

Die dunklen Wesen existieren aber weiterhin in einer Zwischenwelt zwischen Himmel und Erde?

Richtig. Sie können sich allerdings jederzeit wieder dem göttlichen Licht zuwenden: »Vater, hier bin ich.« Dann werden sie sofort aufgenommen. Dann sind sie aber wieder lichte Wesen und keine dunklen mehr.

Die Erlösung der Welt besteht darin, ein dunkles Wesen nach dem anderen davon zu überzeugen, dass dies der viel schönere Weg ist. Dazu könnt ihr beitragen, wenn es euch gelingt, ihren Versuchungen während eures Erdenlebens in klarer Entschiedenheit und mit guten Argumenten immer erneut euer »Nein« entgegenzusetzen.

Zur Erlösungstat Christi gehört, wie ihr wisst, dass er nach seinem Sterben ins Reich des Dunkels hinabgestiegen ist und dort mit seiner Lichthaftigkeit Keime des Heimwehs in sie hineingetragen hat. Damit hat er den Impuls zur freiwilligen Heimkehr grundgelegt.[34] Tatsächlich wenden sich Jahr für Jahr viele dieser Wesen wieder dem Vater zu.

Trägt die Seele zur Erlösung der Welt bei, indem sie jetzt ihr Leben reuevoll und schuldbewusst betrachtet?

Nein. Es kommt darauf an, dass sie die Augen aufschlägt und sich – wenn auch vielleicht zaghaft – dem Gespräch mit Christus stellt. Dann erst kann sie den Impuls empfangen, das Getane im nächsten Leben wieder gutzumachen oder es jedenfalls besser machen zu wollen. Das Verharren in Schuldgefühlen und Selbstvorwürfen nützt gar nichts, im Himmel so wenig wie auf Erden. Worauf es ankommt, ist der freie Entschluss, sich von den dunklen Schatten zu distanzieren und mutig ins Licht zu gehen.

Soll man denn nicht bereuen?

Doch natürlich, aber Reue bedeutet: Selbsterkenntnis und Umkehr. Sich bloß anklagen und die eigene Schwäche und Bosheit betrachten, bringt keine Umkehr, sondern schwächt nur, macht

34 siehe Alexa Kriele: *Wie im Himmel so auf Erden*, Bd. II, S. 340, Bd. III, S. 97–101, 245, 284f.

verzagt, steht der Umkehr eher im Wege. Die Umkehr setzt wirkliche Selbsterkenntnis voraus, und das bedeutet, aus der Distanz heraus zu betrachten, wie man damals war, welche Umstände und Motive das Verhalten bestimmt haben, das man jetzt bereut.

Dann kommt es darauf an, sich selbst zu vergeben. Selbstvergebung ist der Anfang eines besseren Weges. Sie bedeutet nicht, sich selbst unkritisch und nachsichtig gegenüberzustehen, sondern im Gegenteil, das Kritikwürdige endgültig hinter sich zu lassen. Selbstvergebung macht die Seele bereit, aber auch fähig zu dem Gespräch mit Christus. Denn dieses setzt voraus, dass sie die Augen aufschlagen, sein Antlitz anschauen und sich seinem Blick stellen kann.

Sich selbst vergeben haben – führt das nicht dazu, dass man Christus trotzig und frech gegenübertritt?

Im Gegenteil, man tritt ihm demütig gegenüber, in voller Selbsterkenntnis. Dann erst kann das Gespräch mit Christus stattfinden und auch fruchtbar werden. Dann kann Christus mit der Seele besprechen, was zunächst im Himmel und später wieder auf Erden zu üben und zu korrigieren ist und wie das am besten geschehen kann. Dann wird die Seele das einsehen und verstehen. Sie wird bereit, seinen Weisungen oder besser seinem Rat in aller Freiheit Folge zu leisten.

Die Voraussetzung dafür ist, dass sie eine »Generalbeichte« ablegt, die so genannte »Himmelsbeichte«. Die Beichte geht dem Gespräch mit Christus voran, sie schließt die Lebensrückschau ab. Der erste Schritt zur Selbstvergebung ist die aus der Lebensrückschau gewonnene Selbsterkenntnis, die sie in dieser Beichte ausspricht, und die Erfahrung, dass ihr vergeben ist.

Gibt es im Himmel Priester, die zur Sündenvergebung bevollmächtigt sind?

Nein, die Seele legt ihre Beichte unmittelbar vor dem Vater, dem Sohn oder der Mutter[35] ab. Stellt euch das so vor: Die Seele hat

[35] Zur himmlischen Mutter siehe Alexa Kriele: *Wie im Himmel so auf Erden,* Bd. I, S. 163–165, 167–171; Bd. III S. 54–58.

zur Selbsterkenntnis gefunden. Sie weiß, dass der Himmel diese Kenntnis ohnehin hat, sie braucht ihm nichts mitzuteilen: Alle Engel, die den Menschen zu Lebzeiten begleitet haben, wissen, wie sein Leben verlaufen ist, der Sonnenengel hütet das Wissen aus allen seinen Inkarnationen. Die ganze Schöpfung war davon betroffen, denn alles, was der Mensch tut oder sagt oder auch nur denkt, hat Auswirkungen auf alles, die Seele kann es vor niemandem verbergen. Und es ist selbstverständlich, dass der Vater, die Mutter und der Sohn es wissen. Gegenüber dem einen oder anderen von ihnen – je nachdem, wie ihr zumute ist – spricht sie nun aus, was sie an Selbsterkenntnis gewonnen hat.

Damit der Himmel vergibt?

Im Himmel ist alles schon vergeben. Ihr wisst aus anderen Zusammenhängen, dass eure Taten euch sogar schon vergeben sind, ehe ihr sie bereut, ja ehe ihr sie überhaupt begangen habt.[36] Der Vater hat sogar den »gefallenen Engeln«, also den dunklen Wesen vergeben, indem er davon Abstand genommen hat, die Schöpfung zurückzunehmen.[37] Er billigt ihr Wirken nicht, er kennt es und lässt es zu. Er setzt aber auf ihre freiwillige Umkehr, und sobald diese erfolgt, nimmt er sie sofort wieder an sein Herz – ohne Vorwürfe, ohne Strafe. Er weiß, dass ihre Einsicht nur eine Frage der Zeit ist – einer sehr langen Zeit für eure Begriffe. Er vertraut auf die Hilfe, die die Menschen dabei leisten, auf die Hilfe, die die Engel den Menschen geben, auf die Hilfe des Sohnes. Er weiß, in welche Verstrickungen die dunklen Wesen die Menschen auf diesem Weg führen werden. Und da er ihnen vergeben hat, hat er auch den Menschen vergeben, die ihren Einflüssen ausgesetzt waren und ihnen erlegen sind.

Was ist dann der Grund für die »Himmelsbeichte«?

Die Seele findet zur Selbsterkenntnis, d.i. zur Anerkennung ihrer Position in der Welt, ihrer Fähigkeiten und Gaben, aber auch ihrer Grenzen und Schwächen, ihrer Fehler und Missge-

36 siehe Alexa Kriele: *Mit den Engeln das Leben meistern,* S. 75ff.

37 ebenda S. 46ff., ferner: dies.: *Die Engel geben Antwort auf Fragen nach dem Sinn des Lebens,* S. 36ff.

schicke, ihres Versagens und Scheiterns. Sie hat das Bedürfnis, diese Selbsterkenntnis auszusprechen, sie damit sozusagen zu »besiegeln«, der Schöpfung einzuprägen, irdisch würdet ihr sagen: sie »rechtskräftig« zu machen. Und es tut ihr gut, dass ihr dabei zugehört wird. Sie macht die Erfahrung, dass sie trotzdem geliebt wird, dass das Leben weitergeht, dass sie sich auf die Zukunft ausrichten kann. Bildlich gesprochen: Sie atmet tief durch und sieht: Das Herz schlägt weiter.

Solange sie nicht zur Selbstvergebung gefunden hat, fürchtet sie, dass ihr der Himmel nicht vergeben wird, sie verkriecht sich vor seinem Licht. Sie kommt erst voran, wenn ihr die Tatsache, dass ihr vergeben ist, zur *Erfahrung* wird. Diese Erfahrung ist die Grundlage dafür, dass sie den gütigen und weisheitsvollen Blick des Himmels zu verstehen beginnt. Das wiederum ist die Voraussetzung dafür, dass sie nun auch sich selbst vergeben kann. Ohne diese Selbstvergebung aber kann es nicht zu dem Gespräch mit Christus kommen, das nun als Nächstes ansteht.

III.
Die Selbstbestrafung

Wenn die Seele nicht zu der Erfahrung findet, dass ihr vergeben ist und dass sie sich selbst vergeben kann – was geschieht dann?

Viele Seelen sind so geschockt über das, was sie getan haben – und vielleicht ja mit Recht –, dass sie sich zu dieser »Himmelsbeichte« nicht entschließen können, sei es, weil sie sich vor Höllenstrafen ängstigen, sei es, weil sie sich für unwürdig halten, himmlischen Instanzen – sei es selbst zum Zweck der Beichte – gegenüberzutreten. Dann kann es passieren, dass sie längere Zeit mit niedergeschlagenen Augen in ihrer »inneren Hölle«, d.h. in dem inneren Zustand verharren, der von Entsetzen über sich selbst geprägt ist.

Heißt das, dass es eine Hölle gibt?

Nein, es heißt, dass es eben gerade keine Hölle gibt, in die die Seele verbannt werden könnte. Es gibt nur eine freiwillige Selbsteinordnung in ein Umfeld, das ihrem inneren Befinden entspricht. Ihr solltet nicht von »Hölle« als einem Ort sprechen, so etwas gibt es nicht. Was man »Hölle« zu nennen pflegt, ist ein innerer Zustand, eine Befindlichkeit der Seele angesichts ihres Lebens. Sie hält sozusagen die Augen beschämt niedergeschlagen, fühlt sich unfähig, sie aufzuschlagen und die Schönheit des Himmels, die Liebe und Lichtkraft ihrer Wesen wahrzunehmen. Manch einer macht sich die Hölle schon auf Erden. Die Seele aber ist im Himmel und kann sich auch dort die Hölle machen, nämlich dann, wenn sie das Empfinden hat, angesichts ihres irdischen Verhaltens der himmlischen Freude nicht würdig zu sein. Gott straft nicht, es handelt sich um eine Selbstbestrafung.

Wie kommt es dann zu der Vorstellung von piesackenden Teufeln?

In der Rückschau sieht die Seele sehr deutlich, dass dunkle Wesen mittels ihres Doppelgängers an ihrem Weg beteiligt waren und wie viel Mitsprache diese hatten.[38] Sie sieht, welche dunklen Wesen in ihrem Denken und Handeln wirksam waren, in wessen Diensten sie gestanden hat, in welche Richtung die dunklen Wesen gelenkt haben. Sie ist vielleicht irgendwelchen Führern vertrauensvoll gefolgt und erkennt nun, in wessen Diensten diese wiederum gestanden haben. Sie sieht also nicht nur den Vordergrund, sondern auch den geistigen Hintergrund.

Das kann ein furchtbares Erschrecken auslösen. Die Seele fällt von einer Bestürzung in die andere: Um Gottes willen, wem habe ich da mein Ohr geliehen? Was habe ich angerichtet? Das ist das »Heulen und Zähneklappern«, von dem Jesus spricht. Da sind keine Teufelchen präsent, die mit Heugabeln piksen oder Feuer entzünden. Überhaupt wird dieser innere Zustand nicht als Feuer oder Hitze erlebt, sondern im Gegenteil als ziemlich lichtlos und kalt. Die Seele ordnet sich selbst lichtintensiver oder lichtärmer ein, je nachdem, wie sie es als für sich selbst passend empfindet.

Stellt euch das Bild einer großen grauen Steinwüste unter einem fahlen Himmel vor, das sich die Seele schafft und in das sie sich versetzt. Es ist in unangenehmer Weise feucht und kühl. Nichts ändert sich – weder Licht noch Wetter, noch Jahreszeiten. Hier und da hocken Seelen an den Felsen, ohne in Kontakt miteinander zu treten, jede isoliert in ihrer Einsamkeit. Nichts bewegt sich, nichts geschieht. Es geht weder vorwärts noch rückwärts, es wird nicht schlimmer, aber auch nicht besser, die Seelen haben keine Perspektive. Sie meinen, keiner Hilfe wert zu sein, sie erwarten sie auch nicht und wissen nicht, was sie unternehmen könnten. Es ist ein Zustand tiefster Depressivität. Er kann – in irdischen Zeitmaßen – Jahrhunderte dauern. Den Seelen erscheint er wie eine Ewigkeit. Sie bleiben in dem Bewusstseinszustand, der sich bei ihrer Lebensrückschau eingestellt hat, stecken.

[38] Zum Doppelgänger siehe S. 54.

Um Gottes willen – wie finden sie da heraus?

Es gibt zahlreiche Helfer, die geduldig versuchen, mit diesen armen Seelen ein Gespräch zu beginnen. Stellt sie euch vor wie Leute vom Roten Kreuz, Ärzte oder Krankenschwestern, lichte Gestalten, die da gar nicht hinpassen, sehr aktiv, liebenswürdig, auch resolut. Sie setzen sich zu der armen Seele und fragen z.B.: »Wo ist jetzt dein Problem? Woran liegt es? Was hast du gemacht? Was hat bei der Betrachtung deines Lebensfilms diesen Schock ausgelöst?« Wenn die Seele alles erzählt hat, wird der Helfer sagen: »Schau, das klingt schon sehr arg, aber es gibt einen Ort, wo du trotzdem mit lichtvollem Blick betrachtet werden wirst.« Dann beharrt die Seele vielleicht: »Nein, es ist ganz unverzeihlich.« Dann kann der Helfer beispielsweise sagen: »Du, so etwas habe ich auch erlebt, ich habe das und das gemacht und selbst in dieser Steinwüste gehockt.« Damit wird er glaubwürdig. Mit der Zeit bekommt die graue Gestalt ein wenig Farbe, der Mund beginnt zu lächeln, die Haare bekommen Glanz, die Augen ein Leuchten. Dann kann der Helfer sagen: »Fasse Mut, komm jetzt in eine schönere, lichtere Umgebung. Ich gehe mit dir.«

Sind die Helfer immer Menschenseelen, die etwas Ähnliches durchgemacht haben?

In den schlimmsten, hartnäckigsten Fällen wirken solche am überzeugendsten. Es gibt aber auch viele Engel und Heilige, die sich um die kauernden Gestalten bemühen und denen es gelingt, ihnen Mut einzuflößen: »Komm, trau dich, du wirst sehen, es ist nicht schlimm, fürchte dich nicht. Steh zu dem, was du getan hast, aber es sollte auch verzeihlich sein. Es ist ja alles längst vergeben. Es kann ja nun nicht mehr geändert werden, aber du wirst einen neuen Versuch machen. Doch das geht erst, wenn du dir vergeben kannst und nicht mehr in dieser Art der Selbstbestrafung verharrst.«

Können Menschen auf Erden dazu etwas beitragen?

Oh ja! Die Gebete, die Menschen auf Erden für die »armen Seelen« sprechen, sind sehr wirksam!

Menschen können auch in anderer Weise helfen. Angenommen, eine Seele wird von dem Gedanken an die Schulden gequält, die sie z.B. nach einem Diebstahl oder einer Unterschlagung oder Veruntreuung auf Erden hinterlassen hat. Wenn ein Mensch diese Schulden bezahlt oder sie in der Intention spendet, den Verstorbenen von dieser Schuld zu entlasten, dann darf dessen Seele das dankbar annehmen und sich von dieser Schuld befreit fühlen.

Es gibt freilich auch viele dieser grauen Gestalten, die aus eigenem Räsonnement zu dem Schluss kommen: »Mein Leben war ganz und gar nicht ideal, ich hätte es besser machen können, und das will ich in Zukunft auch tun, wenn ich nur hier herauskomme.« Die versetzen sich dann in eine schönere Gegend, die ihrer neuen Selbsteinschätzung entspricht, vielleicht noch mit gesenktem Blick und in bescheiden kleinen Schritten. Dann kommen sie von da aus weiter und werden sich schließlich zu der Himmelsbeichte aufraffen. Damit werden sie frei für die Begegnung mit Christus.

Wie kommt die Seele denn auf den Gedanken, sich selbst bestrafen zu sollen?

Ja, das ist eine interessante Frage. Denn die Seele kannte ursprünglich den Gedanken der Strafe nicht, weil der Vater ihn in seiner Innenwelt nicht beherbergt. Gott straft nicht. Die Vorstellung vom strafenden Gott wurde von den dunklen Hierarchien in die alten Gottesbilder hineinprojiziert. Die Seele bringt den Begriff der Strafe aus ihrer irdischen Existenz mit und überwindet ihn erst durch die Erfahrung, dass ihr vergeben ist und dass sie sich selbst vergeben kann. Es gehört zu ihrem Lernprozess im Himmel, dass dieser Begriff der Strafe keine lichte Bedeutung hat, ja dass er im nicht-inkarnierten Zustand ohne Existenz ist.

Warum sträuben sich manche Seelen dann so vehement gegen die an sich doch sehr schöne Erfahrung, dass es im Himmel keine Strafen gibt, und bestrafen sich selbst?

Der Fall der Engel und der Sturz der Schöpfung in die Materie war solch eine Katastrophe, dass der Vater die ganze Schöpfung zunächst zurücknehmen wollte. Erst die Bitte der Mutter und das Versprechen des Sohnes, die Schöpfung wieder in den heilen Zustand zurückzuführen, veranlassten den Vater, diese Absicht aufzugeben.[39]

Damals legten die Menschenseelen ein Gelöbnis ab. Sie versprachen ihre Mitarbeit an dem Bemühen, die Schöpfung heil zu machen und zum Vater zurückzuführen. Sie identifizierten sich mit dem großen Drama, das nun begann. Um diesem Gelöbnis Nachdruck zu verleihen und seine Unverbrüchlichkeit zu unterstreichen, fügten sie hinzu: »Wenn ich dem untreu werden sollte, so will ich das Konsequenzen auf mich haben lassen.« Das lässt sich auch so ausdrücken: Dann werde ich mich selbst bestrafen. Damit haben sie die Idee der Selbstbestrafung in ihre seelische Gesamtkonstitution eingefügt.

Die ursprüngliche Bedeutung des Begriffs »Strafe« war also reflexiv: ich strafe *mich*, und nicht: einer straft den anderen. Ich will mich absichern, dass mein Gelöbnis kompromisslos Geltung haben soll. Die Erinnerung daran trägt die Seele in sich und veranlasst sie nun, damit Ernst zu machen.

Motiviert diese Erinnerung den Menschen auch während seines Erdenlebens? Fügt er sich eine Selbstbestrafung zu, wenn er schuldig geworden ist?

Das ist häufig der Fall. Es kann so weit gehen, dass mancher Mensch – natürlich ohne sich dessen bewusst zu sein – zum Verbrecher wird, damit er gefasst und bestraft wird. Er will ins Gefängnis! Ihn quält, dass eine alte Schuld aus einer früheren Inkarnation damals ohne Konsequenz geblieben ist, und er macht sich deshalb erneut zum Täter. So verdreht sind mitunter die hintergründigen Motive. Man begeht dann eine Tat nicht um ihrer selbst und eventuell ihrer Vorteile willen, sondern nur wegen der Bestrafung.

Die Täter setzen dann aber alles daran, nicht entdeckt zu werden.

39 Näheres hierzu: Alexa Kriele: *Die Engel geben Antwort auf Fragen nach dem Sinn des Lebens,* S. 37f.; dies.: *Mit den Engeln das Leben meistern,* S. 46ff. (»Gott in der Krise«).

Ja, natürlich haben sie auch Angst; ihre Motivation ist mehrschichtig. Viele Täter verbergen sich zwar, tragen aber dennoch indirekt dazu bei, dass sie gefasst werden. Sie kehren beispielsweise an den Tatort zurück, sie vertun sich, verplappern sich, weihen andere Menschen ein, die dann zu Zeugen werden, begehen allerlei Fehler.

Denn nicht entdeckt zu werden kann unter Umständen eine härtere Strafe sein als das Gefängnis. Das Bewusstsein, ein Verbrechen begangen zu haben, kann das ganze weitere Leben verdunkeln. Es trübt die vertrauensvolle Beziehung zu Angehörigen und Freunden, es lässt Offenheit und Ehrlichkeit nicht mehr zu, es macht Humor und Fröhlichkeit unmöglich. Es wäre geradezu entlastend, gefasst und bestraft zu werden. Wenn ein Verbrechen bis zum Zeitpunkt des Sterbens nicht entdeckt und bestraft worden ist, kann es passieren, dass man sich in einer neuen Inkarnation erneut zum Täter macht.

Ist denn die Tat nicht oft einfach die Folge davon, dass der Mensch »auf die schiefe Bahn geraten« ist?

Doch, aber die Frage ist, was ihn dazu getrieben hat, sich in das entsprechende Milieu zu begeben, sich in dunkle Zusammenhänge zu verstricken und in Zugzwang bringen zu lassen. Er wollte sich selbst verletzen, er suchte nach Möglichkeiten, sich zu bestrafen, weil er sein ursprüngliches Gelöbnis vergessen hatte und nun die versprochenen Konsequenzen auf sich nehmen will. Aus einem solchen religiösen Impuls heraus in die Kriminalität zu geraten, ist natürlich eine Verirrung, in die der Doppelgänger den Menschen hineinlockt, der dieses Motiv für seine dunklen Zwecke ausnutzen will. Die Strafen machen nur dann Sinn, wenn der Täter erkennt, dass er sich selbst die Konsequenz auferlegt und zurückfindet.

Diese Erklärungen werden für viele Ohren befremdlich klingen.

Ja, aber so ist es. Wer sich einmal in einem zenbuddhistischen Kloster an einer Meditation beteiligt hat, weiß: Sobald die Konzentration der Versenkung nachlässt und man herumzuzappeln beginnt, bekommt man mit einem Stab einen kräftigen, schmerzhaften Schlag auf die Schulter. Dann verneigt man sich vor dem

Aufpasser und bedankt sich. – Wenn der bestrafte Kriminelle so ähnlich reagiert, dann hat er den tieferen Sinn seines Tuns verstanden.

Haben auch Erkrankungen dieses Motiv der Selbstbestrafung?

Das kann der Fall sein, kann aber auch ganz andere Hintergründe haben. Ihr solltet niemals denken, jemand sei z.B. als Behinderter auf die Welt gekommen, weil er sich für ein früheres Vergehen bestrafen wollte. Das könnt ihr nicht wissen und solltet es nicht unterstellen.

Gewiss ist nur: Wenn sich die Seele eines Verstorbenen in die Befindlichkeit eines inneren Höllenzustands versetzt, dann, weil sie sich an ihr ursprüngliches Gelübde erinnert und nun die versprochene Konsequenz auf sich nehmen will.

Wie hat die Vorstellung vom strafenden Gott in die religiösen Lehren Eingang gefunden?

In der irdischen Welt erleben die Menschen es als selbstverständlich, dass Unrecht Reaktionen der Rache, der Vergeltung, der Bestrafung, der Heimzahlung auslösen. Sie durchschauen nicht, dass es die dunklen Hierarchien sind, die daran Interesse haben, und können sich einen vergebenden Gott gar nicht vorstellen.

Bei der Vorstellung von einem strafenden Gott handelt es sich aber nicht nur einfach um eine Projektion der irdischen Strafen im Jenseits, und auch nicht um eine freie Erfindung der religiösen Lehrer zu Zwecken der moralischen Disziplinierung. So etwas könnte keinen dauerhaften Erfolg haben.

Dahinter steht vielmehr ein Wissen von der Selbstbestrafung der »armen Seelen« im Himmel. In den Seelen der inkarnierten Menschen klingt eine leise Erinnerung an das einst abgelegte Gelübde an, das sie durch das Versprechen der Konsequenz besiegelt haben. Jeder Mensch wird in seinem Leben in irgendeiner Weise schuldig, denn auf Erden unterliegt er nun einmal den Einflüssen der dunklen Hierarchien. Die versprochene Konsequenz der Selbstbestrafung wird also fällig. Darauf beruht die Idee der Hölle und die Faszination, die sie ausübt. Daran konnten die religiösen Lehrer anknüpfen.

Würde diese Vorstellung nicht in der Seele anklingen, hätte die Höllenlehre nicht so viel Überzeugungskraft und Wirkungsmacht entfalten können. Sie hat ja tatsächlich einen religiösen Hintergrund: Die Seele fügt sich die Strafe zu, weil sie ihrem Gelübde untreu geworden ist. Die dunklen Hierarchien nutzen diesen Zusammenhang, sie verwirren und pervertieren ihn in die Vorstellung, es sei Gott, der die Seelen zur Hölle verdamme.

Wenn Seelen nach dem Sterben die Erfahrung machen, dass ihnen der Himmel vergeben hat, warum akzeptieren sie das dann nicht und lernen, auch sich selbst zu vergeben?

Das tun sie ja, nur ist es schwierig und braucht mitunter Zeit, weil das Gelübde nun einmal mit dem Versprechen der Konsequenz verbunden war.

Übung

Ihr solltet schon auf Erden üben, euch Fragen zu öffnen wie: Warum tue ich das, was ich tue? Was in mir will sich dadurch ausdrücken? Wo will ich auf etwas Vergessenes hinweisen? Welche Position nehme ich eigentlich ein? Wer bin ich im Grunde wirklich? Und weiter: Bin ich mir selbst immer noch treu? Welche Kompromisse bin ich eingegangen? Das sind grundlegende und auch zum Ziel führende Fragen. Sie klären sich, wenn ihr Folgendes tut.

1. Legt einmal in einer feierlichen Stunde beim Schein einer Kerze ein Gelübde ab, um euer weiteres Leben darauf aufzubauen. Wählt einen Satz aus dem Credo oder sagt einfach: »Ich glaube« oder sprecht einen Satz aus der Bibel oder aus einem Wappenspruch, dem ihr euch nun angelobt. Von diesem Zeitpunkt an erlangt der Satz eine neue, intensive Bewusstseinsform. Er begleitet euch von nun an wie ein »Ohrwurm«, er lässt euch nicht mehr los.
2. Fangt an, diesem Satz gemäß zu leben. Stellt euch vor, er werde einmal auf eurem Grabstein stehen, aber euer Name sei darauf nicht lesbar. Werden die Vorübergehenden trotzdem erkennen: da wird der und der liegen, denn er hat diesen Satz verkörpert?

3. Betrachtet die Kompromisse, die ihr eingeht. Warum macht ihr Konzessionen? Machen sie das Leben erträglicher? Dienen sie der Aufrechterhaltung einer allgemeinen Unklarheit? Was schätzt ihr höher als euer Gelübde? Wie lange noch? Wann wollt ihr euch die Freiheit nehmen, »Ja« und »Nein« zu sagen, kompromisslos zu sein?
4. Vergegenwärtigt euch: Das »Ja« des Vaters zu euch, die ihr seine Geschöpfe seid, ist kompromisslos, unbedingt und unverbrüchlich. Er stellt es nie in Frage, zweifelt es nicht an. Ebenso kompromisslos ist das »Ja« der Mutter zum Vater und zu euch, und ebenso auch das »Ja« des Sohnes zum Vater und zu euch, seinen Brüdern.
5. Eure Kompromisslosigkeit gilt für euch selbst, nicht gegenüber anderen. Ihr gründet *euer* Leben auf ein Versprechen. Das erfordert Disziplin, Ausdauer und Mut. Gegenüber anderen zeigt Verständnis, Großmut, Nachsicht, Geduld. In dem Maße, indem ihr euch die Freiheit zur Kompromisslosigkeit nehmt, wächst proportional dazu die Liebe. Verurteilt niemand, weil er in Kompromisse verstrickt ist. Überzeugt ihn durch eure eigene Kompromisslosigkeit.
6. Haltet euch stets vor Augen: Es ist ein Kunstgriff des Doppelgängers, die Vorstellung zu erwecken, dass die Seele bestraft wird, während sie sich in Wirklichkeit selbst bestraft.

IV.
Alle Seelen begegnen Christus

Der Glaube an Christus, den Sohn Gottes, wird von anderen Religionen nicht geteilt und selbst in unserem »christlichen« Kulturkreis vielfach abgelehnt oder bezweifelt. Haben dennoch alle Seelen diese Begegnung mit Christus?

Ja, alle Menschen ohne Ausnahme. Doch je nach religiösem Vorverständnis, das sie in ihrem Erdenleben in sich aufgenommen haben, interpretieren sie das Ereignis unterschiedlich. Sie halten es beispielsweise für eine Begegnung mit einem mächtigen Engel oder mit Mohammed oder auch unmittelbar mit Allah, oder mit Moses, Jahwe, Buddha oder mit Shiva oder einem Ahnen oder wem auch immer. Die Atheisten sagen sich nach solch einer Begegnung: Es scheint also doch irgendeine höhere Instanz zu geben.

Jeder Mensch birgt den »Inneren Christus« im Innenraum der so genannten »Inneren Kirche«, die sich ihm vielleicht als Moschee oder Synagoge oder Tempel zeigt. Und Christus steht jedem Menschen als Freund und Bruder zur Seite. Und schließlich sind die Engel, die jeden Menschen begleiten – wie alle Engel –, auf die göttliche Trinität und somit auch auf den Sohn, auf Jesus Christus hin ausgerichtet. Das ist nun einmal die Realität, auch wenn sie vielen Menschen noch nicht bewusst ist.

Warum begegnet die Seele Christus?

Weil er Gott und Mensch zugleich ist. Er ist der Sohn Gottes und gehört zur Heiligen Trinität. Da er sich in Jesus inkarnierte, wurde er ganz und gar auch Mensch mit allen Versuchungen, denen der Mensch zeit seines Lebens ausgesetzt ist.

Er konnte diesen Versuchungen zwar meisterlich widerstehen, aber er hat die Erfahrung des Zauderns und Schwankens gemacht. Er kennt und versteht aus eigenem Erleben, was der Seele während ihres Erdenlebens widerfährt. Er ist dein Herr und Meister, aber er ist zugleich dein Bruder und Freund. Er hat dein Leben miterlebt, denn er wohnt in dir und ging an deiner Seite. Auch wenn das dem Menschen nicht mit aller Klarheit bewusst ist, weil er beispielsweise als Moslem lebte: Die Seele wird ihn wiedererkennen und ein Gefühl der Vertrautheit haben. Sie weiß in ihrem Innersten, dass sie auf seine Güte und Liebe vertrauen darf – in all der demütigen Ehrfurcht, die seiner Göttlichkeit gebührt. Diese Doppelgestalt – Gott und Mensch zugleich – ist der Grund, warum alle Seelen ohne Ausnahme im Himmel Christus begegnen.

Viele Menschen werden davon nichts hören wollen.

Dann sollten sie, wenn sie klug genug sind, nicht einfach das Buch zuklappen, sondern sich sagen: »Merkwürdig, diese Engel: Sie interpretieren die Gestalt als Christus, während wir doch überzeugt sind, es handle sich um den und den. Nun, das werden wir ja sehen!«

Können die Seelen Christus bei dieser Begegnung fragen, wer er ist?

Ja, und wenn sie für die Antwort offen sind, wird er ein eventuelles Missverständnis auch richtig stellen. Er tut das dann sehr sanft und mit Humor. Er wird z. B. lächelnd sagen: »Du meinst, ich sei Allah? Zu viel der Ehre! Schau einmal genau hin, ich bin nämlich nur Christus, dein Bruder.«

Darf ich in diesem Zusammenhang die Frage einschieben: Werden die anderen Religionen vom Himmel auch anerkannt?

Selbstverständlich. Sie haben alle ihren Sinn oder hatten ihn zumindest. Die so genannten »Hochreligionen« beziehen sich auf ein und denselben Gott. Alle gegenwärtig inkarnierten Seelen haben viele Leben in anderen Religionen durchlebt, tragen die Spuren ihrer Prägung in sich, sind durch sie Gott näher gekommen und haben der Schöpfung dienen können. Auch jetzt, nach der irdischen Inkarnation des Sohnes, kann ein Leben in einer anderen der Hochreligionen noch immer genau das der Seele Entsprechende sein. Sie hat dann dort Erfahrungen zu sammeln und tut Schritte auf dem richtigen Weg.[40]

Christen haben jedenfalls kein Recht, die Angehörigen anderer Religionen »von oben herab« zu betrachten, auch wenn diese ihrerseits überheblich auftreten sollten. Wer in diese Versuchung gerät, sollte bedenken, welche Irrwege und Umwege auch die Christenheit in ihrer Geschichte gegangen ist.

Für euch stellt sich die Frage, ob ihr nicht noch einen Schritt weitergehen und zur Anbetung der ganzen Trinität finden wollt. Ihr könnt eure Wege wählen, wie ihr wollt – einen Umweg oder den direkten Weg. Auf längere Sicht werden alle Seelen zur Anerkennung der ganzen Trinität finden, also Christen werden.

Werden im Himmel deistische, pantheistische und atheistische Weltvorstellungen auch so verständnisvoll gesehen?

Da tritt an die Stelle der wesenhaften Person Gottes eine Abstraktion, z.B. ein Bündel von sich selbst regulierenden Naturgesetzen, in anderer Variante auch von Karmagesetzen, oder das Nirwana, oder eine alles umfließende Kraft, oder Materie, die irgendwie Geist aus sich heraussetzt oder etwas dergleichen: Diese Vorstellungen korrigieren sich nach dem Sterben von selbst.

Für manche Menschen kann es schon Sinn machen, während ihres Erdenlebens einmal gedanklich durchzuspielen, ob ihre Existenz ohne einen lebendigen Schöpfer denkbar wäre. Bleiben sie aber dabei stehen und meinen womöglich noch, als wissenschaftliche Denker müssten sie das tun, werden die Fragen, die sich dabei zwangsläufig ergeben, verdrängt oder tabuisiert, jedenfalls nicht ernsthaft gestellt. Ein positiver Sinn dieses fragmentarischen Denkansatzes liegt in dem Interesse, die irdischen Probleme selbstverantwortlich in die Hand zu nehmen. Das kann man freilich auch tun, ohne sich so weit von der Realität zu entfernen.

Wird das von der Seele nach dem Sterben immer erkannt?

40 hierzu »Religionen im Verhältnis zur Trinität« in: Alexa Kriele: *Wie im Himmel so auf Erden*, Bd. III, S. 223ff.

Ja, denn die irrealen Weltvorstellungen kann die Seele mit den Erfahrungen, die sie dann macht, nicht mehr in Einklang bringen. Auch hat die Seele ja Erinnerungen an das, was sie erlebt hat, wenn sie einmal »in sich gegangen« und Vater, Mutter und Christus in sich begegnet ist. Auch dämmern in ihr nicht selten Erinnerungen an frühere Inkarnationen auf, jedenfalls an einzelne Begebenheiten, die für ihre letzte Inkarnation von Bedeutung geworden sind. Sie beginnt zu durchschauen, warum sie von bestimmten Lebenserfahrungen so tief berührt war. Kurz: sie begegnet nach dem Sterben mit überwältigender Evidenz der Realität hinter der Vorstellung von Realität, die sie sich in ihrem Erdenleben gemacht und die sie für die *ganze* Realität gehalten hat.

Die »Skeptiker« pflegen zu sagen: Für diese »Realität hinter der Realität« interessiere ich mich nicht; wenn es sie gibt, werde ich es nach dem Sterben ja sehen.

Damit haben sie ja Recht. Aber es würde Sinn machen, sich schon auf Erden dafür zu interessieren.

Sie pflegen hinzuzufügen, während des Lebens könne man nichts darüber wissen.

Damit haben sie nicht Recht. Natürlich kann man nicht alles wissen; die Realität enthüllt sich der Menschheit im Lauf ihrer Religions- und Geistesgeschichte nur langsam und in kleinen Schritten, und bis zur endgültigen Heimkehr niemals das Ganze. Warum aber an all den Zeugnissen vorbeigehen, die ihr beispielsweise in der biblischen Offenbarung findet, an all den mystischen Erfahrungen und denkerischen Bemühungen, warum, um ein Beispiel aus jüngerer Zeit zu nennen, an den hermetischen Darlegungen Valentin Tombergs?[41] Auch die vielen tausend Berichte von Menschen mit der so genannten »Nahtoderfahrung« und die innere Umwandlung, die diese Menschen an den Tag legen, haben den Charakter von Zeugnissen. Darin liegt die große praktische Bedeutung dieser Zeugen. Dass du dich mit

41 vgl. vor allem: Der Anonymus d'Outre Tombe, *Die Großen Arcana des Tarot. Meditationen,* Freiburg, Herder 1992.

diesen Zeugen so intensiv beschäftigst, ist Aufklärungsarbeit im besten Sinne des Wortes. Sie ist sehr im Sinne des Himmels.

Die Skeptiker meinen, der Jenseitsglaube diene doch nur dazu, das Leben zu erleichtern.

Das ist eine ausgesprochen törichte Idee. Wer um das Jenseits weiß, hat nicht weniger Eigenverantwortung, sondern mehr, nicht weniger an der Last der Freiheit zu tragen, sondern mehr, nicht weniger Arbeit zu tun, sondern mehr. Das Wissen um das Jenseits ist nicht nur tröstend, sondern vor allem auffordernd und herausfordernd.

Was wird denn anders, wenn ich um das Fortleben im Jenseits weiß?

Wenn du dieses Wissen ernst nimmst, wirst du dich in vielerlei Hinsicht aufgefordert fühlen, dein Leben entsprechend auszurichten.

1. Du weißt z. B., dass du im Jenseits nicht nur deinen Freunden, sondern auch deinen Feinden wiederbegegnen wirst. Also sorge dafür, dass du ihnen in die Augen schauen kannst, führe deine Auseinandersetzungen entsprechend sachlich und gerecht. – Und wenn du eine schöne Beziehung beendest, weißt du, dass sie in verwandelter Form weitergeht. Lege sie nicht einfach ad acta mit den Worten: »Es ist zu spät, vorbei, nichts ist mehr möglich, der andere ist zu alt oder er passt nicht mehr zu mir oder in meine Lebenssituation oder in die heutige Zeit.« Gehe mit dem anderen behutsam und rücksichtsvoll um, vermeide zusätzliche Verletzungen, bewahre die Freundlichkeit und die guten Erinnerungen in deinem Herzen.
2. Du weißt: Die Arbeit, die du angefangen hast, die Lernprozesse, in die du dich begeben hast, sind nicht vergeblich; du wirst daran anknüpfen und daraus schöpfen. Du kannst bis ans Lebensende arbeiten und lernen, du kannst auch ganz Neues lernen, malen oder Klavierspielen anfangen. Du bist aus dem Arbeits- und Lernprozess nicht entlassen, weder hier noch im Jenseits.

3. Wenn du um dein Weiterleben weißt, geht es dich an, wie du die Welt hinterlässt. Hast du deine Dinge vor dem Sterben geordnet? Hast du z. B. für einen Nachfolger gesorgt? Hast du deinen Nachlass so geregelt, dass kein Streit entsteht?

Dies sind nur einige Beispiele.

Das Wissen um die Begegnung aller Seelen mit Christus wird von den Kirchen nicht mit solcher Klarheit und Eindeutigkeit vermittelt.

Es ist aber da und ist auch auffindbar. Es wird auch in den Kirchen immer wieder angesprochen oder vorausgesetzt. Es findet seinen Niederschlag in der Liturgie, aber auch in der Architektur der Kirchen, in der Musik, in der Kunst, in den Schwingungen und Stimmungen, die die Menschen in den Kirchen, aber auch auf den Friedhöfen und an heiligen Stätten und Kraftquellen spüren können, in der alltäglichen Prägung eurer Kultur und Sprache. Wer Wahrheit sucht, wird sie finden. Die Seelen werden ihr auf jeden Fall begegnen. Ich rate dir: Betrachte die Religion, in die du diesmal hineingeboren bist, als ein großes Geschenk und eine Orientierungschance.

V.
Das Gespräch mit Christus

In welcher Umgebung spielt sich nun dieses Gespräch mit Christus ab?

Stell dir einen angenehm warmen Frühlingstag vor, eine freundliche Landschaft, einen kleinen See mit sehr ruhiger und klarer Wasseroberfläche. Da, wo am Seeufer der Sand sanft in die Wiese übergeht, unter einem Apfelbaum mit rosa-weißen Blüten, erwartet dich der Herr in einem zu den Blüten passenden, schlichten weißen Gewand ohne jeden Pomp. Da gibt es nichts, was dich ängstigen könnte. Der Herr blickt dich lächelnd an und sagt vielleicht: »So, da bist du ja.« Du gehst auf ihn zu, entweder allein oder etwas zögernd und schüchtern mit dem Helfer, der dich aus der Steinwüste herausgeholt hat. Er bittet dich, dich zu ihm zu setzen oder mit ihm auf und ab zu gehen.

Hat das Bewusstsein, vor den göttlichen Richter zu treten, nicht etwas Erschreckendes, das die Seele zittern und zagen lässt?

Du wirst schon etwas spüren von dem einzigartigen Rang des Herrn, du wirst ihm mit größtem Respekt, mit Verehrung und Ehrfurcht gegenübertreten. Wenn du aber voll von Ängsten bist, wird er dir etwas Beruhigendes sagen, vielleicht: »Fürchte dich nicht!« – so wie das auch in der Bibel häufig von den Engeln berichtet wird.

Und wie läuft das Gespräch mit ihm ab?

Er wird dich zunächst fragen, was du zu deinem Leben selbst zu sagen hast, allerdings nicht zu allen Einzelheiten, sondern zu den Aktionen, die im Spannungsfeld von Licht und Dunkel von Bedeutung waren. Er wird dich fragen: »Findest du das schön?«

Dein Erdenleben erscheint da nicht mehr wie in einem Film, sondern wie ein großes Gemälde. Die Szenen folgen nicht zeitlich hintereinander, sondern werden dir alle gleichzeitig vor Augen geführt: ein Bild aus lauter Einzelbildern: »Schau, das sind die Dinge, auf die es ankam in deinem Leben. Was sagst du dazu?« Stell dir das Gemälde etwa so vor, wie die Bänkelsänger früher auf einer Tafel von einer Szene zur anderen den Zeigestock führten.

Dann kannst du ohne Angst, dass dir Gefahr droht, Stellung nehmen. Vielleicht sagst du: »Das war mir schrecklich peinlich. Hier habe ich versagt, das war furchtbar. Ich wollte es eigentlich gutmachen, aber ich habe es einfach nicht geschafft. Dort habe ich mich in die Irre führen lassen; ich dachte, es sei richtig, was ich tue, dabei war es fürchterlich verkehrt.« Du kannst deine Fehler eingestehen und wirst dabei die Erfahrung einer gewissen inneren Souveränität machen: »Wenn der Herr neben mir ist, kann ich jeden Fehler zugeben.« Daran zerbricht man nicht, das erträgt man, es ist nicht schlimm, es ist einfach möglich. Du weißt ja auch schon, dass es vergeben ist, und du hast es dir selbst vergeben.

Ich habe die Fehler doch schon in der Lebensrückschau erkannt und in der »Generalbeichte« bekannt. Warum geschieht das jetzt noch einmal?

Weil der Herr jetzt die Hauptpunkte mit dir besprechen und dir die Augen über die Wirkungen öffnen wird, die du auf andere ausgeübt und bisher noch nicht so klar gesehen hast. Daran kann sich dann das Gespräch über die Konsequenzen anknüpfen, die du selbst für dich ziehen willst – im Himmel, und später wieder auf Erden. Das Interesse hat sich also jetzt ein wenig verlagert. Es geht nicht mehr nur um Selbsterkenntnis, sondern vor allem um praktische Folgerungen therapeutischer Art.

Während der Lebensrückschau rollt ein Bild nach dem anderen ab. Du sagst dir zwar: »Oh Gott, was habe ich da angerichtet!« und erlebst, welches Gefühl diese Erkenntnis in dir auslöst. Doch schon kommt das nächste Bild und ein neues Schuldgefühl auf, dann ein drittes und so fort. Jetzt aber wird der Herr auf das eine und andere ausführlicher eingehen. Und er wird dich über die Wirkungen auf andere aufklären, die du in der Lebensrückschau nur gestreift hast oder gar nicht wahrnehmen konntest, z.B.: Der, den du so barsch abgewiesen hast, war ein Heiliger, der hätte bei dir etwas sehr Schönes bewirkt. Jenem hast du, ohne es zu merken, eine tiefe seelische Verletzung zugefügt, er hat bittere Tränen geweint und später einen unglücklichen Weg genommen – und so fort. Du wirst mit den anderen mitfühlen und mitleiden. Die Folge des Hinschauens ist, dass deine Fähigkeit zum Mitfühlen geweckt oder gestärkt wird.

In diesem Gespräch werden alle Gefühlsregungen um ein Vielfaches stärker auftreten als in der Lebensrückschau, wo sie ein wenig gefiltert und abgemildert waren. Also, wo du dich freust, freust du dich noch mehr, wo du erschrickst, erschrickst du noch tiefer, wo du dich schuldig weißt, empfindest du das noch stärker, wo es ums Mitfühlen geht, fühlst du ganz und gar mit.

Außerdem tragen die Seelen oft noch Nachwirkungen des früheren Einflusses ihres Doppelgängers in sich, wie beispielsweise Wut und Nicht-Vergeben-Können. Der Herr wird dir das bewusst machen und dich fragen, ob du diese Nachwirkungen nicht überwinden und hinter dir lassen willst. Das gelingt nicht immer. Wenn nicht, wird die Seele in kommenden Inkarnationen bestimmten Menschen »heimzahlen«, was sie ihr angetan haben.

Ist der Sinn dieser Betrachtung moralischer Art?

Er ist therapeutischer Art. Diese Betrachtungen machen dich heiler, weil sie dir die Wirkungen deines Tuns nicht nur bewusst machen, sondern sie emotional vergegenwärtigen.

Übung

Es wird schon während deines Erdenlebens zu deinem Heilwerden beitragen, wenn du dir immer wieder einmal Folgendes vor Augen führst:

1. Alles, was du auf Erden tust und wie du es tust, hat Auswirkungen auf den Rest der Welt. Selbst dein Tonfall und deine Wortwahl vermögen nicht nur die Menschen zu erschrecken. Auch die Vögel, der Hund, das Pferd, die Bäu-

me, die Gänseblümchen nehmen sie wahr. Mach dir bewusst, was du auslöst und welche Verantwortung du für alles um dich herum hast.

2. Du trägst auch Verantwortung für dich selbst und für die Engel und andere Wesen, die in deinen Innenräumen leben. Auch der Christus in deiner Inneren Kirche war ein Betroffener. Wie wird er sich in deinem Innern fühlen?

Worin besteht die therapeutische Wirkung dieses Gesprächs mit Christus?

Auf der Grundlage dieser Einsichten wird Christus die Konsequenzen für deine Neuwerdung mit dir besprechen. Was willst du aus dir machen – um deiner selbst und um der Schöpfung willen? Es geht darum, die Welt wieder heil werden zu lassen. Du veränderst die Welt, indem du dich selbst veränderst. Also geht es um ganz praktische, handfeste Fragen, um dein künftiges Leben im Alltag. Was soll geschehen, was willst du ändern? Der Herr gibt dir also gute Anregungen, er versucht dich zu überzeugen. Er greift aber nie in deine Freiheit ein. Erst recht verhängt er keine Strafen.

Wie versucht der Herr mich zu überzeugen?

Stell dir vor, dein Lebenstableau, das du gemeinsam mit dem Herrn angeschaut und durchgesprochen hast, wird durchsichtig, so ähnlich wie eine zarte Glasmalerei. Da hindurch blickst du nun auf ein anderes Lebenstableau, nämlich auf das des Herrn während seiner Erdeninkarnation. Dieses sozusagen »duchchoreographierte« Leben zeigt dir das vollkommene Ideal. Vor diesem Hintergrund werden Übereinstimmungen deutlich. Auch du hast z.B. vergeben, deinen Zorn gezügelt, andere ihr Gesicht wahren lassen oder dergleichen. Es fallen aber auch die Abweichungen auf: Wo bist du Versuchungen erlegen, wo warst du zu schnell mit dem Urteil, wo hast du zu langsam oder gar nicht reagiert, wo hättest du dies oder jenes besser machen können? Hast du eine feindselige Haltung vielleicht jetzt noch nicht überwunden? Der Herr sagt nichts dazu, du selbst gewinnst durch den Vergleich deines Lebens mit dem Leben Jesu Einsichten und fasst den Entschluss zur Selbstkorrektur.

Es gibt Menschen, die kennen die Evangelien gar nicht und haben von Jesu Leben vielleicht noch nie etwas gehört.

Das macht in diesem Zusammenhang nichts, sie sehen sein Lebenstableau und nehmen die Realität jetzt wahr. Und die Seele weiß sehr wohl, dass es Christus gibt: Er lebte ja in ihr und ist ihren Lebensweg mitgegangen. Ihr inneres Wissen wird sich spätestens jetzt in Verstehen verwandeln. Das wird nur dann nicht geschehen, wenn die Seele Gründe hat, es nicht verstehen zu *wollen,* weil sie die Konsequenzen scheut, die sich ihr dann nahe legen würden.

VI.
Der Massstab »Schönheit«

Es geht also nicht um moralische Konsequenzen? Wird jetzt kein Urteilsspruch über das vergangene Leben gefällt – wenn nicht vom Herrn, dann von der Seele selbst?

Was sollte das für einen Sinn haben? Nein, es geht nicht um moralische Beurteilung oder gar Verurteilung deines Tuns oder Unterlassens. Es geht um die Frage, was dieses Leben *aus dir* gemacht hat. Du bist ja geschaffen als Gottes Ebenbild und Gleichnis. Jeder Mensch ist ein künstlerisches Meisterwerk Gottes – jeder auf eine etwas andere Weise. Stell dir das so vor, als seiest du eine Skulptur. Gott betrachtete sie und sah, dass sie gut war. Nun aber hat sie durch den Fall der Engel und durch den Sturz in die Materie Schaden genommen. Der ständige Einfluss, den die dunklen Wesen über den Doppelgänger auf den Menschen während seiner verschiedenen Erdenleben ausgeübt haben, hat deutliche Spuren hinterlassen.

Nun betrachtet der Herr gemeinsam mit dir diese Skulptur: Ist sie in deinem vergangenen Leben wieder schöner geworden? Hast du das eine oder andere wieder ausgebessert? Oder hast du ihr neue Beschädigungen hinzugefügt? Wie hat sie sich durch deine Handlungen, Gedanken, Entscheidungen, durch die Art und Weise deines Agierens verändert? Es geht jetzt nicht mehr um die Aneinanderreihung und Beurteilung einzelner Fakten, sondern um deine Gesamtgestalt, also um die Frage, was dein vergangenes Leben aus dir gemacht hat: Wie bist du? Was ist aus dir geworden? Welche Züge an dir sind jetzt schöner hervorgehoben, welche sind überzeichnet, welche sind vernachlässigt, welche sind nur ganz grob bearbeitet, welche sind hinzugetreten? Verglichen mit dem Meisterwerk, als das du geschaffen worden bist – was an dir ist noch oder wieder Ebenbild und Gleichnis des Vaters?

Und der Maßstab ist die Liebe?

Der Maßstab ist die Schönheit, aber das ist fast dasselbe, weil Gott der Schöpfer ein Künstler ist und die göttliche Liebe in der vollkommenen Schönheit seiner Meisterwerke in Erscheinung tritt. Die so genannten »moralischen« Mängel deines Lebens sind letztlich Mängel an Liebe, und diese beeinträchtigen die Schönheit deiner Skulptur. Deshalb kannst du diese Skulptur nicht anders anschauen als liebevoll, andernfalls magst du zwar in diese Richtung blicken, siehst und erkennst aber nichts. Die Liebe zu deiner Skulptur ist Liebe zu einem Schöpfungswerk Gottes, sie ist also nicht Ausdruck eitler Selbstüberhebung, sondern Ausdruck der Hinwendung zu Gott, der Achtung und Dankbarkeit ihm gegenüber.

Diese Liebe löst dann von allein den Wunsch aus, die Skulptur auszubessern, damit sie sich Stück für Stück dem Idealbild annähert, das der Schöpfer in der Skulptur angelegt hat. Der Herr wird deshalb versuchen, dich von einer allzu negativen Selbstbewertung abzubringen. Eine solche würde dich nämlich leicht in Entmutigung und Resignation treiben und damit der Selbstkorrektur im Wege stehen.

Bedeutet das nicht, die Fehlentwicklungen des verflossenen Lebens, die ja nun vergeben sind, außer Acht zu lassen?

Im Gegenteil, eine klare und auch selbstkritische Sicht auf die Gegebenheiten ist ja Voraussetzung dafür, dass du weißt, was an deiner Skulptur zu verbessern ist.

- Der Herr wird dir aber *erstens* helfen, auch gewahr zu werden, was alles gut und erfolgreich verlaufen ist und wie schön deine Skulptur trotz aller Mängel noch ist.
- Damit gibt er dir *zweitens* das Gefühl: »Ich kann Frieden machen mit meinem vergangenen Leben, auch mit dem, was mir misslungen ist. Ich kann das jetzt alles hinter mir lassen und nach vorne blicken.«
- Dann kann sich *drittens* das Gespräch über die Frage anschließen, was an dieser Skulptur als Nächstes zu verbessern und zu vollenden sein wird, damit sie sich Schritt für Schritt ihrer vollkommenen Schönheit annähert.

Warum kommt es Christus auf die Schönheit an? Ich hätte erwartet, dass es auf das moralisch Gute und auf Wahrheit der Erkenntnis ankommt oder einfach auf das Lichte und die Liebe.

Gewiss kommt es darauf an, aber das Wahre und Gute sind in der Schönheit mitgegeben, wie ja auch im Guten das Wahre und das Schöne mitschwingt und im Wahren das Schöne und das Gute. So wie ein Prisma das weiße Licht in Farben aufspaltet, so tritt die Liebe in den drei Komponenten des Wahren, Guten und Schönen in Erscheinung. Die göttliche Liebe ist unendlich, absolut, allumfassend, sie ist das große Mysterium, aus dem und in dem ihr lebt, ohne dass ihr es in Worte fassen und beschreiben könntet. Es wird euch verstehbarer in der Auffächerung seiner drei Komponenten. Das Wahre, das Gute und das Schöne sind drei Hinweise auf die göttliche Liebe. In jedem von ihnen schwingen die beiden anderen immer mit.

Der Weg des Schönen aber ist der für den Menschen am leichtesten fassbare. Das Wahre und das Gute zu leben ist auf Erden mit erheblichen Schwierigkeiten verknüpft, weil der Intellekt es sehr viel leichter verzerren kann. Das wissen die dunklen Hierarchien zu nutzen: Es gibt viele Irrtümer, die wie *Wahrheiten* aussehen. Menschen, denen es primär auf Wahrheit ankommt, neigen oft zur Verabsolutierung von einseitigen Erkenntnissen und Halbwahrheiten, zu Eifer und Fanatismus, Selbstgewissheit und Härte. Die primäre Orientierung an der Wahrheit gibt also leicht Anlass zu Streit und Krieg.

Das *Gute* wird leicht verwechselt mit »gut gemeint«, denn zwischen beidem ist nur ein schmaler Grat. Zudem ist der Begriff des Guten an die Moral und damit an Zwecke und an kulturelle Wertvorstellungen geknüpft, die wandelbar und nicht immer im Sinn des Himmels sind. Menschen, denen es primär auf das Gute ankommt, neigen leicht zu Verständnislosigkeit und Schulmeisterei, zu Selbstgerechtigkeit und »Strafgerechtigkeit«.

Den Begriff des *Schönen* aber können die dunklen Hierarchien nicht so leicht verzerren. Es gibt zwar Versuche, euch beispielsweise Partei- und Militäraufmärsche, Schlachten, Obszönitäten, Albernheiten, übertriebene Kosmetik oder Kitsch als »schön« erscheinen zu lassen, aber das gelingt nur mit propagandistischem Druck und nicht auf Dauer. Denn im Grunde wissen die Seelen, was schön und was nicht schön ist. Es ist fast unmöglich, das Schöne zu sehen und es nicht mit Freude zu empfinden: in Blumen und Blüten, in Menschen und Tieren, in Landschaften und Kirchenbauten, in Morgen und Abend, in den Jahreszeiten, im Sternenhimmel, in den großen Meisterwerken der Kunst aus allen Kulturkreisen.

Dem Schönen ist eine gewisse Durchsichtigkeit für das Erhabene und Edle eigen. Es vermittelt den Blick auf die Schöpfung des Vaters, und zwar nicht nur in ihrer unendlichen Schönheit, sondern auch in ihrer Wahrheit und Güte. Christus lenkt euch in erster Linie auf die Schönheit hin, erstens weil ihr euch damit leichter tut, zweitens weil ihr euch zusammen mit dem Schönen zugleich auch am Wahren und Guten orientiert. Betrachte dich selbst als ein Kunstwerk des Schöpfers, gestatte dir, zu denken, dass du eine vom größten aller Künstler geschaffene Skulptur bist, die zwar beschädigt ist, die aber wieder so wunderschön werden kann, wie sie ursprünglich gedacht war.

Bewundere auch an anderen Seelen ihre Schönheit. Und wo ihre Schönheit beeinträchtigt ist, versuche, sie »schön zu lieben«: mit Nachsicht, Zuwendung, Zärtlichkeit, Strenge und Geduld. Mit dem Dozieren von Wahrheit und Moral wirst du nicht viel erreichen und bringst dich leicht in die Gefahr, kalt und hart zu werden und damit deine eigene Schönheit zu beschädigen.

Ein Kunstgriff der dunklen Hierarchien ist es, die Orientierung an der Schönheit zu einem Gebot der Wahrheit und der Moral zu pervertieren und damit ihren Einflüssen zu öffnen. Lass das Schöne aus sich heraus wirken. Dann sprechen sich das Wahre und das Gute von allein mit aus. Dann kann dir der Doppelgänger nicht so viel anhaben; du bist dann auf der ziemlich sicheren Seite. Das Wahre und Gute ist im Schönen impliziert und kann durch das Schöne am leichtesten erkannt und gelebt werden.

Vergleiche einmal einen weisen und gütigen Moslem mit einem selbstgerechten und pharisäischen Christen. Der Moslem weiß zwar nicht, dass Jesus Christus zur göttlichen Trinität gehört, der Christ steht insofern der Wahrheit näher. Und im islamischen Gottesbild ist die unendliche, absolute, unbedingte, geduldige Gnade nicht so ausgeprägt, wie sie Jesus – z.B. im Gleichnis vom verlorenen Sohn – gelehrt hat. Da aber seine Skulptur so viel schöner ist als die jenes Christen, ist er auch dem Wahren und Guten näher als dieser.

Ihr kommt dem Wahren am nächsten, wenn ihr euch als Künstler und euer Leben als ein Kunstwerk versteht. Und ihr kommt dem Guten am nächsten, wenn ihr auch andere Menschen als Künstler und ihr Leben als Kunstwerk versteht. Einem Künstler könnt ihr keine ästhetischen oder moralischen Regeln aufzwingen. Ihr könnt aber durch Rat und Vorbild dazu beitragen, dass sein Werk gelingt.

Betrachte dich also als ein Kunstwerk Gottes und zugleich als einen Künstler, einen Mitschöpfer, der an der gottesgeschaffenen Skulptur arbeitet, um ihre ursprüngliche Schönheit wiederherzustellen. Auch der Sonnenengel wird dir nicht sagen, du habest dich in ein Regelwerk des Wissens und der Moral einzufügen. Er wird dir einen Lebensplan vorschlagen, der dir hilft, deine Skulptur so zu verbessern, wie es Christus dir geraten hat.

Übungen

1. Das Leben als Kunstwerk
   Um ein Gefühl dafür zu entwickeln, dass du ein Künstler bist und was für ein wunderschönes Kunstwerk dein Leben ist, schlage ich dir vor, in täglichen Fortsetzungen die Quintessenz jeden Tages in einem großen Gemälde wiederzugeben. Die Malfläche sollte, wenn möglich, die ganze Wand eines Zimmers oder Flures bedecken. Jeden Abend malst du mit Pinsel oder Kreide ein paar Striche, abstrakte Figuren in den Farben deiner jeweiligen Stimmung. Es können auch zornige Kleckse sein oder auch zauberhafte Blüten, Blätter, rosa Wolken – je nachdem, was den Tag gekennzeichnet hat und wie dir zumute ist. Du kannst von links oder von unten oder vom Zentrum oder von allen Seiten ausgehen oder wellenförmig vorgehen, wie du willst. – Wenn du dich auf kleinerem Format ausdrücken willst, kannst du auch Tagebuchblätter gestalten und diese dann aneinanderhängen. – Auch Kinder können solche Bilder malen oder kritzeln.
   Nach einigen Monaten wirst du sehen, dass die Abfolge der Farben und Linien eine gewisse Ordnung zeigt. Die zugrunde liegenden Ereignisse werden sich wiedererkennen lassen. Es machte alles Sinn und folgte einer vorgegebenen künstlerischen Choreographie.

So wird dir bewusst: »Mein Leben ist, genau betrachtet, ein Meisterwerk, es ist auf seine Art und Weise schön, und ich bin selbst ein Meisterwerk und zugleich ein Künstler. Alle anderen sind ebenfalls Meisterwerke, und wo meine Beziehung zu einem anderen das Schönwerden nicht geschafft hat, kann ich versuchen, sie schön zu lieben.«

2. Das Schöne leben
Das Thema des menschlichen Lebens ist das Bemühen um Schönheit und das Wahrnehmen der Schönheit. Verwirkliche die Schönheit in Eleganz und Harmonie der Bewegungen, in Mimik, Kopfhaltung, Gesichtsausdruck, Stimme, Tonfall, Lachen, Wortwahl, Geschwindigkeit. Jeder Tagesrhythmus ist schön in Spannung, Pausen, Besinnlichkeit und Auflösung. Trage Sorge, dass auch für andere der Tag schön wird: durch Lächeln, Winken, ein nettes Wort, einen Blumenstrauß. Du brauchst nicht »Gutes« zu tun wie Mutter Theresa – Menschen sind ja normalerweise keine Heiligen. Es genügt, andere nicht zu beurteilen, ohne in ihnen ein Kunstwerk, ein kleines Meisterwerk zu sehen und ihnen etwas Schönes zu wünschen.
Wenn es Streit gegeben hat, stell dir den anderen als ein Bild in einem Rahmen vor. Du wirst sehen: Trotz seiner Fremdartigkeit gibt es etwas, das an seinem Bild zu bewundern oder zu bestaunen ist – respektvoll und ohne Abneigung oder Geringschätzung.

3. Das Unschöne verwandeln
Nun noch eine Übung für den Fall, dass etwas Schlimmes geschehen ist, das dich verfolgt und nicht loslassen will. Stell dir die schlimme Szene in einem umrahmten Bild vor und frage dich: »Wo in der Galerie in meinem Kopf hängt das Bild: Hängt es hoch oder niedrig, wird es beleuchtet oder befindet es sich versteckt hinter der Tür?« Dann lass das Bild verschwinden: Nimm es ab oder übermale es oder lass es wegschrumpfen. Hänge an seine Stelle ein neues Bild. Es zeigt dieselbe Situation, aber neben dir steht der Herr und du bist mit Schild und Rüstung Christi bekleidet. Du zeigst mit bezauberndem Lächeln die Souveränität eines Königs, der die Situation meisterlich besteht. –

Du kannst das Bild der schlimmen Szene auch statt durch ein neues Bild durch ein Kruzifix oder einfach durch ein Kreuz ersetzen.
Auf diese Weise wirst du das Schlimme, das dir widerfahren ist und das in dir rumort, entmachten und zum Schweigen bringen.

3. Kapitel: Die Vorbereitung der Zukunft

I.
Die Orientierung durch Christus

Das Gespräch mit Christus gibt dir nicht nur Orientierung für deine Tätigkeit im Himmel, wo du keinen Doppelgänger zur Seite hast und durch ihn nicht in Verwirrungen und Verhärtungen geführt werden kannst. Er gibt dir damit grundsätzliche Orientierungen auch für deine kommenden Erdenleben.

Mündet das Gespräch mit Christus also in Planungen für das kommende Erdenleben?

Nein, nur in die Erörterung von Schwerpunkten, die die Seele dabei berücksichtigen sollte. Die Umrisse künftigen Lebens werden erst vor der nächsten Inkarnation im Gespräch mit dem Sonnenengel geplant.

Der Herr wird dir vielleicht sagen: »Schau, es hat dir an Mut gefehlt, du warst ein ängstlicher Mitläufer mit unguten Strömungen. Ich rate dir, an deiner Skulptur so zu arbeiten, dass du künftig mutig zu deinen Erkenntnissen stehst.« Oder er sagt: »Es fehlte dir an Geduld mit den Schwächen anderer Menschen, du warst aufbrausend und ungerecht. Achte künftig vor allem darauf, Geduld und Nachsicht zu üben.« Oder: »Du hattest so einen nörgelnden, negativen Blick auf dein Land oder seine Politiker oder die Kirche oder die Zeitumstände. Versuche künftig den Blick stärker auf all das Gute und Schöne, das es doch auch gibt, zu richten; auf all das ehrliche Bemühen, die lauteren Motive, die neu gewonnenen Erkenntnisse und Wertansichten in deiner Umwelt.«

Was geschieht, wenn eine Seele die guten Vorsätze nicht aus eigenem Entschluss fassen will oder kann?

Es kommt vor, dass Seelen, die von einem Helfer aus dieser fahlen Steinwüste zu Christus geführt worden sind, wieder davonlaufen. Das geschieht vor allem, wenn das Lebenstableau, das der Herr mit ihnen betrachten will, tatsächlich aussieht wie in den schlimmsten Moritaten und sie sich sagen: »Da ist nichts Gutes zu sehen, das ist furchtbar. Ich halte es nicht aus, neben dem Herrn zu stehen.« Laufen sie wieder davon, dann nicht etwa, weil der Herr es nicht erträgt, sondern weil sie selbst es nicht ertragen. Dann ist über kurz oder lang ein neuer Anlauf notwendig, anders geht es nicht.

Der Herr wartet geduldig und wird die Seele dann ermutigen: »Schau, auch in deinem Leben hat es etwas Schönes und Liebenswertes gegeben.« Denn in jedem Leben, so katastrophal, grauenvoll und furchtbar es auch gewesen sein mag, wird der Herr positive Ansätze entdecken. Das mag das menschliche Fassungsvermögen übersteigen, aber so ist es. Niemand wird dieses Tableau verlassen müssen ohne das Gefühl: Ja, also da kann ich zaghaft ein wenig lächeln, und zu irgend etwas hat der Herr sogar gesagt: »Gut gemacht.« Die dunklen Mächte können den Menschen sehr weitgreifend irreführen und beherrschen, aber die Grundstruktur – Ebenbild und Gleichnis – nie völlig zerstören.

Übung

Ihr solltet diese Kunst des Herrn schon im Leben üben: Was immer ihr beurteilt, seid kritisch und klaren Blicks, aber bleibt offen für die schönen Ansätze, an die das Lichte anknüpfen kann, in allem und jedem, und sprecht das auch aus.

Was geschieht nun am Ende des Gesprächs mit dem Herrn?

Der Herr wird dich fragen: Was willst du nun tun im Jenseits? Dann wirst du dir das aufgrund der gewonnenen Erkenntnis über deine Skulptur überlegen und ihm sagen, wie du dich entscheidest.

Kann man dann seine Skulptur schon im Jenseits ausbessern oder erst in der nächsten Inkarnation?

Du kannst im Jenseits schon an deiner Skulptur arbeiten und das auf diese Weise Vorbereitete im künftigen Leben dann »nacharbeiten«. Du entwirfst »theoretisch« die schöneren Linien deiner Skulptur, so wie der Architekt ein Haus entwirft, und sagst zu Christus: »Wo du das jetzt sagst, merke ich es auch: Die Skulptur wird viel schöner, wenn ich dem Geduldsbogen oder der Mutlinie oder dem Positivitätsausdruck eine kräftigere Kontur verleihe.« Dann wirst du dies in deiner nächsten Inkarnation praktisch leben. Erst damit wird das Erarbeiten zu einer bleibenden Eigenschaft der Skulptur.

Und der Herr wird meine Entscheidung akzeptieren?

Ja, in jedem Fall, wie immer sie lautet. Du hast sehr viele verschiedene Möglichkeiten und bist in ihrer Wahl völlig frei. Da gibt es nichts Besseres oder Schlechteres, was immer du wählst, ist in Ordnung. Der Mensch ist schon im inkarnierten Zustand wesentlich freier und selbstverantwortlicher als ihm vielleicht lieb ist. Das ist manchmal unbequem, aber so ist es eben. Erst recht gilt das im Jenseits. Du tust, was du nach deinem Gespräch mit Christus tun möchtest, weil es dich darauf vorbereitet, deine Skulptur schöner zu machen.

II.
Tätigkeiten im Himmel

Was für Entscheidungsmöglichkeiten habe ich nun am Ende des Gesprächs mit Christus? Was kann man im Jenseits tun?

Du kannst z. B. lernen wollen. Nehmen wir an, du warst über einige Inkarnationen hinweg Künstler oder Musiker und hast dir vorgenommen, in einem kommenden Erdenleben ein vollendeter Meister auf deinem Gebiet zu werden. Dann kannst du dich in die »Werkstätten« der Engel begeben[42] und bitten, dort zuschauen und lernen zu dürfen. – Oder du möchtest ein Forscher werden. Dann kannst du dich zu den im Moment nicht inkarnierten großen Wissenschaftlern und in die »Bibliotheken« begeben, wo das Forschungswissen aufbewahrt wird, und sozusagen »studieren«. – Du kannst auch lernen, indem du Reisen ins Universum unternimmst – zur Sonne, zu den Planeten, zu anderen Erden, zu fernen Galaxien. Am besten tust du das, indem du dich mit anderen Seelen zu einer Gruppe zusammenschließt und dich der Führung eines Engels anvertraust.

Du kannst auch etwas ganz anderes tun und dich beispielsweise weiter um die Welt kümmern. Du kannst Menschen auf der Erde trösten, begleiten, behüten, versuchen, ihnen etwas mitzuteilen, sie vielleicht sogar zu inspirieren. Du kannst den Schlaf von Kindern behüten, oder Menschen, die vor schwierigen Situationen stehen, innerlich stärken. Du kannst um deine Tochter herum sein, weil sie ganz allein auf der Welt ist. Du kannst anderen Menschen, um die es dir geht, hilfreich zur Seite stehen wie ein Schutzengel, natürlich unter Respektierung ihrer Freiheit. Wenn die Menschen das wahrnehmen, meinen sie manchmal, Verstorbene würden zu Schutzengeln. – Das ist aber eine Verwechslung: Menschenseelen sind keine Engel.

[42] siehe Alexa Kriele: *Wie im Himmel so auf Erden,* Bd. III, S. 22, 298–303.

Du kannst auch im Himmel aktiv sein. Wenn du z.B. schon immer den Wunsch hattest, mit dem heiligen Franz von Assisi zusammenzuarbeiten, kannst du bitten, seinem Stab zugesellt zu werden. Du kannst dich – am besten wieder in Gemeinschaft mit anderen Seelen – den Engeln anschließen, die Lobpreis singen und an der Anbetung des Vaters durch die Engel teilhaben. Das schafft eine Kraft und Schwingung, die auch der Erde zugute kommt. Du kannst auch entscheiden, den Seelen in der »Steinwüste« zu helfen.

Du kannst dich auch einfach im Himmel umschauen. Da gibt es herrliche große Kathedralen, wunderschöne große Gärten, den »Wasserfall«[43] und viele andere Orte, wo du einfach dabei sein und staunen möchtest und die Schöpferkraft des Vaters bewundern. Du kannst auch in allen Hierarchien auf und ab wandern.

Du kannst auch etwas Ähnliches tun wollen, wie du auf Erden getan hast. Angenommen, du warst Brezelverkäufer auf dem Marktplatz einer Kleinstadt. Dann schaffst du dir – durch deinen bloßen Wunsch – ein solches Umfeld und wirst die Brezeln jetzt verschenken. Es geht natürlich nicht um materielle Brezeln, sondern um den Genuss und die Freude, die du lachenden Kindern schenkst; die dürfen hier überall herumkrümeln. Diese Art von Lockerheit kannst du sogar inkarnierten Seelen zuströmen.

Es gibt unendlich viele Möglichkeiten. Du brauchst deine Tätigkeit auch nicht immerzu fortzusetzen, du kannst dir sagen: Jetzt ist es genug, jetzt mache ich etwas anderes. Du bist und bleibst immer frei in der Wahl deiner Tätigkeit.

Du kannst dich auch entscheiden, gar nichts zu tun, sondern einfach einmal dazusitzen und auszuruhen. Dann schaffst du dir ein angenehmes Umfeld nach deinem Wunsch, z.B. ein schönes Haus an einem See oder ein Beduinenzelt oder was immer du willst, und genießt einfach die Freude, im Himmel zu sein. Auch das ist in Ordnung, es wird dir nicht übel genommen. Es ist allerdings gar nicht so leicht und bedarf der Übung.

Kurz: Du tust, was du willst. Hier gilt ganz buchstäblich: Des Menschen Wille ist sein Himmelreich. Was du dir wünscht, erfüllt sich sofort.

43 siehe Alexa Kriele: *Wie im Himmel so auf Erden,* Bd. III, S. 310–316.

Ist das der so genannte Lohn im Himmel?

Nein. Im Himmel gibt es weder Lohn noch Strafe. Die Wunscherfüllung ist eine Willensschulung. Sie stellt die Seele vor die Frage: Wollte ich das wirklich? Wollte ich es so? Die Seele lernt, was sie im Grunde wirklich will und was sie nicht will, sondern nur zu wollen meint. Sie lernt, dass das, was sie will, nicht ohne Effekt bleibt. Sie lernt, dass das Wollen geübt sein will, dass es nämlich möglichst klar zu sein hat, damit es zu einem passenden Ergebnis führt. Sie lernt also viel über sich selbst und über den Umgang mit ihrem Wollen, und das heißt: Sie lernt ihre Freiheit zu handhaben.

Das ist wichtig für ihre nächste Inkarnation. Es geht darum, dass das Wollen immer klarer und differenzierter wird. Im Himmel ist der Grad an Freiheit wesentlich größer, spürbarer, erlebbarer als auf Erden. Was du willst, setzt sich ohne Widerstände und Zeitverzögerungen um. Auf Erden aber hast du erstens mit den dunklen Hierarchien und zweitens mit der Trägheit der Materie zu ringen. Im Himmel lernst du die Freiheit zu handhaben, auf Erden dann Ausdauer, Geduld, Zähigkeit, Standfestigkeit.

Das Leben im Jenseits ist Schulung durch Erfahrung. Was du lernst, durchdringt deine Seele, wird zum Erfüllten und Erlebten. Das kannst du dann, wenn du wieder inkarniert sein wirst, nutzen und der Erde einprägen. Dann wirst du es gegen die Widerstände des Doppelgängers und gegen die Tätigkeit der Materie tun müssen. Damit dir das gelingt, ist wichtig, unter den leichteren Bedingungen des Himmels die grundsätzliche Erfahrung der Freiheit gemacht und ihre Handhabung geübt zu haben.

Dienen meine Tätigkeiten im Himmel also der Vorbereitung auf die künftigen Aufgaben?

So ist es jedenfalls in aller Regel und so sollte es sein. Du wählst ja diese Tätigkeiten, nachdem du mit Christus deine »Skulptur« betrachtet und dich entschieden hast, was als Nächstes an ihr zu verbessern ist. Daran arbeitest du nun, aber du weißt auch: Erst durch die Umsetzung auf Erden wird es in die Skulptur eingehen.

III.
Der Zwölferkreis und andere Gemeinschaften

Ich habe gelesen, dass sich die Seele in ihrem »Zwölferkreis« einfindet.[44] *Wann geschieht das?*

Das geschieht unmittelbar nach dem Gespräch mit Christus. Du hast also jetzt entschieden, was du tun willst, hast es ausgesprochen und Christus hat dazu gesagt: »Ja gut.« Dann nimmst du diese Tätigkeit aber noch nicht sogleich auf, sondern begibst dich zuvor erst in deinen Zwölferkreis. Dort berichtest du, was du in deiner letzten Inkarnation erlebt und an Erfahrungen und Einsichten gewonnen hast. Der Zwölferkreis ist der Kreis der Seelen, die zu demselben Sonnenengel gehören.

Kannst du uns Näheres zu diesem Sonnenengel sagen?

Ihr wisst, dass die Welt der Engel in neun Hierarchien gegliedert ist, die kirchliche Überlieferung spricht von neun »Chören«, die in drei Triaden gegliedert sind:

1. Engel, Erzengel, Archai,
2. Exusiai (bei Luther: Mächte oder Gewalten), Dynameis (Fürstentümer), Kyriotetes (Herrschaften),
3. Throne, Cherubim bis hinauf zu den Seraphim.

Die Sonnenengel befinden sich auf der Ebene der Exusiai; sie sind von sehr großer Macht und Weisheit.

Jede menschliche Seele ist einem Sonnenengel zugeordnet. Psychologen, die etwas davon erahnen, sprechen vom »höheren Ich« oder »höherem Selbst« des Menschen. Der Sonnenengel leuchtet und wacht über seine zwölf Menschen wie die Sonne.

44 siehe dazu Alexa Kriele: *Wie im Himmel so auf Erden*, Bd. III, S. 257–261.

Er kennt alle ihre Inkarnationen und bewahrt die Erinnerung an sie.[45]

Was ist der Sinn dieses Eingebundenseins in einen Kreis von zwölf Seelen unter einem Sonnenengel?

Du kannst ihn dir vorstellen wie einen Kreis von eng befreundeten Geschwistern. Du findest also am Himmel so etwas wie eine Familie vor, zu der du gehörst.

Nach dem Gespräch mit Christus, also in einem optimal geläuterten Zustand, teilt die Seele den anderen Mitgliedern des Zwölferkreises die in ihrem vergangenen Leben gewonnenen Erfahrungen mit. Sie berichtet nicht nur, was geschehen ist und wie sie es erlebt hat, sondern vor allem auch, wie andere Menschen es erlebt haben und was Christus jeweils dazu gesagt hat. Sie tut es jetzt nicht mehr in der Form von Selbstanklagen, sondern mit Distanz, Humor und Verständnis und vor allem mit völlig ungeschminkter Offenheit, auch mit Offenheit für die Kommentare, die die anderen dazu geben mögen.

Dieses »Mitteilen« ist mehr als ein Bericht. Es bewirkt, dass alle diese Erfahrungen den anderen Seelen so zuteil werden, als hätten sie sie aus eigenem Erleben gewonnen. Das bedeutet nicht nur eine enorme Bereicherung dieser Seelen an Wissen und Erfahrung. Es bedeutet auch, dass eine Seele nicht alle möglichen Erfahrungen »am eigenen Leib« durchzumachen braucht und sie dennoch zu eigen hat, als hätte sie selbst sie gemacht, auch wenn ihre Lebensläufe sehr verschieden waren. Die eine war z.B. Pfarrer, die andere Handwerker, die dritte Künstler, die vierte Gärtner, die fünfte Wissenschaftler usw.

Viele Seelen bleiben über mehrere Generationen hinweg bei einem »Thema«. Sie erleben z.B. das Thema »Recht« mal als Richter, mal als Angeklagter, mal als Politiker oder als Rechtswissenschaftler. Wenn sie das Thema von verschiedenen Seiten beleuchtet haben, wenden sie sich einem neuen zu. Die anderen Mitglieder des Zwölferkreises können dieses Thema für sich

[45] Über den »Sonnenengel« vgl. Alexa Kriele: *Wie im Himmel so auf Erden,* Bd. I, S. 18–20, 70–78, Bd. III, S. 257–261. Zur Lebensabsprache mit dem Sonnenengel dies.: *Die Engel geben Antwort auf Fragen nach dem Sinn des Lebens,* S. 74–76, 96f.

noch einmal aufgreifen, brauchen es aber nicht zu tun, wenn sie es sich durch die Erfahrungen der anderen schon hinreichend zu Eigen gemacht haben. Der Sonnenengel wird diese Frage mit ihnen besprechen.

Die Seele wird also immer vollständiger an Wissen und Erfahrung, und zwar in wesentlich kürzerer Zeit. So kann sie ihren Anteil an der Heimführung der Schöpfung zum Vater umso kraftvoller leisten.

Haben die Mitglieder des Zwölferkreises, die gerade auf Erden inkarniert sind, an diesen Erfahrungen nicht teil?

Doch. Immer wenn eine Seele zurückkehrt, finden sich die im Himmel lebenden Mitglieder des Zwölferkreises zusammen, einmal, um ihren Erfahrungsbericht entgegenzunehmen, zum andern aber auch, um ihr mitzuteilen, was ihr während ihres Erdenlebens entgangen ist. Alle zwölf haben immer an allem teil.

Die Seelen unterbrechen also ihre Tätigkeit im Himmel von Zeit zu Zeit, um sich im Zwölferkreis zusammenzufinden?

Ja, der Sonnenengel ruft sie zusammen, wenn eine der zugehörigen Seelen heimgekehrt ist. Das ist kein Problem. Selbst wenn sich die Seele »auf Reisen« befindet, und sei es selbst in fernen Galaxien, kann sie in Gedankenschnelle zur Stelle sein und sich später ihrer »Reisegruppe« wieder anschließen.

Gibt es außer dem Zwölferkreis auch andere Gemeinschaften?

Ja, es gibt z.B. den Kreis der Wissenschaftler, in dem herausragende Gelehrte sich miteinander beraten. Es gibt den Kreis der Musiker, die sich über neu entwickelte Instrumente, über Kompositionen, Stilrichtungen oder Aufführungspraktiken austauschen. Auch die Priester finden sich in einer besonderen Gemeinschaft zusammen. Es gibt auch Kreise, in denen sich Menschen zusammenfinden, die etwas Hervorragendes auf praktischen Gebieten geleistet haben, beispielsweise in der Landwirtschaft und Gärtnerei oder in bestimmten Handwerken oder in der Politik. Sie können sich hier gegenseitig Anregungen für kommende Inkarnationen geben, wenn sie dieses Lebensthema noch fortsetzen wollen. Wenn ihr euch darüber wundert, solltet ihr bedenken, wie unbegrenzt eure Freiheit ist.

Du kannst nach dem Gespräch in deinem Zwölferkreis einen solchen Kreis, wenn du einmal in ihn berufen worden bist, aufsuchen, einfach nur, um zu sagen: »Hallo, ich bin wieder da! Womit befasst ihr euch gerade?«, oder »Ich habe im letzten Leben etwas Spannendes entdeckt, ich erzähle euch das mal. So und so war meine Forschungsmethode, und das und das war das Ergebnis.« Du wirst herzlich willkommen geheißen werden und alle freuen sich, dass du wieder da bist. Das ist, wie wenn ihr auf Erden eure »Stammkneipe« aufsucht, und es wird dir viel Freude machen.

Du kannst dich auch mit anderen Seelen zu neuen Gemeinschaften zusammenschließen, um bestimmte Aufgaben zu übernehmen oder um gemeinsam zu forschen oder Reisen zu unternehmen. Du kannst auch darum bitten, dich den Gemeinschaften von Engeln anschließen zu dürfen, beispielsweise um an ihrem Lobgesang teilzunehmen oder ihnen bei der Arbeit zuzuschauen, oder du kannst dich in den Kreis um einen Heiligen eingliedern.

Der Zwölferkreis aber ist die Gemeinschaft, zu der ich über alle Zeiten hinweg ständig gehöre?

Ja, er ist dein Zuhause, in ihn kehrst du immer wieder zurück. Er ist deine Familie, mit der du durch die Zeiten wanderst. Mit seinen Mitgliedern bist du immer – inkarniert oder nicht – in herzlicher Freundschaft verbunden. Sein Zentrum bildet der Sonnenengel. Dieser aber ist ein Diener und Repräsentant des Christus. Seine Formel ist: »Durch ihn und in ihm und mit ihm« – die Gemeinschaftsformel schlechthin.

Es geht dem Himmel also nicht nur um die einzelne Individualität, sondern ebenso auch um Gemeinschaften?

Ja, die Gemeinschaft ist eine Grundidee der Schöpfung. Jesus scharte einen Jüngerkreis aus Zwölfen um sich: ein Abbild der himmlischen Zwölferkreise. Die Seelen bringen aber nicht nur aus ihrem Zwölferkreis, sondern aus allen Gemeinschaften, in denen sie tätig waren, den Impuls mit, auch auf Erden Gemeinschaften zu bilden, in denen sie miteinander arbeiten, sich an gemeinsamen Ideen und Aufgaben orientieren und füreinander Verantwortung tragen, jeder als Bruder und Freund des anderen, wie es Jesus vorgelebt hat. Es ist also im Sinne des Himmels, wenn ihr nicht als egomanische Individualisten lebt, sondern in Gemeinschaften: in Familie und Nachbarschaft, in Literatur- und Singkreisen, in Kreisen, die sich sozial engagieren, für missbrauchte Kinder, Alte, Kranke, Gefangene, ausgesetzte Tiere usw. Auch das religiöse Leben ist auf Gemeinschaft angelegt: in der Kirchengemeinde, in Orden, Klöstern, in Arbeitsgemeinschaften verschiedener Art.

Es ist eine schöne Idee des Himmels, dass auch ihr die Kommunikation in Zwölferkreisen übt, aus denen immer neue Zwölferkreise hervorgehen, die sich schließlich wie ein leuchtendes Netzwerk um die Erde spannen. Aber es sollten Freundeskreise sein, keine Vereine oder Gesellschaften mit fester Organisationsstruktur, schon gar nicht eine, die mit der Kirche rivalisiert.

Es gibt die Idee, ein »rein spiritueller Weg« sei nur allein gangbar.

Natürlich geht man den Weg ins Innere immer allein. Die Teilhabe an der Gemeinschaft schließt z.B. das Gebet »im stillen Kämmerlein« nicht aus, und dafür sollte immer Raum bleiben. Aber auch der Weg ins Innere führt dich in Gemeinschaft: in die Begegnung mit dem Inneren Christus, mit dem göttlichen Funken in dir, mit der himmlischen Mutter, mit all den Engeln, die in deinen Innenräumen wirken. Er führt nicht in die Vereinsamung der Seele, die dann unvermittelt Gott gegenübersteht. So solltet ihr euch auch das Leben eines Eremiten nicht vorstellen. Dieses ist nur möglich und fruchtbar durch die Erfahrung der lebendigen Gemeinschaft in seiner Innenwelt. Es setzt eine kraftvolle Spiritualität voraus, die nicht jedermann gegeben ist.

Unter normalen Bedingungen gehört die Gemeinde zum religiösen Leben. Die Seelen haben sich inkarniert, um etwas vom Himmel auf die Erde zu bringen. Wenn sie sich in bestimmte religiöse oder andere Gemeinschaften hineinbegeben haben, dann haben sie sich ihnen gegenüber auch verpflichtet.

Heißt das, dass man die Gemeinschaft, in die man geboren ist, nicht verlassen sollte?

Das ist nicht gemeint, das Leben ist ja ein Entwicklungsprozess. Wenn gute Gründe für eine Neuorientierung sprechen, dann sollte man seiner inneren Stimme folgen. Auch die Jünger Jesu haben ihr Umfeld verlassen, um ihm nachzufolgen.

Es ist aber wichtig, dass man aus der bisherigen Gemeinschaft nicht in einem unversöhnlichen Ton scheidet, sondern ihr bei aller Kritik immer auch Verständnis, Dankbarkeit und Respekt bewahrt. Und die in der Gemeinschaft Zurückbleibenden sollten den individuellen Weg des Ausgetretenen respektieren und sich nicht über den »Abtrünnigen« empören.

Wenn du eine Gemeinschaft verlässt, dann werde selbst zum Kristallisationspunkt einer Gemeinschaft oder schließe dich einer bestehenden Gemeinschaft an. Lass dich nicht nur von ihr beschenken, sondern schenke deinerseits, diene ihr, lass etwas leuchten und ausstrahlen, lass Christus ihr Zentrum bilden, immer eingedenk der Formel: »Durch ihn und in ihm und mit ihm.« Vereinigungen ohne dieses Zentrum sind keine »Gemeinschaften«, wie der Himmel diesen Begriff versteht.

In der Literatur finden sich öfter Anspielungen, dass die Seelen als männlich-weibliches Doppel geschaffen seien und dass eine jede auf der Suche nach ihrer »Schwesternseele« sei.

Nun, das ist ein hübscher Gedanke, mit dem man die »große Liebe«, die »amour fou« oder die »amour passion« zu erklären und zu verklären sucht. Aber so ist das nicht. Für die Leidenschaft der amour fou ist die unerfüllte Sehnsucht kennzeichnend. Sie ist nicht Grundlage einer wirklich gelingenden Paarbeziehung. Ihr habt nicht »eine«, sondern elf Schwesternseelen und viele Freunde aus anderen Zwölferkreisen. Wenn ihr einer von ihnen auf Erden begegnet, verbindet euch mit ihr eine herzliche, aber nüchterne Beziehung und keine romantische Leidenschaft.

Ihre grundlegende Beziehung hat die menschliche Seele zunächst zu ihren irdischen Eltern; und ihre innigste Sehnsucht richtet sich auf eine ähnliche Beziehung zum himmlischen Vater und zur himmlischen Mutter. Absolut und endgültig ist sie erst in der schlussendlichen Heimkehr erreichbar.

Eine gute geschlechtliche Paarbeziehung kann sich nicht aus dieser Sehnsucht heraus entwickeln. Eine gelingende Partnerbeziehung setzt die Geschwisterlichkeit der Seelen voraus, die

Begegnung »auf gleicher Augenhöhe«. Sie gelingt am schönsten, wenn beide miteinander Gott suchen. Stattdessen Gott im Partner zu suchen, wäre eine Karikatur der Gottsuche und hieße den Partner zu überfordern. So etwas kann nur scheitern.

Die Partner wählen einander aus einer sehr großen Vielfalt aus. Wenn sie das gegenseitig tun und dann eine ebenso respektvolle wie liebevolle Beziehung aufbauen, könnt ihr davon ausgehen, dass die Führungsengel die Begegnung der Partner gefügt haben. Die wirklichen Ehen sind sogar von den beiden Sonnenengeln im Himmel geknüpft worden.[46] Das alles hat mit der Dramatik der amour passion und der Idee der einen so genannten »Schwesternseele« nichts zu tun, sondern zeigt sich darin, dass die Partner einander gute Gefährten und verlässliche Freunde sind. Vielleicht handelt es sich auch um eine schon seit langem vertraute und erprobte Beziehung.

Sind die Schwesternseelen eines Zwölferkreises in einem gemeinsamen Schöpfungsakt erschaffen worden? Beruht darauf ihre Zusammengehörigkeit?

Nein. Jede Seele wurde ganz individuell erschaffen, sie repräsentiert eine eigene Facette des Vaters und hat von ihm einen ewigen Namen erhalten. Sie haben sich später, allerdings schon lange vor Beginn der Erdeninkarnationen unter einem gemeinsamen Sonnenengel zusammengefunden, um miteinander durch die Zeiten zu wandern und sich die Erfahrungen jeder einzelnen Seele gegenseitig zuteil werden zu lassen.

46 siehe Alexa Kriele: *Wie im Himmel so auf Erden*, Bd. I, S. 97f.

IV.
Die Lebensabsprache mit dem Sonnenengel

Wenn ich mich zu einer neuen Inkarnation entschließe, begebe ich mich also zunächst zu meinem Sonnenengel?

Richtig. Der Sonnenengel überblickt alle deine Leben, all deine Stärken und Schwächen, all deine Hoffnungen und Wünsche, all deine Probleme und Fragen. Er ist ganz und gar auf dich und deine elf Geschwisterseelen eingestellt. Er weiß und versteht, welche Fähigkeiten, welche Stärken du jetzt hinzugewinnen, was du an deiner »Skulptur« schöner werden lassen willst. Er wird dir Vorschläge machen, wie du diese Lebensziele am besten erreichen kannst und wo du dich am sinnvollsten inkarnierst. Du triffst mit ihm eine »Lebensabsprache« für die kommende Inkarnation.

Woran orientiert sich der Sonnenengel, wenn er mir Vorschläge für die Lebensabsprache macht?

Er orientiert sich an dem, was du im Himmel für das kommende Leben vorbereitet hast. Das bedeutet letztlich: Er orientiert sich an dem, was du im Gespräch mit Christus als das erkannt hast, was an deiner Skulptur als Nächstes zu verbessern ist und was du deshalb zu tun beschlossen hast. Deine Zeit im Himmel war also eine Zeit der Vorbereitung. Und was du getan hast, geht in diese Skulptur erst ein, wenn es in einer Erdeninkarnation nachgearbeitet, praktisch umgesetzt und somit bekräftigt und besiegelt wird. Deshalb finden Seele und Sonnenengel im Allgemeinen ohne längere Schwierigkeiten zum Einverständnis über die Lebensplanung.

Ich bedarf zu dieser Lebensplanung also der Zustimmung des Sonnenengels. Dann bin ich insofern also doch nicht ganz frei?

Doch, du bist frei. Der Sonnenengel bedarf auch seinerseits deiner Zustimmung. Es handelt sich um eine gemeinsame Absprache. Selbst wenn abgesprochen ist, dass du in äußerst schwierige Lebensumstände inkarnierst, in denen du zu einem Opfer wirst, bist du nicht fremdbestimmt, sondern hast dem freiwillig zugestimmt. Es ist für dein Lebensgefühl und die Meisterung deiner Probleme von großer Wichtigkeit, dass du dir dessen, wenn immer möglich, bewusst wirst, weil du dann den Sinn des Geschehens erfasst und in der Zukunft besser vorankommst.

Wenn dir die Lebensabsprache nachher auf Erden nicht bewusst ist, heißt das nicht, du habest nicht an ihr mitgewirkt. Richtig ist allerdings, dass nicht immer alles so verläuft wie geplant, weil deine eigene Freiheit und weil die Freiheiten anderer unvorhergesehene Wendungen herbeiführen können.

Kann ich auch frei entscheiden, wann ich wieder inkarnieren will?

Gewiss, auch in der Frage, wann du wieder zur Erde zurückkehren willst – in irdischen Zeitmaßen nach Monaten oder Jahren oder Jahrhunderten oder Jahrtausenden –, ist deine Freiheit unbeschränkt. Du wirst allerdings auch den Zeitpunkt deiner Inkarnation mit deinem Sonnenengel besprechen. Da kann es sein, dass er dir aus bestimmten Gründen z. B. rät, mit der Inkarnation lieber noch zu warten. Dem wirst du gewiss Rechnung tragen, dann aber aus eigener Einsicht, also wiederum in voller Freiheit.

Berücksichtigt der Sonnenengel, mit welchen Menschen ich gerne wieder zusammen sein möchte?

Natürlich. Es gibt ja Gemeinschaften, sozusagen Seelenfamilien unabhängig vom Zwölferkreis und unabhängig von der irdischen Blutsverwandtschaft. Es sind Freundeskreise, die gerne miteinander durch die Zeiten wandern und ihre Inkarnationen so einrichten, dass sie sich zeitlich und räumlich wieder begegnen und einander helfen können. Für die Erfüllung der Aufgaben kann es sehr hilfreich sein, dass der Mensch sich auf Erden wohl fühlt und weiß: Ich bin nicht einsam unter lauter fremden Menschen, ich bin umgeben von meinen Lieben.

Kommen auch die Seelen aus einem Zwölferkreis gemeinsam auf die Erde?

Nein, in der Regel sind nicht mehr als höchstens vier aus einem Zwölferkreis zur selben Zeit inkarniert. Oft sind sie dann miteinander verbunden, sei es familiär, sei es, dass sie Freunde werden. Es kommt aber auch vor, dass sie sich auf Erden nicht begegnen.

Also die meisten Menschen, mit denen wir uns zusammenfinden, gehören zu anderen Zwölferkreisen und anderen Sonnenengeln?

Richtig. Die Begegnung geht in die Lebensabsprachen ein. Nicht selten werden die Seelen familiär zusammengeführt; z.B. sind Vater oder Mutter früher einmal dein Kind oder eines deiner Geschwister gewesen. Oder man findet vertraute Seelen unter Spielkameraden, Freunden, Berufskollegen. Die Lebensplanung hält günstige Bedingungen für diese Begegnungen bereit, und die Führungsengel finden Wege, euch zusammenzuführen.

Kann man mit dem Sonnenengel auch planen, dass man mit einem besonders geliebten Menschen zu einer Ehe zusammengeführt wird?

Natürlich, wenn beide Seelen das wollen und sich miteinander verabreden. Für die beiden Sonnenengel wird es darauf ankommen, ob das mit den Lebensaufgaben, die sich die beiden Seelen für das kommende Leben gesetzt haben, vereinbar ist. Dann werden sie es gemeinsam mit euch so planen, dass der eine als Knabe, der andere etwas später als Mädchen zur Welt kommt und dass die Führungsengel eine Begegnung der Liebenden fügen können.

Da gibt es freilich auch Selbsttäuschungen: Manches verliebte Paar meint, eine »karmische Beziehung« wieder aufzunehmen, während es sich in Wirklichkeit nur um eine vorübergehende erotische Faszination handelt. Deshalb Vorsicht, wenn man aus einer solchen Meinung heraus geneigt ist, Ehe und Familie aufzugeben. Das ist in aller Regel nicht gerechtfertigt, sondern beruht auf einer vom Doppelgänger inszenierten Illusion.

Die von Sonnenengeln und Führungsengeln gefügten Begegnungen erkennt man nicht an der Intensität der Leidenschaft, sondern an der beiderseitigen nüchternen schlichten Klarheit des Wissens um die unverbrüchliche Beständigkeit der Beziehung.[47]

Stehen für die Sonnenengel die Begegnungschancen im Vordergrund?

Nein, im Vordergrund stehen die Beschlüsse, die du nach dem Gespräch mit Christus für dein nächstes Leben gefasst hast und auf deren Umsetzung du dich im Himmel vorbereitet hast. Es geht bei der Lebensplanung nicht in erster Linie ums irdische Glück, sondern um die Erfüllung der selbst gesetzten Aufgaben: um die Arbeit an deiner »Skulptur« und um deinen Beitrag zur Heimführung der Schöpfung. Glückliche Beziehungen können aber helfen, dass sich der Mensch seinen Aufgaben konsequent und unabgelenkt widmen kann.

Kann ich mich auch entschließen, gar nicht zur Erde zurückzukehren?

Im Prinzip hast du auch diese Freiheit. Engel werden dir aber bewusst machen, dass du dann nicht weiterkommst und zur Heimkehr der Schöpfung wenig beitragen kannst, es sei denn, du bist ein Heiliger geworden. Spätestens auf dem Höhepunkt deines Lebens im Himmel wird dich so viel Sehnsucht nach der Erde und die auf dich wartenden Aufgaben erfüllen, dass du dich zu einer neuen Inkarnation entschließen wirst, und zwar in aller Freiheit.

Ist in dieser Lebensabsprache auch die Sterbestunde vorbestimmt?

Nein, im Allgemeinen nicht; denn über die Sterbestunde entscheidest weder du noch der Sonnenengel, sondern der Vater. Natürlich, wenn du in deiner Lebensabsprache eine Mission übernommen hast, die sich erst im hohen Alter erfüllen lässt, kannst du davon ausgehen, dass dir der Vater den erforderlichen Zeitraum gewähren wird. Dann werden die Engel alles tun, um dich zu schützen und sicher durchs Leben zu leiten. Insofern

[47] siehe Alexa Kriele: *Wie im Himmel so auf Erden,* Bd. I, S. 97ff.

kannst du in der Lebensabsprache mit deinem Sonnenengel Einfluss auf die Dauer des irdischen Lebens nehmen. Aber die Letztentscheidung bleibt dem Vater vorbehalten, und sie lässt sich nicht ergründen.

Du kannst dich auch aus freiem Entschluss in Lebensumstände begeben, die zu einem frühen Tod führen werden, indem du z. B. in einem Elendsgebiet zur Welt kommst. Das letzte Wort über deine Sterbestunde hat aber immer der Vater. Deine Lebensabsprache steht, obwohl sie abgesegnet ist, unter dem Vorbehalt seiner freien Entscheidung. Dir verbleibt dann noch die Freiheit, ihn anzuflehen, er möge dir noch die Lebenszeit gewähren, deren du beispielsweise bedarfst, um eine Versöhnung herbeizuführen, ein letztes Wort zu sagen, Abschied zu nehmen, beim Sterben allein zu sein oder dergleichen. Vielleicht geht er darauf ein.

Allerdings gibt es meistens mehrere »Seitenausgänge«, durch die du das Leben verlassen könntest – Krankheiten, Unfälle, kriminelle Angriffe oder dergleichen. Es ergeben sich verschiedene Möglichkeiten, zu gehen, und du kannst den Wunsch haben, sie zu nutzen. Auch dein Körper hat das Recht zu sagen: »Ich bin erschöpft, ich kann nicht mehr.« Aber auch dann wirst du nur sterben, wenn der Vater einverstanden ist und sagt: »Gut, dann rufe ich dich jetzt heim.« Entscheidet er, dass die Fortsetzung deines Lebens noch Sinn macht, wirst du nicht sterben. Selbst ein Selbstmordversuch wird dir dann misslingen.

Darf ich noch einmal grundsätzlich nach dem Sinn dieser Lebensabsprache fragen?

Sie ist so angelegt, dass sie dir und der Welt dienlich ist. Es geht darum, dass das Lichte in der Welt für dich zu einem immer bewusster und entschiedener gelebten Thema wird, mit anderen Worten: Dass dein Entscheiden und Handeln, deine Begegnungen, deine Wirkungen auf die Welt mehr und mehr am Lichten orientiert sind. Das bedeutet dann auch, dass du einiges, was im früheren Leben noch nicht so ganz im lichten Bereich war, schöner machst, dass du also an deiner Skulptur arbeitest.

Wenn ich jetzt die Lebensabsprache getroffen habe, inkarniere ich mich freiwillig bei dem gewählten Elternpaar?

Ja, sobald sich die Gelegenheit ergibt, triffst du die Entscheidung, sie jetzt zu nutzen. Die Inkarnation ist eine Leistung des Willens und der Konzentration, und der Himmel wird dich darin unterstützen.

Wird das kommende Leben bis in die Einzelheiten hinein geplant?

Nein, es werden nur die Umrisse im Großen und Ganzen besprochen. Etwas anderes wäre ja auch weder mit deiner eigenen Freiheit noch mit der Freiheit der vielen anderen vereinbar, die auf dein Leben einwirken werden. Es ist, wie wenn du eine Weltreise planst: Du weißt in Umrissen, an welche Orte sie dich führen soll, was du da tun und welche Menschen du besuchen willst. Aber du behältst die Freiheit, die Pläne je nach den Umständen zu ändern oder zu modifizieren. Die wesentlichen Ziele und Vorhaben wirst du allerdings nicht aus den Augen verlieren. Weichst du grundsätzlich davon ab, gibst du deinem Leben also einen ganz neuen Sinn, werden dich die Engel auch darin unterstützen, vorausgesetzt es ist licht. Aber du wirst dann das Gefühl haben, nicht ganz mit dir im Einklang zu leben.

V.
Der Rückblick auf die Lebensabsprache

Woran erkenne ich im Erdenleben, ob ich mich an die mit dem Sonnenengel getroffene Lebensabsprache im Großen und Ganzen halte oder ob ich davon abweiche?

An dem Gefühl, ganz mit dir identisch zu sein. Du wirst z. B. als junger Mensch verschiedene Berufsziele verfolgen und das Gefühl haben, eigentlich passen sie nicht zu dir. Wenn du dich dann dem Ziel zuwendest, das mit deiner Lebensabsprache übereinstimmt, wird sich die ruhige Gewissheit einstellen: Jetzt bin ich auf der richtigen Bahn. Es kommt auch vor, dass du dich in höherem Alter noch einmal neu orientierst und dass auch das in deiner Lebensabsprache vorgesehen war.[48] Also es geht darum, zu erspüren, ob du das bist und tust, was du im Grunde eigentlich willst.

Was du eigentlich willst, ist, das im Himmel in aller Freiheit Vorbereitete in deiner Neuinkarnation gegen die Widerstände des Doppelgängers, der Materie und der gegenläufigen Freiheiten anderer in die irdische Wirklichkeit umzusetzen. Also dein Erdenleben bedeutet Umsetzung des im Himmel Erlernten, sein Nachvollzug, seine Stabilisierung, seine Konsequenz.

Was ich »eigentlich« will, würde ich also am klarsten erkennen, wenn ich auf mein vorirdisches Leben zurückblicken könnte?

Richtig. Die Menschen, die etwas von Reinkarnation wissen und sie als gegebene Tatsache zur Kenntnis genommen haben, finden es oft interessant, wenn sich Erinnerungen an frühere Erdenleben aufhellen. Das ist aber im Allgemeinen nicht wichtig. Wichtig

[48] Näheres zur Lebensabsprache vgl. Alexa Kriele: *Die Engel geben Antwort auf Fragen nach dem Sinn des Lebens,* S. 74–76 und S. 96f.

hingegen wäre der Rückblick auf die Erlebnisse und Erfahrungen der Seele vor ihrer Inkarnation und auf die mit dem Sonnenengel getroffene Lebensabsprache, vor allem wenn der Mensch in Gefahr ist, davon abzuweichen und zu verfehlen, was er im Grund eigentlich will.

Religiös orientierte Menschen wissen, dass die innere Beziehung zur jenseitigen Welt wichtig ist. Aber ihr Blick richtet sich meistens nur in die Zukunft nach dem Sterben: Sie meinen, dann werden sie in den Himmel oder in die Hölle kommen, entweder Gnade finden oder nicht. Sie sehen im Jenseits den Ort der Abrechnung mit ihrer Schuld. Das ist nicht nur eine sehr vereinfachende Vorstellung von den tatsächlichen Gegebenheiten. Es hat auch die ungute Nebenwirkung, dass die Menschen versäumen, den Blick aufs Jenseits in die Vergangenheit zu richten.

Das Jenseits ist der Ort der Vorbereitung auf dieses irdische Leben gewesen. Was du dort getan, gelernt, gelebt und erfahren hast, ist entscheidend für dein Leben im Diesseits, dein Umfeld, deinen Lebensstil.

Wenn ein Mensch in persönliche Problematiken gerät, seine Pläne nicht funktionieren oder Ähnliches, dann kommt es zunächst einmal darauf an, sich selbst zu erkennen, nicht psychologisch, sondern mit einer religiösen Innenbetrachtung: Wer bin ich eigentlich wirklich? Und das heißt in einem ersten Schritt: Was war ich im Jenseits? Was habe ich da getan, wo war ich verankert, welchen Gemeinschaften habe ich mich angeschlossen, was hat mich da glücklich gemacht? Was habe ich geahnt, gewünscht, gelernt, gewollt, gedacht, erlebt? Und was habe ich deshalb mit dem Sonnenengel abgesprochen?

Ich habe aber keine Erinnerung daran.

Doch, die Seele hat die Erinnerung und lässt sich von ihr leiten. Diese Erinnerung dringt nur in der Regel nicht ins Wachbewusstsein. Das irdische Leben ist Nachvollzug des vergangenen jenseitigen Lebens.

Du kommst z. B. zu bestimmten Erkenntnissen. Du erkennst aber immer nur das, was du im Jenseits bereits erkannt hattest. Erkennen ist Wiederfinden des Erkannten. Es ist ein »Erinnern« – wie es ganz richtig in der platonischen »Anamnesis«-Lehre anklingt. Durch den Nachvollzug wird die Erkenntnis dann der irdischen Welt eingeprägt. Die Erkenntnis hinterlässt eine Spur auf Erden.

Das Schlimmste, was einem Menschen widerfahren kann, ist, keine Spur zu hinterlassen, d.h. nicht gebraucht, nicht bemerkt zu werden, nichts zum Klingen zu bringen. Das widerspräche dem Sinn des Inkarniertseins, es würde von der Seele als Katastrophe erfahren. Denn das Thema des Inkarniertseins schlechthin ist, »eindrücklich« zu sein. Die eindrückliche Persönlichkeit berührt andere Menschen allein schon durch ihren Blick, ihr Lächeln, die Schwingungen, die den anderen an sich selbst erinnern, an das, was er eigentlich ist, was er für seine Inkarnationen vorbereitet hatte und was in seiner Seele gespeichert und aufbewahrt ist – mag er es auch noch nicht umgesetzt und gelebt haben.

Der Mensch ist ein Abglanz dessen, was er im Grunde eigentlich ist: ein wunderschönes Kunstwerk des Schöpfers, das durch den »Fall« beschädigt wurde und das er wiederherzustellen strebt. In welchem Stadium der Wiederherstellung er sich befindet, erkennt er an dem, was er im Jenseits war. Das kann man weder psychologisch noch durch soziale Bedingungen, noch durch Kategorien wie gut und böse, licht und dunkel erfassen, sondern nur durch einen auf die Vergangenheit gerichteten Blick ins Jenseits.

Diese Einsicht wird von manchen Psychologen, Soziologen und Moralisten als harter Schlag empfunden werden.

Aber so ist es nun einmal. Man sollte zwar rücksichtsvoll mit anderen umgehen, aber nicht so weit gehen, aus Rücksicht die Realität zu verleugnen.

Der Blick auf das Jenseits sollte sich also nicht nur in die Zukunft richten und womöglich angstbesetzt sein. Vielmehr sollte er sich zunächst einmal der Vergangenheit zuwenden: »Das Jenseits ist der Ort, von dem ich herkomme. Damit bin ich vertraut, da ist meine Heimat, da war ich viel länger als auf Erden, da kenne ich mich besser aus als hier. Was ich dort vorbereitet habe, das versuche ich jetzt hier umzusetzen, daran will ich mich orientieren.«

Wer sich das bewusst macht, ruft viel leichter Erinnerungen wach, als wer das nicht tut. Er öffnet Türen, er lässt sich berühren von dem, was er eigentlich ist und will, es kommt zum Klingen, wird klar, spürbar, lebbar. Die große Frage tritt vor seine Seele: Entspricht das, was ich bis jetzt gelebt habe, dem, was ich im Jenseits vorbereitet habe?

Die Problematiken im privaten und beruflichen Leben treten in ein neues Licht: »Woher kommen sie? Kommen sie vielleicht daher, dass ich mein Leben anders führe als ich es im Jenseits vorbereitet und in der Lebensabsprache geplant habe? Bin ich noch der, der ich eigentlich bin, bin ich es bisher gewesen? Was hatte ich für dieses Leben gewollt und vorbereitet? Welche Erlebnisse und Erfahrungen wollte ich in die irdische Welt umsetzen? Was wollte ich ihr einprägen?«

Wer sich diese Fragen stellt, wird für seine Probleme nicht mehr einfach nur die Außenwelt verantwortlich machen, die anderen, die Eltern, die Freunde, die Umwelt, die gesellschaftlichen Verhältnisse, die Regierung, die »heutige Zeit«. Die Probleme sind auch nicht einfach nur eine Frage der Schuld – weder der eigenen noch der Schuld anderer. Sie sind zunächst und in erster Linie ein Signal dafür, dass du abgewichen sein könntest von dem, was du eigentlich bist und willst.

Also setze bei dir selbst an. Erkenne dich selbst und werde mit dir selbst identisch. Konkret: lausche in dich hinein, versuche dich tastend zu erinnern, was du vorbereitet und abgesprochen hast, und versuche, dich so bewusst wie möglich daran zu orientieren.

Dazu muss der Mensch wissen, dass seine Seele schon vor seinem Erdenleben existiert und sich dann inkarniert hat. Das wird aber weder von der Wissenschaft noch von den Kirchen gelehrt.

Ja, aber die Seelen tragen das Wissen unbewusst in sich, und die meisten lassen es auch im Bewusstsein zu, wenn auch manchmal nur hin und wieder. Vor allem in bedeutsamen Momenten, in denen es für das eigene Leben darauf ankommt, hat kaum jemand ein Problem mit dieser Einsicht, mag er sonst auch gewöhnt sein, der angeblich »herrschenden Meinung« Lippendienst zu leisten.

Das Wissen um Präexistenz und Inkarnation der Seele ist so wichtig, weil es dem Menschen die vergangenheitsbezogene Ausrichtung auf das Jenseits als dem Vorbereitungsort seines irdischen Lebens ermöglicht. Diese Ausrichtung gibt dem Menschen Einblick in den Sinn dessen, was er tut und erleidet. Der Sinn ist vordergründig nicht zu erfassen, weil der Zeitablauf des Lebens als solcher keinen Sinn in sich trägt. Vordergründig erlebt der Mensch den Zeitablauf als Prozess des Alterns – von der Geburt bis zum Sterben. Er mag Erfolge haben, Glück erleben, vielleicht Reichtümer sammeln. Doch das alles wird er zurücklassen.

Der zukunftsgerichtete Blick auf das Jenseits allein kann seine irdische Tätigkeit nicht mit Sinn erfüllen, und der Blick zurück auf die biologische Evolution erst recht nicht: diese ist für sein individuelles Dasein ohne Bedeutung.

Der Sinn ergibt sich aus der Übereinstimmung mit dem, was der Mensch in diesem Leben aus sich machen wollte. Wie war sein Leben geplant und vorbereitet? Eine gestickte Tischdecke zeigt vielleicht ein hübsches Bild, doch erst auf ihrer Rückseite seht ihr, wie kunstvoll es geknüpft ist. Die hintergründige Knüpfung des menschlichen Lebens ist in der Lebensplanung vor der Inkarnation erfolgt. Das Bild war fertig, ihr versucht es auf Erden nachzuvollziehen, und das mag gelingen oder scheitern. Der gelungene Nachvollzug des Vorbereiteten gibt dem Leben Sinn: Ihr nähert die vom Schöpfer gestaltete, aber in ihrer Schönheit beeinträchtigte Skulptur wieder ihrem Urbild an.

Durch diese Blickrichtung gewinnt der Zeitablauf Sinn. Er bedeutet nicht nur ein gleichgültiges Vorher und Nachher – so gleichgültig, wie es eine kreisförmige Bewegung wäre. Er bedeutet den Nachvollzug des Vorbereiteten, das dadurch der materiellen Welt eingeprägt wird. Er bedeutet, dass das menschliche Leben etwas vom Himmel auf die Erde bringt. Er bedeutet, dass der Mensch vorwärts kommt und zugleich Schritte hin auf die Wiederherstellung der durch den Fall beschädigten Schöpfung tut. Der Zeitpfeil vom Vorher zum Nachher kommt aus dem Jenseits und weist auf das Jenseits. Er hat Sinn und erfüllt das menschliche Leben mit Sinn. Ohne den Blick auf das Jenseits, aus dem heraus der Mensch sich inkarniert hat, kann auch der Blick ins Jenseits, in das er künftig wieder eintreten wird, keine klaren Konturen gewinnen. Mit dem Blick auf die Vergangenheit im Jenseits wird der Sinn des menschlichen Lebens einsichtig und sogar anschaulich vorstellbar.

Übung

Kannst du uns eine Übung geben, die hilft, in das Leben vor der Inkarnation zurückzublicken?

Versuche zunächst einmal, dir vorzustellen, wie es gewesen sein könnte, als du das letzte Mal gestorben bist. Du konntest im Himmel tun, was du wolltest und wo und wie du es wolltest, allein oder in Gemeinschaften, in denen du dich wohl gefühlt hast, und hast dein jetziges Leben vorbereitet.
Betrachte z.B. deinen Beruf und den Prozess deiner Berufsfindung. Ihr meint vielleicht, der Mensch suche sich irgendeinen Beruf aus. In Wirklichkeit sucht sich der Beruf die Menschen aus, die sich auf ihn vorbereitet haben. Er zieht sie an wie ein Magnet. Indem der Mensch sich anziehen lässt, findet er sich selbst.
Der eine empfand es beispielsweise im Himmel als so beglückend, dass dort alle Seelen heil und gesund waren. Er will dann auch auf Erden daran arbeiten, dass die Menschen heil und gesund werden und wird Arzt. Die Momente seiner größten Freude sind die, in denen er mit dieser Tätigkeit Erfolge hat.
Der andere pflegte die Hinwendung zur Natur, zu Pflanzen und Tieren. Er wird dann Förster oder Landwirt oder Tierpfleger und empfindet seine Freude am Gedeihen dessen, was ihm anvertraut ist.
Der dritte wollte im Himmel lernen, studieren, Erkenntnisse sammeln. Er wird Gelehrter und findet die Momente seiner größten Freude, wenn er etwas zum Fortschritt der Wissenschaft beitragen oder wenn er Studenten unterrichten kann.
Der vierte empfand die Gegenwart der himmlischen Hierarchien und ihre Ausrichtung auf die heilige Trinität als das Beglückende und kam zu dem Schluss: Was im Himmel geht, muss auf Erden auch gehen. Er wird Priester und findet seine Freude in den Momenten, wo es ihm gelingt, Menschen dem Himmel zuzuwenden.
Und nun versuche einmal, in dir selbst folgende Fragen zu klären: Was hättest du im Himmel gemacht, wo und mit wem, da es ja nach dir ging? Du erkennst es, wenn du die Momente deines bisherigen Lebens betrachtest, in denen dich deine

Tätigkeit glücklich gemacht hat und du diese Augenblicke miteinander vergleichst. Was ist das Gemeinsame, worin sind sie gleich oder ähnlich? Was macht den roten Faden aus, der sie verbindet? Und wo hast du dich fremd und unglücklich gefühlt? Wo fühltest du dich gezwungen, gedrängt, fremdbestimmt? Wo hattest du am stärksten das Empfinden, ganz du selbst zu sein? Daran erkennst du, was du im Jenseits für dieses Leben vorbereitet hast und jetzt umsetzen willst.

4. Kapitel: Der Abschied vom Leben

I.
Das Sterben beginnt mit der Geburt

Wenn man dies alles weiß – welche Folgerungen ergeben sich für die Vorbereitung aufs Sterben?

Sowohl für den Sterbenden als auch für die Angehörigen wird alles leichter, wenn man sich mit den Realitäten des Geschehens nach dem Sterben schon vertraut gemacht hat und weiß: Die Seele geht nicht ins Ungewisse, sie geht auch weder einem Dunkel noch irgendwelchen Höllenstrafen entgegen, sondern sie geht ins Licht, in den Himmel, in eine neue Lebendigkeit hinein. Das Sterben ist nicht dramatischer als es das Auswandern auf einen anderen Kontinent wäre – dramatisch genug, aber nichts so Furchtbares, dass man davor zurückweicht. Es geschieht etwas Spannendes, dem man vielleicht mit Bangen, aber auch mit freudiger Erwartung entgegensieht.

Übung

Ihr solltet schon im Leben manchmal üben, wie es sich anfühlt, wenn ihr die Nachricht erhieltet, dass ihr unheilbar krank seid und in Bälde sterben werdet. Spielt das wenigstens mal eine Stunde lang durch. Es wird nicht ganz gelingen, weil ihr euch ja bewusst bleibt, dass es nur ein Spiel ist. Dennoch, es trainiert: Was passiert in mir, was läuft da ab, was schaltet sich automatisch ein, was erstirbt?
Eine hilfreiche Variante ist es auch, wenn ihr versucht, euch in die Situation eines Sterbenskranken einzufühlen, den ihr z.B. auf der Krebsstation besucht oder von dem ihr ein Foto seht. Fragt euch: Was würde in einer solchen Situation in mir vorgehen? Gestattet euch diese Übung von Zeit zu Zeit mitten im Leben, nicht in jungen Jahren, aber von Anfang dreißig an und mit zunehmendem Alter immer öfter.

Bevor wir auf den Sterbeprozess Punkt für Punkt eingehen, gilt es, die richtige Einstellung zu finden. Sowohl der Sterbende als auch die Angehörigen sollten sich bewusst gemacht und emotional verarbeitet haben: Das Sterben gehört zum Leben. Das endgültige Sterben ist nichts besonders Aufregendes, sondern nur der letzte Schritt eines ohnehin fortwährenden Prozesses.

Der Sterbeprozess beginnt mit der Geburt. Nicht nur Körperzellen sterben ab. Vielmehr ist die Kehrseite des Wachstums, der Reifung, der Lebenserfahrung, dass du das bisher Erlebte hinter dir lässt. Die Kindheit, die Jugend, die frühen Beziehungen, die Wünsche, Vorstellungen, Ideen – das alles löst sich von dir ab. Es bleibt aber aufgehoben und geborgen in der Erinnerung. Im Sterben löst sich der Körper von dir ab, doch in der Lebensrückschau tritt dir deine gesamte Lebenserfahrung vor Augen.

Lebenserfahrung bedeutet: Du nimmst etwas von außen in dich hinein und bewahrst im Innern, was im Äußeren Stück für Stück von dir gegangen, sozusagen dir gestorben ist. Das endgültige Sterben ist das letzte Glied einer langen Kette von Sterbevorgängen: Dann lässt du deinen Körper los und nimmst dein ganzes vergangenes Leben in der Erinnerung mit. Das Sterben ist nichts ungewöhnlich Neues für die Seele, es ist nur ein sehr nachdrücklicher Phasenwechsel, wie es eine Auswanderung nach Amerika auch wäre.

Im Schöpfungsprozess setzte der Vater Teile seiner Innenwelt aus sich heraus und schuf sich damit ein Gegenüber: die Außenwelt. Im Sterbeprozess kehrt sich das um: Was du in der Außenwelt erfahren hast, lässt du los, bewahrst es aber in der Innenwelt deiner Seele und wirst es dereinst in die Innenwelt des Vaters zurückbringen, so dass auch er an innerem Reichtum dazugewonnen haben wird.

Die Art und Weise, wie du mit dem Sterben umgehst, zeigt sich schon während deines ganzen Lebens. Was du üben solltest, ist die Fähigkeit des Einverstandenseins mit dem äußeren Verlust der Eltern, der Jugendliebe, der Jugendkraft, den verschiedenen Lebensabschnitten, vielleicht sogar der unwiederbringlich verlorenen Gesundheit. Wenn du gelernt hast, dich in die Kette von Abschieden zu schicken, dann wirst du auch einverstanden sein, wenn der Körper dir sagt: »Ich kann nicht mehr« und der Vater befindet, es sei die Zeit gekommen, angemessen und stimmig diese Welt zu verlassen. Dann kannst du in Frieden sagen: Gut, es ist genug, ich bin bereit.

Wie aber, wenn es noch Dinge im beruflichen oder privaten Bereich zu erledigen gibt?

Das Einverständnis der drei Instanzen – Seele, Körper und Vater – zeigt an, dass das Leben gleichwohl abgerundet und vollendet ist wie eine Symphonie, deren letzter Ton erklingt. Außenstehende nehmen das meist nicht wahr, sie meinen, der Sterbende hätte noch vieles in der Welt schaffen können. Aber selbst Schuberts »Unvollendete« ist ja ein in sich vollkommenes Werk. Es wird kein Leben beendet, das nicht in sich vollendet ist, obwohl es immer auch ein Leben mit Fehlern, Mängeln und Schwächen war, und obwohl immer irgendwelche in Angriff genommenen Tätigkeiten liegen bleiben.

Der Sterbende nimmt die Stimmigkeit des Lebensendes – anders als die Außenstehenden – auch wahr. Er versucht, es dem Bewusstsein des Verstandes mitzuteilen. Die Seele versucht es, auch Engel, Heilige, früher Verstorbene versuchen es – über Träume, über Gesprächsfetzen, die plötzlich bedeutsam werden, über Erinnerungen z. B. an Gedichtzeilen oder ein prägendes Weisheitswort. Auch der Körper trägt dazu bei; er hat beispielsweise keinen Hunger mehr, ist müde, fühlt sich am wohlsten, wenn er nichts mehr zu tun braucht. Vielleicht hat der Sterbende die Empfindung, er möchte am liebsten die Augen schließen und nicht mehr öffnen. Der Verstand bekommt allerlei Möglichkeiten, wahrzunehmen, dass das Leben jetzt vollendet ist. Jedenfalls wird versucht, es ihm zu vermitteln.

Das Motiv dahinter ist: Niemand soll unwissend sterben. Es gibt aber ein mehr oder minder gutes Hinhören oder Weghören, es gibt sogar Bewusstseinsverfassungen, die den Gedanken an das Sterbenmüssen nicht zulassen. Doch im Normalfall setzt sich Klarheit – auch im Verstandesbewusstsein – durch. Wenn dann ein Besucher sagt: »Na, es wird schon wieder, Sie sehen heute schon viel besser aus«, dann lächelt der Sterbende und weiß es besser.

II.
Die fünf Phasen des inneren Diskurses

Die Information, dass eine Krankheit unheilbar ist und das Sterben bevorsteht, löst in dem Betroffenen normalerweise Reaktionen in fünf Phasen aus, wie sie Elisabeth Kübler-Ross beschrieben hat, und die sich immer wieder bestätigt finden (siehe S. 25–31). Ich würde gern hören, was die Engel dazu sagen?

Erste Phase: Nicht-Wahrhaben-Wollen

Wenn du die Nachricht erhältst, dass du in Bälde wirst sterben müssen, du dich aber dein Leben lang nicht auf diesen Augenblick vorbereitet hast, dann bist du zunächst einmal schockiert.

Um dir ein Bild von dieser Gefühlslage zu machen, stell dir folgendes Stimmungsbild vor. Du bist bei blauem Himmel allein in die Berge gewandert, und plötzlich zieht ein gefährliches Unwetter auf: dunkle Wolken, Blitze, Sturm und Sturzregen nähern sich bedrohlich. Du beginnst, laut vor dich hin zu pfeifen, erstens um die Angst zu verdrängen, zweitens um dir Mut zu machen, drittens in der Hoffnung, gehört zu werden und dich nicht so allein fühlen zu müssen.

Zwar reagieren die meisten Menschen auf eine solche Nachricht ruhiger als man erwarten würde, weil sie noch gar nicht erfasst und ernst genommen haben, was ihnen da mitgeteilt wurde. Erst nach Stunden oder Tagen, manchmal nach Wochen hat sich ihr Verstand die Botschaft in aller Klarheit zu eigen gemacht.

Doch dagegen sträuben sich die Emotionen. Sie arbeiten instinktiv wie bei Tieren auch. Der Mensch reagiert mit Fluchtversuchen, Verdrängung, Sich-Wegwünschen: »Ich reise fort, ich ändere meinen Bekanntenkreis, ich lasse mir eine andere Frisur machen, ich stelle mich tot, ich gehe einfach zu keiner Untersuchung mehr.« Oder: »Ich habe halt den falschen Job.« Es kommen auch Angriffshaltungen vor: »Der blöde Arzt, ich bin gesund hingegangen und komme krank heraus.«

Man ist relativ unfrei in seinem Verhalten, wenn man vorher nichts getan hat, um sich die Akzeptanz des Sterbens zu erleichtern.

Gilt das entsprechend auch für die Angehörigen?

Ja, die Angehörigen reagieren genauso geschockt und unfrei. Doch unabhängig davon: Selbst wenn sie die Nachricht ganz souverän aufnehmen, können sie dem Patienten in dieser Phase nicht helfen, sie können ihm nur Zeit lassen und in Ruhe abwarten, bis diese Phase abgeebbt und der Patient »zu sich gekommen« ist. Bis dahin ist es das Beste, wenn sie allem, was der Patient in seiner Wut, Verzweiflung und Panik sagt, nicht widersprechen.

Danach aber sollten sie ihm das Gefühl geben, ohne Vorwurf für ihn da zu sein. Sie sollten ihm also nicht etwa sagen: »Ich habe dir doch gleich gesagt, dass das vergebliche Fluchtversuche sind«, oder: »Warum kommst du erst jetzt zur Besinnung?« Vielmehr sollten sie ihm sagen: »Jetzt lass uns gemeinsam und mit klarem Kopf die Schritte planen, die jetzt zu tun sind.«

Es geht also jetzt um den Blick in die Zukunft und nicht in die Vergangenheit?

Es wäre jetzt nicht sinnvoll, Fragen der Verursachung oder der Schuld zu erörtern, z.B.: »Wo hast du dich angesteckt?« Oder: »Du hättest dich doch impfen lassen oder rechtzeitig andere Behandlungsmethoden ausprobieren sollen.«, oder: »Die und die Prägungen in der Kindheit haben diesen Verlauf begünstigt« oder dergleichen. Es geht vielmehr darum, den Menschen erst einmal in der Gegenwart zu sichern und abzufedern, um dann die kleinen Schritte zu bedenken, die in den nächsten Stunden, Tagen, Wochen zu tun sind.

Der Sterbende sollte aber auch nicht zu sehr auf die Zukunft ausgerichtet werden, sondern das Gefühl haben, in der Gegenwart geborgen zu sein: Es gibt da ein Netz von Beziehungen, das ihn hält. Man könnte ihm z.B. sagen: »Wenn dir die Decke auf den Kopf fällt, ruf mich an. Die Einkäufe übernimmt der und der. Wenn du was brauchst, lass es mich wissen. Den Ausflug kannst du noch mitmachen, ich hole dich ab.« Geplant wird von Tag zu Tag.

Zweite Phase: Auflehnen

Diese Phase ist die bitterste: Der Mensch hadert mit dem Himmel – mit Gott oder dem Schicksal –, aber auch mit sich selbst und anderen Menschen. Stell dir vor, du gehst auf und ab und debattierst im Selbstgespräch, lebhaft gestikulierend, Rechtsfragen: Du erhebst Vorwürfe und Schuldzuweisungen, empörst dich über Rücksichtslosigkeit und Kälte. In die Vorwürfe mischt sich Selbstmitleid: Diese Erde ist doch ein Tal des Jammers. Du kommst aus diesen Schattengefechten nicht heraus, schreist deinen Ärger laut hinaus, vernimmst aber nichts als das zurückhallende Echo.

Diese Phase ist für Angehörige und Pflegepersonal besonders unangenehm, weil sie sich in Aggressivität und Vorwürfen nach außen auswirkt. Da gilt wiederum: in Geduld abwarten, bis auch diese Phase verebbt, und liebevolles Verständnis entwickeln.

Gehört zu den Vorwürfen, die der Sterbende gegen den Himmel erhebt, dass er zu viele Dinge unerledigt zurücklassen muss?

Ja natürlich, das kommt jetzt hoch. Bei manchen dieser Probleme kann man dem Menschen vielleicht helfen: Er kann noch eine Vollmacht erteilen, eine Nachfolgefrage in seinem Geschäft regeln, ein Testament machen oder ändern, sich mit einem Menschen versöhnen. Die Angehörigen können das zu arrangieren versuchen.

Wo sich etwas aber nicht mehr regeln lässt, bleibt nur abzuwarten, bis der Patient zur inneren Ruhe und zu der Einsicht kommt: »Schade, aber es lässt sich nun nicht mehr ändern. Doch das ist kein Grund zum Verzweifeln. In jedem Leben ohne Ausnahme bleiben unerledigte Dinge zurück. Letztlich sind sie nicht so wesentlich, dass ich sie nicht loslassen könnte.«

Übung

Kann man schon im Leben etwas tun, um dieses Stadium der Verzweiflung abzumildern?

Ja natürlich, nur ist das, was man tun sollte, sehr viel verlangt: Lebe jeden Tag so, als wäre es dein letzter, gestalte jede Begegnung mit anderen Menschen so, als wäre es die letzte. Verabschiede dich von niemandem ohne zu wissen: »Wenn ich ihn auf Erden nie wiedersehe, so ist das Verhältnis zwischen uns in Ordnung. Es gäbe nichts zu bereuen, zu bedauern, wieder gutzumachen, nichts Wichtiges ist ungesagt geblieben. – Und auch meine geschäftlichen Dinge sind in Ordnung. Wo ich Schulden habe, ist Vorsorge für die Rückzahlung getroffen, wo ich Verpflichtungen eingegangen bin, ist auch im Falle meines Scheidens für Erfüllung oder Ersatz gesorgt.«
Wenn es dich überfordert, täglich diese Ordnung aufrechtzuerhalten, dann solltest du wenigstens einmal im Jahr, vielleicht zum Jahresende, überprüfen, ob du alles Notwendige geregelt hast und was noch zu erledigen ist. Dann wirst du dich, wenn es zum Sterben kommt, wesentlich leichter tun.

Dritte Phase: Verhandeln

Ja, das ist das Jedermanns-Drama: Mit Gevatter Tod kann man verhandeln. Stell dir vor, du feilschst wie in einem Basar, aber du feilschst mit Gott, der Mutter, den Heiligen, den Ärzten. Die andere Seite hört dir zu, schaut, was sie vielleicht noch machen kann. Es ist nicht viel: vielleicht ist noch ein bisschen Zeit gewonnen. Aber die ist immerhin ein kostbares Gut. Du gibst allerlei Versprechungen oder legst Gelöbnisse ab oder gibst etwas, von dem du meinst, es sei für den Himmel sehr wichtig, und erwartest Lebensverlängerung als Gegenleistung. Du sagst z.B.: »Ich lasse jeden Tag eine Messe lesen, aber dafür will ich noch ein Jahr länger leben dürfen.«

Das ist ein Zeichen dafür, dass der Mensch in dieser Situation ziemlich unfrei ist. Es ist eine instinktive, sehr natürliche Verhaltensweise, nicht die eines Menschen, der sich in voller Souveränität mit dem Unausweichlichen konfrontiert sieht und bereit ist, es freiwillig auf sich zu nehmen. Man tut vor sich selbst so, als sei man in der Lage, Bedingungen zu stellen.

Das Sich-Aufbäumen hat in dieser Phase schon nachgelassen, der Widerstand gegen das Unvermeidliche ist schwächer geworden. Man hat schon eingesehen, dass man das bevorstehende Sterben nicht abwenden kann – aber vielleicht kann man es noch etwas hinauszögern? Das ist sozusagen ein abgeschwächtes Abwenden. Man hat teilweise resigniert, aber noch nicht ganz. Man ringt um Zeiträume.

Es beginnt ein innerer Dialog der Seele mit dem Körper und dem Vater. Dem Körper sagt sie: »Wenigstens ein paar Tage kannst du doch noch durchhalten, ich habe noch das und das zu erledigen.« Wenn der Körper kann, wird er sich darauf einlassen. Und auch den Vater bittet sie: »Gewähre mir noch diese kurze Zeit.« Wenn das die Bereitschaft erhöht, das Sterben innerlich anzunehmen, geht der Vater vielleicht darauf ein.

Doch hinter diesem Verhandeln über Zeitverlängerung liegt ein grundsätzliches Problem. Das Sterben kommt im falschen Moment, ich bin eigentlich noch gar nicht darauf vorbereitet. Doch es kommt natürlich zu jedem Zeitpunkt ungelegen.

Es ist so wie mit dem Kinderkriegen: Kinder kommen meistens auch zur unpassenden Zeit. Es gibt oft Gründe für die Meinung, dass das »gerade jetzt« eigentlich nicht geht. Die richtige Einstellung wäre: »Gut, wenn jetzt ein Kind kommt, ist es in Ordnung, wir richten uns darauf ein. Wir nehmen die Schwierigkeiten, die damit verbunden sind, auf uns. Wir werden die Probleme, die auf uns zukommen, in dieser oder jener Weise meistern. Das Kind ist ein Geschenk des Himmels, es liegt ein Segen auf seinem Kommen, wir sind dafür dankbar und freuen uns.«

Ebenso sollte man mit dem bevorstehenden Sterben umgehen. »Wann immer ich Abschied nehmen soll – es ist in Ordnung.« Die erste Reaktion wird natürlich sein: Eigentlich wollte ich noch das und jenes tun. Dann aber sollte man tief durchatmen und sich sagen: »Nun gut, wenn es so gewollt ist, dann wird sich alles, was ich noch tun wollte, irgendwie regeln, es ist für alles gesorgt. Meine Kinder werde ich auch in meinem künftigen Lichtleib noch küssen können, die Engel werden sie nicht im Stich lassen, und diese oder jene Menschen werden sich um sie kümmern. Das Geschäft wird ein anderer weiterführen, und wenn nicht, wird es halt geschlossen und dann ist es auch nicht schlimm. Für die anderen geht das Leben weiter. Ich bin nicht unersetzlich. Ich werde jetzt heimgerufen, also bin ich bereit, dem Ruf zu folgen.«

Kann man das üben?

In den alten Mysterienschulen gehörte immer dazu, diese Grundhaltung dem Tod gegenüber zu üben. Es war auch im Alltag normal, sie zu üben. Jede Schwangerschaft und Geburt war ja früher eine Frage auf Leben und Tod. In vielen Gegenden war sogar jeder Winter eine Frage auf Leben und Tod. Auch den Bedrohungen durch Hitze, Dürre, Überschwemmungen, Gewitter und wilde Tiere war man viel ungeschützter ausgesetzt als in der heutigen Zivilisation; und in vielen Gegenden der Erde leben die Menschen noch heute in vorzivilisatorischen Verhältnissen. Natürlich wollten die Menschen auch damals schon verhandeln. Aber insgesamt herrschte die gelassene Grundeinstellung: Das Sterben kann jederzeit kommen, man muss damit rechnen, man ist dann nicht überrascht, sondern innerlich darauf eingestellt.

Die Annahme, in der technischen Zivilisation brauche man sich nicht darauf einstellen, ist eine künstlich erzeugte Illusion. Gewiss habt ihr manche Gefahren beherrschen gelernt: Ihr habt Blitzableiter und Krankenhäuser, und eure Kinder werden nicht von Wölfen angefallen. Aber dafür gibt es neue Gefahrenquellen, und insgesamt ist euer Leben nicht weniger bedroht, ihr seid euch dessen nur weniger bewusst. Es gilt also, sich dessen bewusst zu werden.

Übung

Kann man das üben?

Ihr wisst zwar, was man alles tun kann, um ein gefährdetes Leben zu retten. Die Kehrseite dessen ist aber: Ihr wisst auch – oder könntet wissen –, dass man in vielen Fällen nichts mehr tun kann und dass dann alles »Verhandeln« nicht hilft. Die Gelassenheit der Alten war Ausdruck einer Lebensweisheit. Die könnt ihr wiedererlangen, wenn ihr im Leben ab und an übt, der Unausweichlichkeit des Sterbens ohne Schrecken ins Auge zu sehen.

Vierte Phase: Depression

Die Depression setzt ein, wenn der Mensch begriffen hat, dass Verhandlungen das bevorstehende Sterben selbst dann nicht abwenden würden, wenn sie es verzögern könnten. Stell dir die Stimmung so vor: Du hockst an einem Seeufer, es ist neblig und trüb und du schaust dem unendlich plätschernden Wasser zu. Du begreifst allmählich: Es ist nicht zu ändern, du kannst nichts dagegen tun. Langsam stellt sich Resignation ein. Du hebst den Kopf und siehst in der Ferne zwei Schwänen zu, die sich aus dem Wasser erheben und davonfliegen: ein Bild der Seele, die gemeinsam mit ihrem Führungsengel der Sonne zueilen wird. Im Nebel kann man in die Sonne sehen, er lässt sie milchig-traurig durchscheinen.

Hat der Sterbende endgültig resigniert, bleibt ihm gar nichts übrig, als alles das loszulassen, was er eigentlich noch hätte tun wollen. Es war ihm bisher wesentlich erschienen, dies und jenes noch zu erledigen. Doch nun sieht er sich mit der Tatsache konfrontiert: Es ist in Wirklichkeit gar nicht wesentlich, es wird ihm nicht genug Zeit mehr dafür gewährt. Wenn diese Depression sehr heftig kommt, ist das eigentlich gut, weil der Sterbende dann so gründlich wie möglich ein neues Verhältnis zur Zeit gewinnt.

Die Depression führt ihn nämlich zu der Einsicht, dass Zeiträume und der rechte Augenblick zwei verschiedene Dinge sind, die wenig miteinander zu tun haben. Auf die Zeiträume kommt es nicht an, der rechte Augenblick ist immer gerade hier und jetzt. Es gilt, sowohl die Vergangenheit fahren zu lassen als auch das, was aus ihr heraus für die Zukunft noch zu erledigen wäre. Die Engel versuchen, dem Sterbenden in einem inneren Dialog klar zu machen: »Die Zeit ist nicht wesentlich: weder die Vergangenheit noch die Zukunft. Der Augenblick ist wesentlich. Die irdische Zeit wird knapp, die Inhalte, mit denen du sie noch füllen wolltest, passen nicht mehr hinein. Stell dich darauf ein, lasse die Zeit los, die Zeitachse ist weder nach hinten noch nach vorn wichtig, und was du für wesentlich hieltest, ist nicht wesentlich. Also wende dich lieber dem Augenblick zu, das andere ist ohnehin nicht zu schaffen. Zieh dich auf den Augenblick zurück und dehne dich in den Augenblick hinein aus. Dann kannst du einen Blick in die Ewigkeit tun.«

In der Konzentration auf den Augenblick kann der Mensch nämlich eine Erfahrung von Ewigkeit machen. Er gewinnt plötzlich Erkenntnis und Klarheit. Er beginnt etwas von den Realitäten der jenseitigen Welt zu erfahren oder mindestens zu erahnen. Er tut einen Blick in die Sphäre jenseits von Raum und Zeit.

Fünfte Phase: Annahme

In der Phase der Depression haben die begleitenden Engel den Menschen also langsam, aber sicher daran gewöhnt, die Zeit loszulassen und damit all das, was ihm auf Erden als wesentlich erschienen war. Er hat begonnen, seine Aufmerksamkeit auf den Augenblick, damit auf die Ewigkeit und damit auf den Himmel zu richten. Er geht jetzt Schritt für Schritt in seine Innenwelt und damit in die geistige Welt ein. Er hat innere Dialoge geführt, die ihn gelehrt haben, sich der irdischen Verpflichtungen, Aufgaben, Pflichten, Termine, Vergnügungen, Vorstellungen, Machtgefüge Stück für Stück zu entledigen und den Blick auf den Himmel zu richten. Er hat restlos resigniert. Aber Resignation bedeutet noch nicht »Annahme«, nämlich Einverständnis, das innere »Ja« zum Sterben.

In der Phase der Annahme führt die Seele einen inneren Dialog mit dem Körper und dem Vater. Der Mensch findet zum Frieden mit sich selbst und mit seinem vergangenen Leben, auch wenn er es mit kritischem Blick sehen mag. Er findet zum Frieden mit dem, was nun auf ihn zukommt. Er findet zum Frieden mit seinem Körper, der ihn nicht mehr beherbergen kann und den er dankbar verlassen wird. Er findet zum Frieden mit dem Himmel, der ihn freudig erwartet. Er ist einverstanden mit dem Sterben und kann in Frieden scheiden.

Stell dir das Stimmungsbild jetzt so vor: Deine am Seeufer hockende Gestalt konzentriert den Blick auf die durch den Nebel sichtbare Sonne. Die Landschaft ist nicht mehr grau und melancholisch, sondern freundlich. Die Sonne wirkt angenehm und vertraut, sie verheißt dir Gutes, du wirst dich gern auf sie zu bewegen. Du reichst deinem Begleiter die Hand, ihr hebt jetzt gemeinsam ab wie die beiden Schwäne und fliegt miteinander los.

III.
Zum Einverständnis finden

Wie kann man sich zu Lebzeiten so orientieren, dass das Durchlaufen dieser fünf Phasen des Abschieds weniger schwierig und schmerzhaft wird?

Übung

Stell dir vor, du seiest ein Regisseur, der diese fünf Stimmungsbilder – vom drohenden Unwetter bis zum Abflug der Schwäne – inszeniert. Und du seiest zugleich der Schauspieler, der durch diese Bilder hindurchwandert. Wie fühlt sich das an? So findest du zu einer Reihe wesentlicher Erkenntnisse.

1. Die Seele kann zwar in das irdische Leben eintauchen, muss das aber nicht tun, um sie selbst zu sein. Sich mit dem irdischen Dasein gänzlich identifizieren, heißt, sich kleiner machen, als man ist und seine eigentliche Heimat vergessen. Du bist auf der Welt zu Besuch. Zu Hause bist du drüben!
2. Du hast dein irdisches Leben freiwillig gewählt. Es war dein Geschenk an die Welt. Die Welt hat also kein Recht auf dein Hiersein.
   Es gibt aber mit Sicherheit Wesen auf der Welt, die dankbar sind, dass es dich gibt oder die dankbar sein werden, dass es dich gegeben haben wird. Du hast die Welt mit deinem Leben beschenkt, und sie dankt dir dafür.
3. Es war aber auch ein Geschenk des Himmels, dir dieses Leben zu ermöglichen. Du hast also kein Recht, soundso viel Zeit zu fordern. Vielmehr hast du Grund zur Dankbarkeit für das Geschenk deines Lebens. Zur Haltung der Dankbarkeit passt es nicht, das Geschenk ärgerlich zu bemängeln oder seine Dauer zu kritisieren.

Ihr habt das Sprichwort: »Einem geschenkten Gaul schaut man nicht ins Maul«, d.h. man nimmt es dankbar an, wie es einem gegeben wird.
Es ist sehr wichtig, diese Situation des beiderseitigen Beschenkens im Blick zu behalten, keinem der beiden Aspekte zu viel und keinem zu wenig oder gar kein Gewicht zuzumessen, sondern beide in der Balance zu halten. Dem doppelten Geschenk sollte eine doppelte Dankbarkeit entsprechen, so findest du zu einer stimmigen Haltung.

4. Das Wesentliche im menschlichen Leben sind die Momente, in denen Ewigkeit in die Zeitlichkeit hineinverwoben ist. Betrachte einmal dein Leben unter dem Aspekt, wann und wie Fäden aus der Vertikale der Ewigkeit in die Zeitlichkeit deines Lebens hinein geknüpft waren. Es waren die Augenblicke, in denen du dir der göttlichen Liebe bewußt geworden bist und sie in die Welt hinein weitergegeben hast. Immer wenn ein Teil der göttlichen Liebe durch dich in die Welt gekommen ist, ist damit Ewigkeit in die Zeit getreten. Diese Augenblicke sind die Schnittpunkte zwischen Zeit und Ewigkeit. Das Wesentliche braucht keine Zeit.
Frage dich einmal: Wann hast du versucht und ist es dir gelungen, ein wenig von der göttlichen Liebe in die Zeit hineinzuverweben? Das sind die wichtigsten Augenblicke deines Lebens. Es ist nicht wichtig, wie viel Zeit und Raum du auf der horizontalen Ebene hast atmen können, es kommt nicht auf die Dauer des Lebens an. Es kommt auf die Liebe an, die du aufgenommen und ausgeströmt hast, d.h. auf die Momente der Ewigkeit in der Zeitlichkeit. Die sind ohne Zeit und Raum. Deshalb ringe nicht um Zeit und Raum, sondern liebe, so viel du kannst.

Übung

Mache einmal folgende Übung: Setze dich in Ruhe hin, atme ein und stelle dir dein Stück Welt vor: Deine Umgebung, die Menschen, mit denen du in Beziehung stehst, die Nachbarn usw. – Beim Ausatmen versuche nicht nur zu denken, sondern zu spüren: Das alles liebe ich, ich gebe die Liebe weiter, die ich vom Himmel empfangen habe, ich bin ein geliebter Liebender.

Nun stelle dir beim Einatmen nicht nur dein Stück Welt vor, sondern die Welt schlechthin, das Universum, die Schöpfung. Das wird dir leichter fallen, denn es ist einfacher, die Welt zu lieben als den Nachbarn. So wie Künstler in einem Moment die ganze Sinfonie oder das Drama oder den Roman im Kopf haben, so kannst du beim Einatmen das Universum in deine Vorstellung nehmen und dann ganz schnell eine Reise aus der großen weiten Welt in deine kleine Umwelt machen. Beim Ausatmen sagst du dann leise: »Ich liebe sie alle« und zeigst das auch in deinem Blick und deinem Lächeln.

Wenn du diese Übung einige Male gemacht hast, wirst du in der entscheidenden Stunde nicht um Zeit und Raum ringen, sondern Ewigkeit in die Gegenwart holen.

5. Das Sterben bedeutet zwar Abschied, aber nicht viel mehr als einen Kleiderwechsel. Du legst das Gewand deines irdischen Daseins ab und lebst in anderen Gewändern weiter. Wenn du einen Pullover ablegst, sagst du nicht, du habest ihn »verlassen«. Du identifizierst dich ja nicht mit deinen Kleidern. Das sollte die Seele auch nicht tun.
6. Das Schmerzlichste am Sterben ist meist, dass du die dir nahe stehenden Menschen zurücklassen wirst. Mache dir bewusst, dass auch das Zurücklassen nicht bedeutet, sie zu »verlassen«. Die Nähe zum anderen bleibt immer möglich, nämlich in der Liebe. Dass der andere jetzt zunächst einmal zurückbleibt, führt dir vor Augen: nicht nur das Leben als Ganzes war ein Geschenk, sondern auch die Nähe des anderen. Hadere nicht. Es geht nicht um ein Recht auf seine Anwesenheit. Es geht um Dankbarkeit für das Geschenk, und zwar auf beiden Seiten: »Du bist mir geschenkt, ich bin dir geschenkt.« Die Redensart: »Die Frau hat dem Kind das Leben geschenkt« ist sehr schön, weil sie diesen Aspekt zum Ausdruck bringt.

Übung

In vielen menschlichen Beziehungen spielt – unbewusst, aber spürbar – eine Mischung aus Gewohnheit und Forderung eine Rolle. Damit der Charakter des Geschenktseins erlebbar wird, übe von Zeit zu Zeit, dich zu fragen: »Wie wäre es, wenn der andere jetzt stürbe?, und sage ihm: »Ich danke dir für alles, was wir gemeinsam erlebt haben.« Diesen Dank nimm mit ins Jetzt, wo der andere noch lebt, und erfülle deine Beziehung zu ihm mit dieser Dankbarkeit.

Überhaupt solltet ihr üben, das Schenken und Sich-beschenken-Lassen zu kultivieren. Einerseits: »Was braucht der andere?« Und: »Wie schenke ich, ohne den anderen zu beschämen?« Und andererseits: »Wie reagiere ich, wenn ich beschenkt werde? Kann ich das Geschenk in Freude und Dankbarkeit annehmen?« Macht euch zum Lebensmotto: Die Sonne ist nicht verpflichtet, morgens aufzugehen. Alles Leben ist Geschenk.

IV.
In der Nachfolge Christi sterben

Hast du Ratschläge für einen Menschen, der sich als Christ versteht und auch in der Art und Weise seines Sterbens Jesus Christus nachfolgen will?

Er möge sich Folgendes vor Augen führen:

1. Nachfolge bedeutet nicht, einen Leidensweg wie Jesus gehen zu müssen und die dunklen Hierarchien so meisterlich in die Schranken zu weisen. So etwas wird euch nicht abverlangt. Ihr könnt Jesus nachfolgen, indem ihr im Sterben nicht ein schreckliches »Müssen« seht, eine zwangsweise Abholung, gegen die ihr euch innerlich wehrt. Könnt ihr mit Jesus sagen: »Dein Wille geschehe« und »In Deine Hände lege ich meinen Geist«, so befindet ihr euch nicht in einer demütigenden Opferrolle. Vielmehr ist das Sterben ein aktiver, sinnvoller, ehrenhafter Vorgang, wie wenn der König eine Reise antritt – mit allem, was dazugehört.
2. Jesus wusste: das Abendmahl wird das letzte sein, es ist die letzte Nacht, es sind die letzten Begegnungen. Auch ihr werdet spüren: es ist das letzte Mal, dass ich diesem Menschen die Hand streichle, es ist das letzte Mal, dass ich die Sonne aufgehen sehe und so fort. Lasst diesen Gedanken zu, verdrängt ihn nicht aus dem Bewusstsein.
   Aber Jesus wusste auch: er nimmt nicht für immer Abschied, es gibt ein Wiedersehen. Auch ihr wisst: Was ihr jetzt zum letzten Mal erlebt, ist nur für dieses Erdenleben das letzte Mal. Wenn ihr das wirklich innerlich empfindet, wird euch der Abschied erträglicher sein.
3. Jesus hat sich freiwillig inkarniert, und zwar zum Heil der Welt – ihr aber auch. Könnt ihr wie Jesus sagen: »Es ist voll-

bracht«, d.h. der Sinn dieses Erdenlebens hat sich erfüllt? Blickt zurück auf all das, was ihr erlebt, erfahren, gelitten, gemeistert, erkannt und gelernt habt, erlebt es noch einmal in der Erinnerung. Sucht zu erahnen, was ihr bei eurer Lebensplanung im Sinn gehabt und was ihr daraus gemacht habt. Ihr habt euer Leben gelebt, um jetzt so sterben zu können, und ihr könnt jetzt nur so sterben, weil ihr das alles erlebt habt. Der Moment des Sterbens ist der Moment der Sinnerfüllung. Euer ganzes Leben war eine Vorbereitung auf diesen Moment.

4. Jesus hat zwar bedauert, seine Freunde verlassen zu müssen, und er war besorgt um sie. Aber seine Sorge zeigte keine Spur von Dramatik oder gar Panik. Im Gegenteil, er hat die Frauen von Jerusalem beruhigt, besänftigt und getröstet, ja selbst noch die Menschen unter seinem Kreuz.
   So könnt auch ihr aus eurem Abschied etwas Meisterliches machen, indem ihr den Zurückbleibenden in ganz sachlichem Ton etwas Beruhigendes, Tröstliches sagt. Ihr wart zwar wichtig für sie und es wird für sie schwierig werden, aber ihr seid für sie nicht unersetzlich, ihr Leben wird weitergehen, die Dinge werden sich regeln, es wird sich alles fügen und Trost wird möglich sein. Also der Sterbende ist nicht derjenige, der getröstet werden müsste, sondern derjenige, der tröstet.
5. In der kurzen Zeit, die euch noch bleibt, habt ihr noch so viel Arbeit zu tun, dass für Panik gar kein Raum bleibt. Ihr habt zwar hoffentlich eure wesentlichen Verfügungen – Nachfolgeregelungen, Testament und dergleichen – vorher getroffen, aber es bleibt dennoch dieses und jenes zu tun. So hat Jesus am Kreuz Maria und Johannes als Mutter und Sohn zusammengeführt und den Männern, die neben ihm gekreuzigt waren – und zwar beiden –, die Verheißung des Himmels gegeben. Vielleicht habt ihr noch etwas Ähnliches zu sagen.
6. Eure wichtigste Arbeit aber ist, Abschied zu nehmen und den Abschied mit Segen zu verbinden, so wie der Priester zum Schluss des Gottesdienstes die Gemeinde segnet.
   Abschiednehmen bedeutet nicht das Ende einer Beziehung, sondern eines Besuchs. Ihr sagt »Auf Wiedersehen«. Im Blick, im Lachen, in der Umarmung, im Dank, in den guten Wünschen ist alles noch einmal gegenwärtig, was ihr während des Besuches miteinander erlebt und gesprochen habt. Im Ton des Abschieds erklingt die Zusammenfassung eures Besuches,

so wie das Finale die Antwort auf die Introduktion und die Krönung des Musikwerkes ist.

Nehmt Abschied nicht nur von euren Lieben, sondern von eurem Leben. Erinnert euch noch einmal eurer Kindheit samt Haus und Garten, Lehrern und Freunden, Tieren und Landschaft und erinnert euch noch einmal aller weiteren Phasen eures Erdendaseins, und zwar – das ist wichtig! – ohne jedes wertende Urteil. Erinnert euch der Städte, in denen ihr gelebt habt, eurer Bekannten, aber auch der Menschen, die ihr nur vom Sehen kanntet, der Freunde, aber auch derer, die euch verletzt und vielleicht ungewollt eben dadurch geholfen haben. Erinnert euch eurer Arbeit und eurer Hobbys und zuletzt all dessen, was euch in den letzten Tagen wichtig war, und nehmt Abschied.

Und diesen Abschied kombiniert mit Segen. Derjenige, der weiterschreitet, gewinnt aus dieser Bewegung die Kraft des Segnens. Zur Nachfolge des Herrn gehört, dass ihr immer unterwegs seid, äußerlich oder innerlich. Wer in Bewegung ist und weitergeht, ist im Moment der Stärkere und Lebendigere, er hat die Macht, den Zurückbleibenden mit seinem Segen aufzurichten. Was im Sterben spürbar wird und so eigentümlich berührt, ja erschüttert, ist, dass der Sterbende der Lebendigere, der Zurückbleibende eigentlich der »Gestorbene« ist. Abschiednehmen und Segnen ist mehr als eine Höflichkeit, es ist eine heilige Arbeit. Wenn ihr sie ernst nehmt, ist jeder Augenblick eurer letzten Tage und Stunden mit intensiver Arbeit ausgefüllt.

7. Die Seele ist auf die Erde gekommen, um zur Erlösung der Welt beizutragen. Deshalb stellt sich dem sterbenden Christen die Frage, ob er eine unerlöste Seele mit in den Himmel nehmen, sie also erlösen kann. Der Sterbende hat tatsächlich diese Macht. Die Auferstehung Christi war nicht nur ein damaliges Ereignis, sondern sie zeigt ein fortlaufendes Prinzip der Schöpfung: Wenn ihr sterbt, könnt ihr erlösen. Ihr könnt nämlich manche Seele in den Himmel mitnehmen. Ihr könnt z. B. einer »verlorenen Seele« sagen: »Komm, ich gehe jetzt und gebe dir die Hand, du kannst mitkommen.« Auch gefallene Wesen, zumindest solche aus dem grauen Zwischenbereich, könnt ihr auffordern, euch in den Himmel zu folgen und sich dem Vater wieder zuzuwenden, beispielsweise euren

Doppelgänger. Wenn es euch während eures Erdendaseins gelungen ist, ihn wirklich zu beeindrucken, habt ihr ihn vielleicht schon halbwegs davon überzeugt, dass es viel schöner wäre, nicht mehr den dunklen Hierarchien dienen zu müssen. Dann bedarf es manchmal nur noch eines Anstoßes: »Komm, ich nehme dich mit in den Himmel«, und er ergreift eure Hand.
Der Sterbende kann auch zurückbleibende Menschen von manchem erlösen, das sie belastet. Er kann ihnen zum Beichtvater werden und ihnen sagen: »Ich trage zum Himmel, was dich bedrückt.« Er kann auch Menschen vergeben, was sie ihm zugefügt haben und sie von ihrem Schuldgefühl erlösen. Ihr pflegt zu sagen, der Verstorbene sei von seinem Leiden erlöst. Aber im Sterben liegt ein viel größeres Erlösungspotenzial. Der Sterbende ist nicht ein beklagenswertes Opfer, er ist in seinen Möglichkeiten, zur Erlösung der Welt beizutragen, eine verehrungswürdige Gestalt.

8. Noch etwas kann der Sterbende tun: Er kann aller Welt, auch der Materie sagen: »Ich komme wieder.« Damit lässt er Zukunft entstehen, er trägt in die herbstliche Stimmung des Sterbens die Freude auf den kommenden Frühling hinein. Im Sterben hört nicht nur ein Leben auf, sondern wird ein neues Leben vorbereitet. Es ist, wie wenn ihr mit einem Freund beim Abschied einen neuen Termin ausmacht: »Wann sehen wir uns wieder?« Dasselbe kann der Sterbende, wenn er etwas davon ahnt oder weiß, im Blick auf die Welt tun: »Ich komme wieder, helfe wieder, heile wieder, tröste wieder«, kurz: »Ich mache weiter!«

Viele Christen wissen aber gar nichts von Reinkarnation?

Es wissen sehr viel mehr davon, als es auszusprechen wagen, oder sie spüren oder ahnen oder vermuten es oder halten es zumindest für möglich. Natürlich sollen nur diejenigen ihr Wiederkommen ankündigen, die das auch meinen.

9. Der im Sterben liegende Christ weiß, dass er in kurzer Zeit nach Hause kommen wird. Er wird tun, was ein Kind auf Erden tut, wenn es nach einer Reise bald wieder daheim sein wird: Es freut sich so richtig von Herzen auf Vater und Mutter, auf seine Geschwister und Freunde, und zwar nicht nur,

wenn die Reise schrecklich, sondern auch, wenn sie schön und erlebnisreich war. Diese Freude solltet auch ihr so bewusst wie möglich empfinden und ausleben. Stellt euch vor, wie ihr im Himmel erwartet werdet und mit ausgebreiteten Armen ausruft: »Wie schön, wieder bei euch daheim zu sein! Ich freue mich so! Darauf habe ich mich schon lange gefreut!«
Und stellt euch vor, wie ihr mit ebensolcher Freude empfangen werdet! Malt es euch so konkret wie möglich aus. Und da ihr wisst, dass ihr auch im Himmel einen Vater, eine Mutter und einen Bruder habt, die euch mit besonders inniger Freude ans Herz nehmen werden, richtet eure Freude in erster Linie auf die Begegnung mit ihnen.

Wir begegnen Vater oder Mutter in der Generalbeichte und Christus in dem Gespräch, in dem er die Konsequenzen aus allem Unschönen unseres Erdenlebens mit uns erörtert. Werden wir da nicht sehr betreten sein? Können wir uns darauf so unbefangen freuen?

Nun, ihr dürft euch der Liebe gewiss sein, die euch da entgegenströmen und die alles Unschöne in das Licht von Verständnis und Vergebung tauchen wird.

10. Aber ich zeige euch noch eine andere Möglichkeit. Ihr könnt euch aus dem Schema der ersten Erlebnisse nach dem Sterben lösen, ihr seid ja frei. Ihr geht nicht geradewegs auf den »Tunnel« und das Licht an seinem Ende zu, sondern weicht ein wenig vom Wege ab, auf Erden würdet ihr sagen: Ihr »macht einen kleinen Abstecher« und begrüßt im Vorübergehen den himmlischen Vater, die himmlische Mutter und den himmlischen Sohn. Ihr seid ja so wenig an Zeit und Raum gebunden wie sie. Sie sind immer und überall zu finden, sie sind da, ihr braucht sie nur anzusprechen. Das geht ohne weiteres. Ihr habt ja auch auf Erden zu ihnen gebetet. Besucht ihr sie in Freude und Liebe, werden sie euren Gruß in Freude und Liebe erwidern.
Ihr braucht in dieser Situation nicht betreten, befangen und beschämt zu sein. Geht auf sie zu mit der beglückenden Freude des heimkommenden Kindes! Wenn ihr euch das vornehmt, wird euer Sterben ein sehr, sehr lichtes, strahlendes Erlebnis sein.

5. Kapitel: Menschliche Hilfe

I.
Angehörige

Wie können Angehörige dem Sterbenden am besten helfen, zum Einverständnis zu finden?

Sie sollten vor allem versuchen, mit der Seele des Sterbenden ins Gespräch zu kommen. Das wäre wirkliche Sterbehilfe und ist selbst dann möglich, wenn der Sterbende bewusstlos oder geistig verwirrt ist. Dann ist das Bewusstsein zwar nicht im Gehirn verankert; der Verstand kann das Gesagte nicht aufnehmen und beantworten. Aber das Bewusstsein gibt es trotzdem, und es vermag das, worum es in dem Gespräch geht, durchaus zu verstehen. Und auch der freie Wille, auf den es hier ankommt, ist vorhanden.

Was sollte man dem Menschen sagen?

Zunächst ist mit ihm zu klären, was ihn von der Bereitschaft zu sterben, zurückhält. Woran hängt er und warum? Fürchtet er sich vor dem Nichts oder vor göttlichen Strafen? Oder macht es ihn bange, nicht zu wissen, was auf ihn zukommt? Wo sind die Blockaden, wo die Unsicherheiten? Mit welchen Menschen und Dingen fühlt er sich noch verkettet? Will er noch Aggressionen abreagieren, einem Menschen noch eins auswischen, einen Prozess noch weiterführen, ein Geschäft noch erledigen? Will er noch eine Versöhnung herbeiführen, jemanden um Verzeihung bitten, seinen Kindern ein Wort sagen, irgendein Geschehen noch aufarbeiten?

Wenn der Mensch Antworten artikulieren kann, kann man ihm vielleicht helfen. Man kann z.B. eine Versöhnung herbeiführen. Man kann ihm darlegen, was ihn nach dem Sterben erwartet. Man kann ihm erklären, warum die Erfüllung eines Wunsches unmöglich ist oder für ihn selbst gar nicht gut wäre. Falls ein Gespräch im Wachbewusstsein nicht möglich ist, kann man immerhin der Seele durch solche Fragen zur inneren Klärung verhelfen.

Was ist das Ziel solcher Gespräche?

Das Ziel ist, dass der Sterbende zum inneren Frieden findet. Wenn er das alles weiß und für sich erarbeitet hat, dann kann er sagen: »Es ist in Ordnung, ich schaue auf ein Leben, das nun, trotz aller Mängel, in sich vollendet ist.« Er schaut darauf wie ein Maler, der den letzten Pinselstrich gemacht hat, sein Gemälde betrachtet und sich sagt: »Gut, jetzt kann ich aufhören.« Dann wird das Sterben ziemlich einfach und die Seele kann ihm bewusst und mit aller Entschiedenheit zustimmen. Sie ist einverstanden mit dem Vater, sie ist einverstanden mit dem abzuschließenden Leben, sie kann es loslassen. Sie ist einverstanden mit dem, was jetzt kommt, sie ist bereit zu dem neuen Anfang. Sie weiß, wo sie hingeht und dass sie keinen Grund hat, sich davor zu fürchten.

Solange die Seele nicht will, solange sie ihr vergangenes Leben noch nicht als vollendet ansieht und das künftige noch nicht annehmen kann, ist das Sterben ziemlich mühselig.

Es kommt öfter vor, dass ein Angehöriger am Bettrand sitzt, dem Sterbenden die Hand hält, mit ihm betet und im Moment des Sterbens liebevoll bei ihm sein will. Dann verlässt er nur für einen Moment das Zimmer, kommt wieder und der Mensch ist gestorben. Wie erklärt sich das?

Dann war die Seele zum Sterben bereit und wartete nur einen Moment des Alleinseins ab.

Das kann verschiedene Gründe haben. Die Seele hat z. B. das Empfinden: »Der Übergang ins Jenseits ist etwas ganz Intimes, das mache ich mit mir und dem lieben Gott aus, da stört die Anwesenheit selbst des liebsten Menschen.« Oder sie nimmt Rücksicht auf den anderen: »Mein letzter Atemzug wird ihn erschüttern, ich möchte nicht, dass er ihn erlebt.« Oder sie fürchtet ihren Frieden durch einen emotionalen Aufschrei bedroht: »Nein, gehe nicht, atme weiter!« oder dergleichen, das will sie nicht.

Der enttäuschte Angehörige sollte dann keine Schuldgefühle haben, sondern diesen letzten Wunsch verständnisvoll respektieren. Es gibt eben verschiedene Vorstellungen: Der eine hat es gern, wenn alle Lieben um ihn herum versammelt sind, der andere stirbt lieber ganz bescheiden, still und allein. Das ist die freie Wahl des Sterbenden.

Der Mensch hat also Einfluss auf den Moment seines Sterbens?

So weit der Körper mitmacht, also innerhalb bestimmter Grenzen. Ist bei einem Autounfall die Leber gerissen, wird der Körper sagen: »Ich halte nicht durch, bis deine Frau eingetroffen ist.« Ist der Körper aber metastasiert, dann kann er vielleicht noch bis zum Dienstantritt der Nachtschwester durchhalten, die der Sterbende gern um sich hätte.

Generell hat der Mensch in einem längeren, langsameren Sterbeprozess einen gewissen Einfluss auf Zeit, Ort und Umstände des Sterbens. Er ist ja der Herr seines Körpers. Es ist zunächst *seine* Entscheidung, ob er dieses Gewand noch weitertragen oder ablegen will.

Das Maß der Freiheit ist aber äußerst begrenzt.

Es ist insofern begrenzt, als dem irdischen Leben natürliche Grenzen gesetzt sind. In der Frage, in welcher Haltung der Mensch das Sterben erlebt, hat er ein sehr hohes Maß an Freiheit, und zwar in doppelter Hinsicht.

a) Die Seele kann sich die Freiheit nehmen, im Rückblick auf das Leben zu sagen: »Es ist vollbracht.« Trotz aller Mängel, Fehler und Schwächen kann sie zu dem Schluss kommen, dass das Leben im Großen und Ganzen, zusammenfassend betrachtet ein gelungenes Leben war, das jetzt abgerundet ist, dem nichts Wesentliches hinzuzufügen ist. Der Sterbende ist dann zwar ein »Patient«, ein Geduldiger, aber er ist nicht ein Opfer. Die Opferrolle macht das Sterben schwierig und verletzt die Würde. Kann der Sterbende zu seinem Leben zustimmend sagen: »Es ist vollbracht«, so tritt er aus der Opferrolle heraus und kann einverstanden mit seinem Sterben sein.

b) Die Seele kann sich die Freiheit nehmen, dem Aufruf des Herrn: »Komm und folge mir nach« bewusst und gern Folge zu leisten. Ihre Freiheit ist so groß wie die jener Fischer, die sich entschieden, Jünger Jesu zu werden. Sie wussten nicht, was sie erwartete, sie folgten dem Ruf im Vertrauen auf den Herrn. Es ist ein Akt höchster Freiheit, im Sterben das Gleiche zu tun und den jetzigen Zustand loszulassen.

Also die beiden Worte des Herrn – das, mit dem er sein irdisches Wirken begann und das, mit dem er es beendete – werden im Sterben zum Schlüssel, der das Tor zur Freiheit öffnet. Mit dem letzten Satz des Herrn – »es ist vollbracht« – findet die Seele zum Frieden mit ihrem jetzt abgerundeten Leben. Der Anfangssatz – »Komm und folge mir nach« – wird am Ende des Lebens zum Aufruf, freiwillig in einen neuen Zustand einzutreten.

Beides kann die Seele nur für sich selber tun. Die Angehörigen können ihm die Entscheidung doch nicht abnehmen?

Richtig, aber sie können den Sterbenden darin bestärken, ja ihn ermutigen, diese beiden Schritte zu tun. Es ist für den Sterbenden leichter, zu sagen, »es ist vollbracht«, wenn die Angehörigen zustimmen, wenn sie z. B. sagen: »Schau, was war es insgesamt für ein schönes Leben und wie gut hast du es gemeistert!« Wer seine Probleme mit dem Sterbenden gehabt hat, sollte jetzt Verständnis für ihn haben und als Erster sagen: »Über unsere Probleme ist längst Gras gewachsen, das Schöne und Gute ist allein entscheidend.«

Und es ist für den Sterbenden leichter, dem Ruf: »Komm und folge mir nach!« Folge zu leisten, wenn die Angehörigen beispielsweise sagen: »Tu es, geh nur, zögere nicht unseretwegen. Die Jünger haben auch ihre Lieben zurückgelassen. Folge freudig dem Ruf des Herrn. Auch wenn es für uns schwer wird – wir werden es schon schaffen und irgendwie zurechtkommen. Wir geben dir diese Freiheit, wir sagen ja zu deiner Freiheit.«

Eine fünfzigjährige krebskranke Patientin führte wenige Stunden vor ihrem Sterben ein Engelgespräch, das wir in Folgendem wiedergeben, weil es anschaulich macht, was einen Sterbenden bedrücken kann und was auch Angehörige ihm sagen könnten.

Die Sterbende *(S.):* Ich habe solche Angst.
Der Engel *(E.):* Wovor hast du Angst?
S.: Es wird dunkel und kalt.
E.: Nein, für dich wird es hell und warm. Du gehst ja in den Himmel. Wenn dein Körper bestattet wird, hast du dich längst liebevoll und dankbar von ihm verabschiedet und ihn verlassen. Die Dunkelheit und Kälte des Grabes gehen dich gar nichts an, du wirst sie nicht wahrnehmen.
S.: Ich habe aber Angst, dass ich dann nackt bin und friere.
E.: Du wirst deine Seele mit einem Lichtkörper umkleiden, der so schön aussieht, wie du in deinen besten Jahren ausgesehen hast.
S.: Richtig schön?
E.: Ja, richtig schön. Du kannst selbst wählen, in welchem Lebensalter du dir am besten gefallen hast. So wirst du aussehen.
S.: Für wen soll ich denn schön aussehen? Ich werde ja einsam sein. Ich habe Angst vor dieser Einsamkeit.
E.: Du wirst im Himmel von Engeln und Freunden erwartet werden. Sie werden ein Empfangskomitee bilden und dich mit herzlicher Freude begrüßen.
S.: Ach, ich habe in meinem Leben keine Freunde gehabt. Ich habe nur meine Geschwister, die aber alle noch leben. Unter den Verstorbenen gab es nur Menschen, die aus Interessen mit mir verbunden waren, aber nicht aus wirklicher Freundschaft.
E.: Lass sehen. Doch, da gab es z.B. die große Liebe deiner Jugend. Dieser junge Mann hat auch dich sehr innig geliebt. Er freut sich riesig auf dein Kommen und steht schon bereit, um dich in die Arme zu nehmen.
(S. lächelt. Es klopft an die Tür.)
E.: Lass dich jetzt nicht mehr stören!
(Doch eine Arbeitskollegin betritt das Zimmer. »Verlass uns nicht! Wir brauchen dich!« S. sinkt kraftlos zurück).
S.: Es wird dunkel und kalt. Ich habe solche Angst.
(E. beginnt von vorn und baut S. langsam wieder auf.)
S.: Also Sterben ist wie umziehen? Einfach woandershin ziehen?
E.: Richtig, Du bist ja in diesem Leben öfter mal umgezogen, das war doch nicht schlimm?
S.: Nein, die Wohnungen waren jedes Mal schöner.
E.: So wird es auch jetzt sein. Es wird viel, viel schöner.
S.: Ich habe Angst, dass das Sterben schmerzhaft ist.

E.: Nein, das geschieht in einem Augenblick und tut überhaupt nicht weh. Es ist sogar ein wunderschönes Erlebnis. Du fühlst dich ganz leicht und frei. Solange du noch in deinem Körper bist, hast du Schmerzen, danach nicht mehr.
S.: Ich möchte aber noch ein bisschen Zeit auf Erden haben, wenigstens noch ein paar Tage.
E.: Schau, wenn dein Haus brennt, ist es doch besser, du gehst schnell hinaus und wartest nicht bis zum letzten Moment. Jetzt sag all deinen Organen ein herzliches Dankeschön, dass sie dir bis jetzt so treu gedient haben, und verabschiede dich liebevoll von ihnen.
S.: Es hätte doch noch schön sein können, wenn ich gesund geblieben wäre.
E.: Ja, ich verstehe, dass der Abschied dich traurig macht. Aber nun kann dein Körper nicht mehr. Sei ihm nicht böse. Er will ja, aber es geht nicht. Versöhne dich mit ihm und sei nicht verzweifelt. Dazu gibt es keinen Grund. Lass den Körper einfach los.
S.: Ich kann nicht loslassen. Dann habe ich ja keinen Halt mehr!
E.: Halte dich an mir fest. Schau, ich biete dir meinen Arm. Du bist kein hässliches Entlein, du bist ein stolzer Schwan. Wir fliegen miteinander davon.
S.: Ich habe Angst, weil mein Leben so gar nicht ideal verlaufen ist. Ich habe es eigentlich gut machen wollen, aber ich war immer so haltlos.
E.: Oh, es gab so viele gute und schöne Dinge in deinem Leben. Schau: da … warst du sehr mutig. Und das … ist dir wunderbar gelungen. Und da … bist du anderen im rechten Augenblick zu Hilfe gekommen!
S.: Meinst du wirklich?
(S. errötet, berührt und ein wenig stolz.)
E.: Ja, und erinnere dich mal an jene Situation …, die hast du großartig gemeistert.

Der Engel lenkt die Aufmerksamkeit der Sterbenden von den Nöten des Körpers ab und richtet sie auf ihr zu Ende gehendes Leben, auf alles was gut und schön war. Sie blüht auf wie eine Blume – schön, jung und freudvoll. Doch ihre Atemnot bewirkt einen Rückfall in die Depression. Der Engel richtet geduldig ihren Blick auf das Schöne, das war, und das Schöne, das kommt. Mit der Zeit werden die Rückfälle weniger dramatisch, der innere Zustand wird stabiler. S. starb schließlich mit einem glücklichen, befreiten Lächeln auf ihren Lippen.

Mit dieser Haltung können auch die Angehörigen sehr hilfreich wirken. Nicht hilfreich dagegen wäre, mit dem Sterbenmüssen zu hadern, den Sterbenden zum Bleiben aufzufordern, ihm vorzuhalten, wie schwer es ohne ihn sein wird und dergleichen. Schaut auf den Sterbenden vielmehr als auf einen Meister. Er geht voran, er zeigt euch etwas Wunderbares und Großartiges. Gebt dem Meister die Ehre und lernt von ihm!

Wenn diese Haltung in der Gesamtgesellschaft herrschte, sähe man das Sterben nicht mehr als ein peinliches Tabu, das man vor den Augen anderer möglichst verbirgt und das man als Niederlage der Medizin betrachtet, bestenfalls als eine noch ungelöste Schwierigkeit. Nein! Das Sterben gehört zum Leben, es ist normal, man nimmt daran teil, lässt auch die Kinder zusehen und begegnet dem Sterbenden, dessen Leben vollbracht ist und der dem Ruf des Herrn folgt, mit der größten Hochachtung.

Übung

Ihr solltet euch schon während des Lebens manchmal vorstellen, wie es wäre, wenn ihr jetzt sterben müsstet, und euch fragen:

1. Könnte ich über mein Leben schreiben: »Es ist vollbracht?« Was habe ich vom Himmel auf die Erde gebracht? Was habe ich nicht nur gewollt und angefangen, sondern tatsächlich geschafft? Was habe ich an Spuren hinterlassen?
2. Was würde der Ruf des Herrn »Komm und folge mir nach« jetzt für mich bedeuten? Würde ich es aushalten, mit ihm zu gehen – gleichgültig wohin und mit welchen Konsequenzen? Könnte ich sagen: »Die anderen werden zwar schockiert sein, aber es geht auch ohne mich, es wird sich schon organisieren lassen.« Könnte ich loslassen?

Dieses Loslassen theoretisch zu üben, wird eine spannende Erfahrung sein.

II.
Ärzte

Was tun, wenn feststeht, dass ein Leben nicht erhalten werden kann und es nur um künstliches – und oft quälendes – Verschleppen des natürlicherweise eintretenden Sterbens geht? Man legt dem Sterbenden z.B. Sonden durch Nase und Mund, er versucht sie herauszureißen, man zwingt sie ihm immer wieder auf. Wo verläuft die Grenze zwischen gerechtfertigter Lebenserhaltung und nicht gerechtfertigter künstlicher Lebensverlängerung?

Da möchte ich zunächst einmal etwas zur Entlastung der Ärzte sagen: Sie tun im Prinzip nichts Falsches, sondern etwas, das nach ihrem Auftrag und Berufsethos stimmig ist: Sie sollen das Leben erhalten.

Sie sollten aber ebenso – das sage ich bei aller Hochachtung vor der ärztlichen Kunst – den natürlichen Lauf der Dinge respektieren. Man darf den Menschen nicht verdursten oder ersticken lassen oder ihm sonst ein Leid zufügen. Man sollte ihm hilfreiche Medikamente geben, Schmerzen lindern und alle Chancen zur Wiederherstellung seiner Gesundheit nutzen. Aber übertriebene, quälende, hochtechnische Maßnahmen, die das Sterben nur verzögern, aber nicht aufhalten können, sind nicht geboten, schon gar nicht gegen den erkennbaren Willen des Sterbenden.

Es ist vom Arzt deshalb nicht gefordert, alles zu tun, was technisch möglich ist. Es geht im Folgenden nicht um Fragen der Moral, nicht um das, was üblich ist, nicht um die Meinung anderer Menschen, der Angehörigen, der Kassen, der Versicherungen. Es geht auch nicht um Fragen der Rechtsordnung. Selbstverständlich hat der Arzt zu tun, was das Recht gebietet und zu unterlassen, was es verbietet. Aber nicht alles, was das Recht erlaubt, ist deshalb ohne weiteres in Übereinstimmung mit dem Himmel.

Der Arzt sollte sich bewusst sein, dass das Leben nicht nur im körperlichen Dasein besteht. Die Seele lebt auch nach dem Sterben weiter. Der Arzt wird, wenn er selbst ins Jenseits geht, dem verstorbenen Patienten wieder begegnen – vielleicht erwartet dieser ihn im »Empfangskomitee«. Wird der Patient dann sagen können: »Du hast das für mich Stimmige zur richtigen Zeit getan. Ich habe dir zu danken und dir nichts vorzuwerfen«? Wenn sich der Arzt diese Frage vor Augen hält, wird es ihm leichter werden, die richtige Entscheidung zu treffen.

1. Alles aktive Töten, z.B. durch Verabreichung einer Spritze, wird von der Seele als ein großes Unglück erfahren. Man hat vielleicht angesichts des unheilbaren Leidens gemeint, das wäre für den Patienten das Beste, Einfachste und Sicherste. Aber die Seele fühlt sich nicht befreit, sondern verstoßen. Man hat ihren Körper zerstört, ihr das irdische Zuhause genommen, ihr die Chance genommen, in einem freien Prozess zur Sterbebereitschaft zu finden. Stellt euch das so vor, wie wenn im Theater der Schlussvorhang fällt, bevor das Stück zu Ende ist. Ihr werdet sagen: »Moment mal, da fehlt noch etwas!« und euch nicht einfach hinauswerfen lassen.

Wird der Sterbeprozess vorzeitig abgebrochen, will die Seele zurück in den Körper. Sie findet dann nicht einfach den Weg zum Himmel, sie wird jedenfalls große Mühe damit haben. Sie könnte zur »verlorenen Seele« werden (vgl.S. 202–205). Es ist nicht zwangsläufig, dass sie zur »verlorenen Seele« wird, aber die Gefahr besteht. Ich empfehle euch größte Zurückhaltung gegen jede Art von »aktiver Sterbehilfe« und Beihilfe zur Selbsttötung.

Kann das auch passieren, wenn der Sterbende selbst um die Spritze gebeten hat?

Ja, sein Wunsch, dem Leiden ein Ende zu setzen, bedeutet nicht unbedingt, dass die Seele zur Sterbebereitschaft gefunden hat. Da können verschiedene Regungen des Gefühls und des Wollens durcheinander gehen. Das gilt selbst dann, wenn dem Patienten ein Gift auf den Nachttisch gestellt wurde, um ihm die Selbsttötung zu ermöglichen. Es gilt auch, wenn die Angehörigen ihr Einverständnis erklärt oder darum gebeten haben, ja dann erst recht: Es könnte ja sein, dass der Entschluss zur Selbsttötung oder zum Getötetwerden nur entstanden ist, weil man dem Wunsch der Angehörigen entgegenkommen wollte.

Wenn der Sterbende ausdrücklich erklärt, dass er so nicht weiterleben will, dann sollte man ihm auf anspruchsvoller Ebene antworten und ihm etwa sagen: »Dein Wille verdient allen Respekt, aber tue den Sprung ohne Fremdeinwirkung und ohne chemische oder mechanische Mittel. Suche das Einverständnis mit dem Vater in Gebet oder Meditation. Vielleicht entdeckst du dann ja auch, dass das Weiterleben für dich doch noch Sinn macht. Wozu könnte es noch dienen, warum bist du noch da? Wenn du diese Fragen in dir selbst und im Gespräch mit dem Vater geklärt hast und dann bereit bist, zu gehen, wird dich der Vater in Frieden sterben lassen.«

2. *Gilt das Entsprechende auch für das Abstellen von technischen Apparaten, die der Lebensverlängerung dienen und ohne die der Mensch sterben würde?*

Hier geht es um die Frage, ob man den natürlichen Verlauf der Dinge respektieren oder durch technische Maßnahmen verzögern sollte. In diesem Zusammenhang ist es zunächst wichtig, sich klar zu machen, dass das Sterben nicht ein Versagen der ärztlichen Kunst bedeutet, sondern ein eigenes Arbeitsfeld für den Arzt ist. Er soll auch im Sterben retten, was zu retten ist: das Leben, aber auch die Würde, die Freiheit, die Stimmigkeit der Abläufe.

Ebenso wichtig ist es für Ärzte, zu wissen, dass sie selbst mit den radikalsten Maßnahmen ein Leben nicht verlängern können, wenn die Seele im Einverständnis mit dem Vater und dem Körper beschlossen hat, gehen zu wollen. Erfolge können sie nur haben, solange die Seele unentschlossen ist und der Vater und der Körper ihr noch Zeit lassen, zu diesem Einverständnis zu finden. Das ist häufig der Fall, vor allem wenn der Mensch glaubt, das Sterben bedeute das endgültige Ende des Bewusstseins.

Doch selbst, wenn er weiß: Sterben bedeutet nur ein Abreisen, wird er oft noch argumentieren und z. B. dem Körper sagen: »Du wirst schon noch können, meine Kinder brauchen mich noch.« Der Körper wendet vielleicht ein: »Kannst du ihnen in meinem Zustand noch dienen, fällst du ihnen nicht nur zur Last und wärst im körperlosen Zustand hilfreicher?« Solche Diskussionen werden natürlich nicht auf der Ebene des bewussten Verstandes geführt. Aber sie brauchen ihre Zeit, und die können die

Ärzte ermöglichen, bis die Seele aus freier Einsicht ihr Einverständnis mit dem Sterben erteilt hat. Wenn auch der Körper noch solange mitmacht und der Vater solange wartet, dann sind die lebensverlängernden Maßnahmen sinnvoll.

Das können die Ärzte aber nicht wissen?

Nein, aber da diese Möglichkeit besteht, ist es sinnvoll, was sie tun. Sie sollten aber wissen, auch wenn es sie betrüben mag: Es ist nie der Arzt, der über das Gelingen entscheidet. Es ist der Mensch selbst. Sterben ist immer ein selbst verantworteter, freiwilliger, aktiver Prozess. Ist die Seele nicht einverstanden, wird der Prozess nicht wirklich eingeleitet, sondern verzögert. Man sollte die Maschinen nie abstellen, ohne es der Seele einige Zeit vorher anzukündigen, damit sie selbst sich noch so oder so entscheiden kann, und dann sollte man ihre Entscheidung respektieren.

3. *Folgt daraus, dass man dem Sterbenden, der keine Nahrung mehr aufnimmt, zwangsweise Nährstoffe zuführen sollte?*

Nur dann, wenn der Organismus sie braucht und will, aber auf natürlichem Wege nicht aufnehmen kann. Normalerweise ist der erste Schritt des Abschiednehmens von der irdischen Inkarnation eine Lockerung der Beziehung zwischen Körper und Seele, die der Organismus herbeiführt, indem er das Fasten wählt. Das Fasten bringt den Menschen in ein anderes Verhältnis zum Geistigen, es macht ihn leichter und fröhlicher und lockert sein Eingebundensein in materielle Zusammenhänge. Diesen Wunsch zu fasten sollte der Arzt respektieren und sich darauf beschränken, die Zufuhr von Flüssigkeit zu gewährleisten. Es handelt sich dann nicht um ein »Verhungernlassen«, sondern um den Verzicht auf Zwangsernährung, die künstlich zusammenzuschweißen sucht, was sich voneinander lösen will. Aber wohlgemerkt: Das gilt nur, wenn erkennbar ist, dass der Organismus tatsächlich keine Nahrung mehr aufnehmen will, weil er sich zum Abschiednehmen entschlossen hat, nicht wenn er Nahrung sucht und braucht, aber nicht aufnehmen kann.

4. *Ist das Abstellen von Herz-Lungenmaschinen dem Verzicht auf Zwangsernährung gleichzustellen?*

Zunächst: Es ist nicht geboten, den Sterbenden aus seinem Bett daheim in die Intensivstation zu verbringen, um Herz- und Lungentätigkeit, die ohne Technik nicht erhalten werden können, künstlich zu verlängern.

Hat man ihn aber einmal an solche Maschinen angeschlossen, dann ist das Abschalten ein ziemlich brutaler Akt, den man möglichst vermeiden sollte und auch vermeiden kann. Er bedeutet zwar nicht eine aktive Tötung, die der Giftspritze vergleichbar wäre. Doch der sanftere Weg ist, die Verweigerung der Nahrungsaufnahme zu respektieren, dem Organismus Flüssigkeit zuzuführen und den natürlichen Lauf der Dinge abzuwarten. Es kommt immer darauf an, dem Eigenwillen der Seele des Sterbenden Rechnung zu tragen.

5. *Wie kann der Arzt den Eigenwillen des Patienten erkennen?*

Das Beste ist natürlich, der Sterbende hat zuvor in einer »Patientenverfügung« möglichst genau festgelegt, wie viel Technik er im Sterbefall an sich herankommen lassen will. Die Ärzte können sonst nicht wissen, wie erwünscht technische Maßnahmen sind, sie sollten sie im Zweifel also anwenden. Das liegt dann nicht in ihrer Verantwortung.

Ich möchte euch bitten, schon in gesunden Zeiten zu überlegen, was ihr wollt und vor allem, was ihr keinesfalls wollt. Ihr könnt auch wollen, dass nichts unterlassen wird, was technisch möglich ist.

Informiert euch aber zuvor über die Gegebenheiten der Intensivstation. Ist es euch lieber, zu Hause zu sterben als dort noch vier Wochen weiterzuleben – oder nicht? Habt ihr lieber nahe stehende Menschen oder technische Apparate um euch herum? Ist euch der Gewinn an Zeit wichtiger als die Erfülltheit der Zeit? Zieht ihr die Klinik der Privatheit vor? Welche Folgemaßnahmen wünscht ihr? Entscheidet euch, schreibt es nieder und hinterlegt eure Verfügung so, dass sich die Ärzte und Angehörigen daran orientieren können.

6. *Wenn es keine Patientenverfügung gibt, auch die Angehörigen nicht wissen, was der Sterbende will und dieser sich auch nicht mehr äußern kann, sollen dann alle technischen Möglichkeiten zur Lebensverlängerung ausgeschöpft werden?*

Dann sollte der Arzt sich fragen: Angenommen, ich wäre in dem Zustand und Alter des Patienten und hätte dieselbe hoffnungslose Prognose vor Augen – was würde ich wollen? Das Urteil darüber wird letztlich individuell und subjektiv bleiben. Es dient aber als Ausgangsposition für die Frage. Wäre es im Sinn des Patienten, ihn so zu behandeln, wie ich es für mich wollen würde?

Mit dieser Frage tritt der Arzt in eine persönliche Beziehung zum Patienten, in eine innere Rücksprache mit ihm. Ich setze jetzt voraus, dass dem Arzt Leben und Würde heilig sind und sich nicht ein potenzieller Selbstmörder in den weißen Kittel verirrt hat. Dann hat der Arzt einen Beschluss zu fassen, mit dem er für den Patienten einsteht. Er versteht sich also als sein Vertreter. Er sollte die Entscheidung nicht den Angehörigen zuschieben, denen das medizinische Fachwissen fehlt. Er könnte sich aber mit ihnen zusammensetzen, um ihnen seine Entscheidung zu erklären, damit sie sie verstehen und annehmen können.

Was könnte er ihnen sagen?

Er kann ihnen sagen, dass das Sterben unvermeidlich ist und dass es nur noch um einen Wettlauf mit der Zeit geht. Er sagt z.B.: »Man kann noch etwas Druck auf Seele und Körper ausüben, um sie für kurze Zeit zusammenzuhalten. Das versetzt beide in ziemlich schlechte Laune, sie fühlen sich nicht mehr wohl in einer Zwangsverlängerung, und diese ist eventuell mit schmerzhaften Unannehmlichkeiten verbunden. Man kann das machen, damit sich Ärzte, Pfleger und Angehörige wohler fühlen. Für den Patienten ist es vielleicht auch eine Gelegenheit, noch einmal Geduld und Gehorsam zu üben.«

7. *Was tun, wenn umgekehrt der Arzt von lebensverlängernden Maßnahmen abrät, die Angehörigen aber auf sie drängen?*

Also der Sterbende würde, wenn er sich äußern könnte, vielleicht sagen: »Lasst mich in Frieden gehen.« Die Angehörigen dringen aber darauf, die Maßnahmen fortzusetzen und fordern den Sterbenden innerlich auf, dem Rat des Arztes seinen Ungehorsam entgegenzusetzen: »Du bist liebevoll zum Arzt, aber weniger zu uns.« In einer solchen Situation hat der Arzt zu entscheiden, ob er dem Drängen nachgibt, um Vorwürfen zu entgehen, oder ob er sich aufgrund seines ideellen Gesprächs mit dem Sterbenden gewiss ist, dass er in seiner Vertretung und in seinem Interesse der aussichtslosen Lebensverlängerung ein Ende setzen sollte.

8. *Und wenn weder Arzt noch Angehörige zu einer klaren Entscheidung finden?*

Wir haben es hier mit einem grundsätzlichen Problem der modernen Gesellschaft zu tun. Die Technik ist ein großer Freund des Menschen und in vielen Fällen sehr segensreich, aber sie schwächt das eigene Wollen oder lähmt es sogar. Früher gehörte z.B. viel Eigenwillen dazu, eine Reise anzutreten, man hatte Mühsal und Risiken auf sich zu nehmen. Heute kann man sich spontan ins Auto setzen und davonfahren. Die Möglichkeiten der Technik ersetzen das Wollen. Ebenso verdrängen die Errungenschaften der Intensivmedizin die Entscheidungsfähigkeit: »Muss ich wissen, was ich will?« Man tut dann, was üblich ist, was möglich ist, vielleicht auch, was das Billigste ist. Das ersetzt das eigene Wollen, und das wird schließlich zum Verhängnis. Der Arzt fragt dann nicht, was der Sterbende selbst wollen würde, sondern tut, was technisch möglich ist und was man deshalb üblicherweise tut. Das ist sehr schade. Aber man kann einen Menschen nicht überfordern und den Arzt nicht von heute auf morgen in einen idealen Arzt verwandeln.

III.
Der ideale Arzt

Der ideale Arzt würde also wissen, was der Patient will, auch wenn dieser sich nicht äußern kann?

Ja, denn er würde ein persönliches Verhältnis zu ihm aufbauen. Normalerweise vermeiden Ärzte das und sehen sich von Überlegungen entbunden, die über ihr Metier hinausgehen.

Der ideale Arzt im Sinn des Himmels aber hat eine fast priesterliche Funktion, wenigstens beim Sterbenden. Da ist er zu einem inneren Zwiegespräch mit ihm gefordert. Er sollte sich zu ihm setzen, ihn anschauen, Gesicht und Hand berühren, seinem Atem lauschen, dann die Augen schließen und ihn fragen: Wie kann ich dir helfen und dich begleiten, wie kann ich deinem Willen gemäß handeln? Das Zwiegespräch hat den Charakter einer Meditation, es bedarf der Geduld, des inneren Lauschens. Engel und Heilige werden sich einschalten und klare Antworten ermöglichen.

Nach einer Geburt gibt es meist einen Augenblick, in dem der Geburtshelfer das Kind anschaut und es in seinem Menschsein erkennt: »Ich habe dich begleitet, ich kenne dich« – ehe er sich wieder dem Alltag widmet. So sollte sich der Arzt auch dem Sterbenden von Person zu Person zuwenden. Da geht es darum, der Seele Raum zu schaffen für ihren Entscheidungsprozess, damit sie zum inneren Frieden mit ihrem Abschied findet.

In dieser inneren Zwiesprache wird er mit ihr Fragen klären wie beispielsweise: Inwiefern ist dein jetziger Zustand noch sinnvoll? Was für eine Meisterschaft willst du in dir noch stärken, womöglich Geduld, Beharrung, Durchhalten? Was kannst du vielleicht noch tun – für dich und für andere? Womit magst du dich nicht abfinden? Bist du ein Dickkopf, der weiß, was er will? Hältst du den gegenwärtigen Zustand nicht mehr aus und willst gehen? Oder willst du bleiben, um dich in Geduld zu üben? Oder bist du dir noch nicht im Klaren darüber, was du wollen solltest?

Das Urbild des Arztes schlechthin ist Christus: der große Therapeut, der Heiland, der zugleich der höchste Priester ist. Er ist der priesterliche Arzt, der heilende Begleiter, der sagt: »Ich erkenne dich, ich habe Verständnis für dich, ich stehe für dich ein.« Der ideale Arzt hat Berührungspunkte mit dem Priester und ist diesem in vielem ähnlich.

Und wenn der Arzt so nicht handeln will oder kann?

Dann sollten die Angehörigen versuchen, in innerer Zwiesprache mit dem Sterbenden seinen Willen, insbesondere seine Sterbebereitschaft zu ergründen, und eine entsprechende Entscheidung treffen. Und dann sollte der Arzt ihrem Beschluss Folge leisten. Es gibt drei Möglichkeiten:

a) Entweder der Sterbende ist bereit, zu gehen. Dann sollten die lebensverlängernden Maßnahmen nicht fortgesetzt werden. Es bedarf dann des Mutes zur Entscheidung.
b) Oder er ist noch nicht dazu bereit, dann sollten sie fortgesetzt werden, bis er innerlich bereit ist, dem Ruf des Vaters zu folgen.
c) Oder er ist nicht geübt im eigenen Wollen und gewohnt, nicht gefragt zu werden, sondern zu tun, was andere wollen. Er hat das Selbstentscheiden nicht gelebt und hat nun am Ende seines Lebens erstmals die Gelegenheit, etwas zu wollen. Dann sollten die lebensverlängernden Maßnahmen so lange fortgesetzt werden, bis er zur Sterbebereitschaft gefunden hat.

Und wenn er sie nicht findet, sondern die Entscheidung den Ärzten überlassen will?

Dann solltet ihr nicht in Wut auf die Ärzte verfallen, die so oder so entscheiden, sondern mit bewunderndem Lächeln und einem leichten Anflug von ironischem Humor auf den Menschen schauen, der sich so brav, tapfer und demütig im Gehorsam übt. Ihr könnt aber gewiss sein, dass er über kurz oder lang zur Sterbebereitschaft finden wird.

Übung

Ihr solltet euch schon im gesunden Zustand eine Vorstellung davon machen, wie ihr euch das ideale Sterben wünscht. Wollen hat mit bildhafter Vorstellung zu tun. Schließt die Augen und macht euch ein Bild von der Sterbesituation, die euch am angenehmsten wäre. Seht ihr euch da auf der Intensivstation? Oder zu Hause im Bett, ein Lämpchen brennt, ein paar liebe Menschen und Tiere sind um euch herum? Oder seht ihr euch allein in einem Schaukelstuhl sitzen, eine Decke über den Knien, dem Sonnenuntergang zuschauend, ein Lächeln auf den Lippen? Oder seht ihr euch an einen Baum am Waldrand gelehnt, die Vögel singen, ein Hase, ein Rehlein springt vorbei? Malt euch das ideale Bild eures Sterbens aus.
Schaut euch die Krankenhäuser an, pflegt gute Beziehungen zu Angehörigen und Nachbarn, die bei eurem Sterben daheim anwesend sein sollten, sucht euch einen schönen Platz in der Natur und macht euch die Naturgeister zu Freunden – dann entscheidet euch. Legt eure Entscheidung schriftlich fest und teilt sie zumindest mündlich Angehörigen und Ärzten mit und fügt hinzu, was für Maßnahmen die Ärzte ergreifen oder unterlassen sollten.
Und tut bei dieser Gelegenheit noch etwas: Stellt euch den Nachruf vor. Welchen Inhalt sollte er haben, ohne gelogen zu sein? Wo sollte er verbreitet werden – in der Zeitung, im Fernsehen, in Rundschreiben? Dann öffnet die Augen und lebt künftig so, wie ihr wollt, dass es im Nachruf zum Ausdruck kommt.

IV.
Familie und Hospiz

Welches Umfeld wäre aus Sicht des Himmels wünschenswert – die Familie daheim, die Klinik, das Hospiz?

Das Ideale lässt sich in der Regel nicht herstellen, aber ihr solltet es euch wenigstens mal vor Augen führen: die Großfamilie, wo der Sterbende noch mitbekommt, wenn nebenan ein Kind zur Welt kommt, und die Gebärende, wenn nebenan einer stirbt. Angehörige, Betreuer und auch Kinder erleben das eine und das andere mit. Das vermittelt ihnen allen einen großartigen Eindruck von den Gegebenheiten der Natur: Das Leben geht weiter, das Sterben ist in der Geburt schon angelegt. Es hat nichts Schreckliches und Außergewöhnliches an sich. Man kann sich damit versöhnen, wenn man nicht nur theoretisch weiß, sondern auch emotional erlebt hat, wie schön und weisheitsvoll das Leben von Anfang bis Ende eingerichtet ist.

In einer idealen Großfamilie leben die Jungen und die Alten, die Gesunden und die Kranken, die Verheirateten und Unverheirateten familiär zusammen. Zu Hause wird geboren und gestorben.

Soll man Kinder schon mit dem Tod konfrontieren?

Ja. Sie wachsen zwar ins Leben hinein und haben damit Probleme genug. Ihr eigenes Sterben liegt ihnen noch fern; sie sollten solche Übungen noch nicht machen. Aber sie sollten durchaus schon lernen, dass das Sterben zum Leben gehört und normalerweise nichts besonders Schockierendes ist. Man sollte sie in das Geschehen am Sterbebett einbeziehen, z.B.: »Der Sterbende möchte dir noch etwas sagen oder dir die Hand streicheln.« Das Kind kann ihm ein Glas Wasser bringen oder ihm auf der Wiese ein paar Blumen suchen.

Ist der Verstorbene aufgebahrt, darf das Kind ihn sehen und mit den Angehörigen singen und beten. Während die Mutter Totenwache hält, kann es Küchenarbeit übernehmen. Aktives Mittun hilft, das Geschehen zu meistern.

Soll man den Kindern die Bedeutung des Sterbens erklären?

Man sollte die Fragen, die sie stellen, in aller Ruhe beantworten, allerdings nicht mehr darlegen, als sie gefragt haben. – Wenn ihr die Kinder so einbezieht, machen sie wichtige Erfahrungen, die ihnen später im Leben weiterhelfen werden.

Was für Erfahrungen machen sie?

1. Sie machen erstens die Erfahrung, dass das Sterben zwar berührend und traurig, aber etwas Normales ist, dass sich in den Alltag eingliedert. Man wird weiter einkaufen, kochen, abwaschen, Wäsche waschen und so fort. Die Kinder erleben nicht nur den Sterbenden, sondern auch die anderen, die mit dem Sterben umgehen.
2. Die Zeit des Sterbens, der Beisetzung, der Kondolenzbesuche geht schnell vorbei und das Leben geht weiter. Man geht mit all dem um, es ändert sich aber nicht sehr viel.
3. Diese Zeit ist von seltener Intensität: Es waltet ein großer Ernst, man ist tief berührt, kommt zu Erkenntnissen. Diese Intensität ist eine sehr schöne Erfahrung. Im Nachklang wird sie als eine Zeit der Stärkung erinnert: Das Sterben brachte Schwierigkeiten mit sich, aber man hat sie gemeistert.
4. Man meistert die Schwierigkeiten am besten, indem man nicht nur tatenlos zusieht, sondern sich aktiv einbringt, z. B. durch Blumen pflücken oder durch Helfen im Haushalt: kochen, die Waschmaschine bedienen. Die Information, die man ins Leben mitnimmt, ist: durch Aktivität lässt sich alles meistern.
5. Ideal ist, wenn man den Kindern auch einige Realitäten des Lebens nach dem Sterben vermittelt, z. B.: Der schon früher verstorbene Opa wird die Oma gewiss schon im Himmel erwarten. Oder: Wir haben mit der Oma verabredet, dass wir uns mit ihr an ihrem Lieblingsplatz im Garten von Zeit zu Zeit treffen und mit ihr Kontakt pflegen werden – und der-

gleichen. Aus solchen Informationen erfährt das Kind mehr über die Wirklichkeit der jenseitigen Welt als aus jeder anderen Quelle.

Wenn das Sterben zu Hause nicht möglich ist, was wäre die zweitbeste Lösung?

Schau, das Leben beginnt – unterstützt von erfahrenen Helfern – in der Familie und so sollte es im Idealfall auch enden. Ob einer zu Hause oder im Krankenhaus stirbt, er sollte jedenfalls einen vertrauten Personenkreis um sich haben, zu dem er eine persönliche Bindung hat und in dem ein Ton herrscht wie in einer wohlmeinenden Familie. Kann jemand nicht im Kreise seiner Familie sterben, so ist ihm ein Hospiz zu wünschen, das um familienähnliche Umgangsweisen bemüht ist. Nicht angemessen ist ein Krankenhaussaal mit zahlreichen Sterbenden und wechselndem, unpersönlichem Personal, es sei denn, einer wünscht sich das so. Das wird allerdings selten sein.

Es gibt ja gute Sterbe-Hospize. Das beste wäre allerdings ein Hospiz, das eine Geburts- und eine Sterbestation unter seinem Dach vereinigt. Es wäre zwar kein Ersatz für die Großfamilie, würde aber eine gewisse Annäherung bedeuten.

Dieser Vorschlag wird eher auf Befremden und Reserve stoßen.

Ja, ihr habt derzeit die Neigung, die Menschen zu sortieren: Es gibt z.B. Lokale für Jugendliche und für »Senioren«, für Einheimische und für Ausländer, für Reiche und für Arme, für Familien und für Singles, für Behinderte und für Gesunde, und das setzt sich fort in Wohngegenden, Gruppenreisen, Hotels, in Jugend- und Altenheimen usw. – als käme es darauf an, dass jede Gruppe von den anderen möglichst wenig mitbekommt.

Diese gesellschaftliche Trennungstendenz spiegelt die analytische Denkmethode wider, die euren Wissenschaften in den letzten Jahrhunderten zu so großen Erfolgen verholfen hat. Aber viele Wissenschaftler haben schon erkannt, dass das analytische Denken der Ergänzung durch das synthetische Denken bedarf, weil das Ganze mehr ist als die Summe seiner Teile. Dieser Denkansatz wird in den nächsten Jahrzehnten zunehmend an Bedeutung gewinnen.

Damit wird auch ein Wiederaufgreifen des synthetischen Lebensansatzes Hand in Hand gehen: Man wird die Bedeutung der Beziehungen zwischen den Menschen, aber auch zwischen Mensch und Natur erkennen. Man wird lernen, das Ganze zu sehen und zu leben, zu hegen und zu kultivieren und die bunten Einzelstücke wieder zu lebenden Organismen zusammenfügen. Die Seelen, die unter der Isolation der Teile gelitten und unselige Erfahrungen damit gemacht haben, ziehen im Himmel die Schlussfolgerung, dass das Leben in Gemeinschaft menschgemäßer ist und wollen dieser Einsicht in der kommenden Inkarnation Geltung verschaffen. Sie wollen dann nicht mehr nach Gruppen getrennt leben, schon gar nicht als Einzelindividuen. Spätestens in hundert Jahren wird der Großfamilie nichts Befremdliches mehr anhaften, und ebenso wenig die Gemeinschaft mit den Angehörigen anderer Altersstufen, Volkszugehörigkeiten, Religionen, sozialen Schichten. Dann werden auch Hospize, in denen sowohl geboren als auch gestorben wird, annehmbar erscheinen.

Solange es so etwas nicht gibt, hat ein reines Sterbehospiz den Vorteil, dass ihr dort mit den erfahrensten Sterbebegleitern rechnen könnt.

V.
Professionelle Sterbebegleiter

Rätst du, professionelle Sterbebegleiter auch im Hause oder in der Klinik heranzuziehen?

Ja, unbedingt. Solche werden ja zunehmend von den Gemeinden oder Kirchengemeinden zur Verfügung gestellt, und es gibt sie auch in den Kliniken. Es kommt allerdings darauf an, dass sie persönlich geeignet und gut ausgebildet sind. Sie können dann dem Sterbenden seinen Weg erleichtern und ihm verständlich machen, was in den verschiedenen Phasen geschieht und warum das gut so ist. Sie können aber auch den Angehörigen mit Rat zur Seite stehen und ihnen sagen, wie sie sich verhalten und was sie möglichst unterlassen sollten.

So wie ihr Hebammen braucht, braucht ihr sozusagen auch Sterbe-Ammen. Für diesen Beruf sind sehr liebevolle und sehr geduldige Menschen geeignet, die aber nicht nur sanft und verständnisvoll, sondern auch couragiert, entschieden und streng sein sollten.

Sollten es Frauen sein?

Nicht unbedingt, aber man wird Menschen, die sich dafür entscheiden, eher unter Frauen als unter Männern finden.

Worin sollte die Ausbildung bestehen?

– *Erstens* sollte der Sterbebegleiter eine gewisse psychologische und soziale Schulung durchlaufen haben, die ihm eine gute Gesprächsführung sowohl mit dem Sterbenden als auch mit den Angehörigen ermöglicht. Auch die medizinischen Grundkenntnisse, die zum Verstehen des Sterbevorgangs unerlässlich sind, sollten ihm vertraut sein.

– *Zweitens* sollten der Sterbebegleiter mit den typischen Phasen des Sterbens, aber auch mit atypischen Varianten vertraut sein. Er sollte also die einschlägige Literatur studiert haben, aber auch als Praktikant diese Phasen miterlebt haben.
– *Drittens* sollte er Offenheit für Spiritualität und Religion mitbringen. Er sollte zumindest wissen, was die Seele in der ersten Zeit nach ihrem Sterben erwartet. Er sollte möglichst die Berichte der Menschen kennen, die eine so genannte Nahtoderfahrung gemacht haben. Wer sie selbst gemacht hat, wird als Sterbebegleiter besonders gut geeignet sein. Es genügt aber, wenn das Sterben eines nahe stehenden Menschen eine Betroffenheit ausgelöst hat, die zur intensiven Beschäftigung mit den Phasen des Sterbens und mit den Nahtoderlebnissen geführt hat. Eine private Vorerfahrung solcher Art wäre jedenfalls sehr hilfreich.
– *Viertens* wäre für einen wirklich guten Sterbebegleiter wünschenswert, dass er sich möglichst realistische Vorstellungen auch von den Erlebnissen der Seele machen kann, die in der Nahtoderfahrung nicht erreicht werden, z. B. von dem liebevollen Empfang der Seele im Himmel, von der Generalbeichte, vom Gespräch mit Christus, von der Heimkehr in den Zwölferkreis, von den verschiedenen Betätigungsmöglichkeiten der Seele im Himmel. Zwar braucht der Sterbebegleiter weder dem Sterbenden noch den Angehörigen davon erzählen, wenn er damit religiös-weltanschauliche Irritationen auslösen würde. Sein Wissen darum wird ihn aber mit einem Vertrauen erfüllen, das eine starke Ausstrahlungwirkung entfaltet. Damit trägt er dazu bei, dem Sterben seine Schrecken zu nehmen und die Annahme des Unvermeidlichen leichter zu machen.

Sollte er auch etwas über Reinkarnation wissen?

Der Blick darauf steht in der Phase des Sterbens nicht im Vordergrund. Jedenfalls gehört die Lehre von der Reinkarnation nicht zum Ausbildungsprogramm des Sterbebegleiters. Ohne äußeren Anlass davon zu sprechen, könnte leicht auf Befremden stoßen, es sei denn, der Sterbende fragt von sich aus danach. Tut er das, und ist der Sterbebegleiter mit diesem Gedanken vertraut, dann braucht er nicht darüber zu schweigen, sondern kann dem Sterbenden etwa sagen: »Du wirst in diese Welt wiederkommen und wieder zu ihrem und deinem Heile wirken können, bis du endgültig zum Vater heimkehren wirst.«

Sollte der Sterbebegleiter Christ sein?

Man wird am besten einen Sterbebegleiter heranziehen, der derselben Konfession angehört wie der Sterbende. Ist dieser z.B. katholisch, dann kann ein katholischer Sterbebegleiter mit ihm nicht nur über die Engel, sondern auch über die Heiligen sprechen, die ihn liebevoll empfangen und ihm hilfreich zur Seite stehen werden. Er kann ihm sagen, dass es Zeit ist, einen Priester zu rufen, Beichte abzulegen und die Sakramente zu empfangen. Ist der Sterbende evangelisch, kann ein evangelischer Sterbebegleiter vertraute Gebete mit ihm sprechen und ihm vertraute Lieder vorsingen. Ist der Sterbende Moslem, wäre es gut, wenn auch der Sterbebegleiter Moslem wäre.

Wo das nicht machbar ist, sollte der Sterbebegleiter zumindest in Grundzügen mit der Konfession des Sterbenden vertraut sein: ihre Heilige Schrift, ihre Gebete, ihre Sprech- und Ausdrucksweise kennen, um seine Gespräche daran anknüpfen zu können.

Und wenn der Sterbende und seine Familie keiner Konfession angehören?

Dann ist es erst recht wichtig, dass der Sterbebegleiter die Realitäten des Geschehens nach dem Sterben kennt und auszusprechen bereit ist. Er sollte die Wahrheit sagen und sich nicht etwa in vermeintlich weltanschaulicher »Neutralität« zurückhalten: »wie Sie meinen«. Er ist nicht der Staat. Für ihn, für den Sterbenden und seine Angehörigen geht es um die Wirklichkeit, d.h. um die Realitäten, die sich nach dem Sterben zeigen werden.

Der Begriff »Glaube« wird missverstanden, wenn man ihn gleichsetzt mit Meinungen, die relativ und subjektiv sind. Glaube bedeutet ein Sich-Angeloben, nicht etwa einen Weg in die Beliebigkeit. Der Sterbebegleiter wird seiner Aufgabe nur gerecht, wenn er sich dem Himmel angelobt hat und wenn er vermittelt, was für eine Reise der Sterbende antritt. Es geht darum, dass dieser versteht, was geschehen wird und nicht davon überrascht wird. Es geht darum, diese Reise möglichst schön und würdig zu gestalten und auch die Angehörigen nicht im Unklaren zu lassen.

Und wenn der Sterbende ein überzeugter Anhänger des materialistischen Dogmas ist?

Dann sollte der Sterbebegleiter in höflicher Form versuchen, Zweifel zu wecken und den Sterbenden auf die ihm bevorstehenden Erlebnisse vorzubereiten. Er wird ja sehr bald den Realitäten begegnen! Er wird sich leichter tun, wenn er sie zumindest für möglich, jedenfalls nicht für ganz ausgeschlossen gehalten hat.

Vom Arzt erwartet ihr ja auch nicht mehr, dass er dem Patienten die Wahrheit über seinen Zustand vorenthält, selbst wenn diese schockierend und schmerzlich ist. Ebenso wenig sollte der Sterbebegleiter dem Sterbenden die Wahrheit verschweigen, sondern ihm erklären, was bevorsteht. Das gilt umso mehr, als die Wahrheit für ihn zwar desillusionierend, aber nicht erschreckend ist – im Gegenteil. Allerdings sollte auch der Sterbebegleiter – ebenso wie der Arzt – rücksichtsvoll, verständnisvoll, behutsam vorgehen.

Es ist zwar wichtig, dass der Sterbende menschliche Wärme erfährt und liebevoll behandelt wird. Aber die Sterbebegleitung ist nicht nur eine humanitäre Aktion; der Sterbebegleiter sollte nicht nur nett sein, die Kissen aufschütteln, etwas zum Trinken bringen und dergleichen. Er hat vielmehr eine weit darüber hinausgehende Aufgabe: Er gibt dem Sterbenden Orientierung, er begleitet ihn wie ein Lehrer und guter Freund. So wie bei der Geburt nicht nur liebe Angehörige anwesend sind, die es der Mutter nett, warm und hell machen, sondern vor allem die Hebamme, die Meisterin, die Bescheid weiß und deren Anweisungen ernst genommen werden, so sollte auch die Sterbebegleitung sehr, sehr ernst genommen werden.

Wird sich eine ideale Sterbebegleitung in unserer Gesellschaft organisieren lassen?

Gewiss, die Zeitströmungen sind derzeit so günstig dafür wie seit Jahrhunderten nicht. Es sind zwei Schritte erforderlich:

– *Erstens* könnt ihr euch dafür einsetzen, dass der Sterbebegleiter als ein Berufsbild dieselbe offizielle Anerkennung findet wie die Berufe der Hebamme und der Krankenschwester, dass eine offizielle – z. B. psychologische und soziale – Ausbildung dafür eingerichtet wird und dass die Finanzierung gesichert ist.
– *Zweitens* könntet ihr private Einrichtungen schaffen, in denen die Sterbebegleiter ergänzend in den Fragen unterrichtet werden, die vielleicht in den offiziellen Ausbildungsgängen noch nicht sogleich vorgesehen werden, nämlich in den Realitäten des Sterbeprozesses und den Erlebnissen der Seele nach dem Sterben. Wenn Menschen, die in diesen Fragen bewandert sind, ein Hospiz für Sterbende einrichten, könnten Sterbebegleiter dort als Praktikanten arbeiten, Unterricht erhalten und alle auftauchenden Fragen in Kursen besprechen.

In der Anfangszeit wird sicherlich viel Verzicht und Opferbereitschaft gefordert sein. Aber ihr werdet sehen, dass die Nachfrage nach solcherart geschulten Sterbebegleitern in den nächsten Jahrzehnten ständig wachsen wird.

VI.
Koma

Nun noch zu einem Sonderfall, dem Koma. Wenn ein Patient ins Koma gefallen ist, ist es dann im Sinne seiner Seele, dem Leben ein Ende zu setzen?

Nein. Dann will die Seele mit aller Entschiedenheit das Gewand des Körpers beibehalten. Sie führt darüber eine innere Diskussion mit dem Körper und dem Vater. Es kommt zum Koma, wenn der Körper geduldig und funktionsfähig genug ist und der Vater einwilligt. Der im Koma liegende Mensch ist nicht ohne Bewusstsein, nur ist dieses völlig nach innen gekehrt und kann sich nach außen nicht mitteilen.

Die Seele bleibt im Körper verankert, kann sich aber mit Teilen ihres Gesamtgefüges herausbewegen und auf Reisen begeben, die Eltern besuchen oder ein Kloster oder sogar eine Stadt in China. Sie kann andere Menschen trösten, irgend etwas beobachten, Informationen sammeln. Sie schaut vor allem, wo es viel schöner ist als zu Hause – immer mit dem Hintergedanken: Da gefällt es mir nämlich nicht besonders, da ist es nicht ideal. Aber die Seele macht keine Jenseitserfahrung, sie bleibt immer erdnah. Der Sinn ihres Zustands ist, zu erforschen, ob es woanders schöner ist als zu Hause. Solange diese Frage nicht entschieden ist, bleibt sie im Koma und kehrt nur zwischendurch mal nach Hause in ihren Körper zurück.

Kann man mit so einer Seele Kontakt aufnehmen?

Das ist kein Problem, du kannst sie rufen und bitten: »Können wir miteinander sprechen?« Dann ist sie ansprechbar und kann dich verstehen. Ob du ihre Antworten hören und verstehen kannst, ist eine andere Frage, dazu bedarf es derselben Kunst wie in Engelgesprächen.

Was könnte man einer solchen Seele z. B. sagen?

Geh in Ton und Inhalt bitte davon aus, dass der Mensch im Koma liegt, weil er selbst das freiwillig will, und respektiere das. Deshalb wäre es *nicht* angebracht, etwa zu fordern: »Wach jetzt auf« oder »Stirb doch endlich« oder »Gib dich zu erkennen« oder »Bewege deinen Körper«. Vor allem mache keine Vorwürfe. Die bewirken nicht, dass die Seele ihre Freiheit aufgibt, sondern verschlechtern nur ihre Stimmung. Vielmehr wäre es angebracht, Neugier und Verständnis zu zeigen und zunächst einmal zu fragen: »Was ist für dich so wichtig an diesem Zustand? Warum macht er dir Freude? Was tust du, warum liegt dir daran?« Sag es mir im Traum, lass es mir irgendwie deutlich werden. Verständnis wirkt anziehend. Dann sagt sich die Seele vielleicht: »Das Einfachste ist, ich kehre in den Körper zurück, wache auf und spreche in Worten.«

Was ist denn so attraktiv an diesem Zustand?

Das ist wie der Unterschied zwischen Auswandern und Reisen. Wenn du verreist, kannst du nach Hause zurückkehren. Wird unterdessen das Zuhause gut verwaltet, wirst du in ein gepflegtes und warmes Heim kommen: es hat nicht hereingeregnet, es ist nichts gestohlen worden usw. Normalerweise kann die Seele darauf vertrauen, dass der Körper ernährt, warm gehalten und beatmet wird, da braucht sie sich keine Sorgen zu machen.

Allerdings wird ein unbelebtes Haus auf Dauer leiden, auch wenn es regelmäßig belüftet und beheizt wird. So wird auch der Körper geschwächt. Schließlich wird es der Seele dann zu dumm. Entweder sagt sie sich: »Ich bleibe jetzt in diesem Körper, der doch der schönste Ort auf der Welt ist« oder: »Ich verlasse ihn ganz und endgültig.«

Wie kommt dieser Zustand an ein Ende?

Der Körper, der diesen Zustand überhaupt mitmacht, muss sehr langmütig sein – nicht jeder Körper ist das. Er kann auch sagen: »Entscheide dich, bleibe oder gehe, ich halte hier nicht jahrelang die Stellung.« Ist er bereit, den Zustand zu ertragen, lernt die Seele, die ihn – und überhaupt die materiellen Gegebenheiten –

nicht besonders geliebt hat, Hochachtung, Respekt, Zärtlichkeit und Liebe für den Körper zu empfinden. Dadurch gewinnt sie allmählich einen versöhnlichen Blick auf die Materie überhaupt, überwindet ihre Wut, ihre Rebellion, ihre Unentschiedenheit – »ich will hier weg, aber doch nicht ganz« – und schließt Frieden mit ihrem Inkarniertsein. Dann aber kann der Körper sie bitten: »Nun lass es genug sein, lass mich in Frieden meinen Weg gehen und gehe du deinen.« Dann wird sie bereit sein, »auszuwandern«, d.h. zu sterben.

Was können die Angehörigen des Komatösen tun?

Am hilfreichsten ist Normalität, gemischt mit verständnisvollem Interesse. Das klingt schwierig, aber die Angehörigen sollten verstehen: Die komatöse Situation ist eine der Freiheitsliebe, des Ausprobierens von Freiheit, ohne alles aufgeben und loslassen zu müssen. Die Angehörigen sollten ebenfalls Freiheit leben, d.h. das tun, was ihnen als das Schwierigste erscheint: ein normales Leben weiterleben und den Komatösen so einbeziehen, wie wenn er nicht im Koma läge. Du erzählst ihm z.B., du habest eine Rechnung bekommen von den Elektrizitätswerken, die du überprüfen willst, oder du spielst ihm den neuesten Song vor und sagst ihm: »In den habe ich mich total verliebt«, oder du führst ihm ein neues Kleid vor – »Steht mir das nicht hervorragend?« Du tust so, als wäre er anwesend, lässt ihm aber die Freiheit, nicht anwesend zu sein. Sein Körper vollbringt eine Spitzenleistung. Nimm wahr, was er leistet!

Zugleich zeige Interesse für das, was er auf seinen Reisen erlebt. Gehe mit der Seele so um wie mit einem Reisenden. Der ruft vielleicht mal an oder sendet Postkarten. Und wenn er heimkommt, will er nicht mit Vorwürfen überschüttet, sondern nach seinen Erlebnissen gefragt werden. Die Angehörigen sollten auf die Zeichen achten, die der Komatöse ihnen vielleicht gibt, etwa im Traum. Oder plötzlich gewinnt ein irgendwo gehörter oder gelesener Satz eine merkwürdig nachdrückliche Bedeutung für sie: Ist er vielleicht eine Botschaft der Seele an den Angehörigen?

VII. Hilfe für »verlorene Seelen«

Die »aktive Sterbehilfe« oder »Euthanasie« ist in einigen Ländern Westeuropas schon gesetzlich freigegeben – jedenfalls unter bestimmten Bedingungen. Das wird auch in Deutschland gefordert und breitet sich aus. Das ist aber nicht im Sinn des Himmels?

Nein, ganz und gar nicht. Die Menschen, die das fordern, haben keine Ahnung von den gravierenden Folgen, die sie herbeiführen, weil sie überhaupt kein Wissen über das Leben nach dem Sterben haben. Deshalb ist die Arbeit, der du dich widmest, so wichtig.

Das Motiv hinter dieser Forderung ist oft nicht nur eine irdische Kosten-Nutzenrechnung, sondern auch Mitleid. Man will die Schwerkranken von ihrem Leiden erlösen.

Ja, aber man erlöst sie nicht, sondern fügt ihnen neues und schlimmeres Leid zu. Wenn die Menschen wüssten, was sie anrichten, würden sie nicht so leichtfertig mit diesem Thema umgehen. Die Gefahr ist, dass die Seelen den Weg zum Himmel nicht finden und zu »verlorenen Seelen« werden.

Was sind »verlorene Seelen«, und wie kann man ihnen helfen?

Manchmal findet eine Seele nach dem Sterben nicht den Weg zu Luminathron und durch ihn hindurch in den Himmel, sondern klammert sich an ihr vergangenes Leben, ihren Besitz, ihre Familie oder ihre Geschäfte. Sie sucht ihren Körper, der aber bestattet ist. Sie kann sich nicht orientieren, versucht vergeblich, sich bemerkbar zu machen und ist sehr unglücklich. Sie ist verwirrt und muss sich erst einmal orientieren: »Was soll ich jetzt eigentlich wollen, wo soll ich hin?« Das Bitterste ist: Sie möchte doch eigentlich wieder nach Hause in ihren Körper, aber das Zuhause ist weg. Das ist sehr unangenehm.

Wie kann es dazu kommen?

Man kann nur sagen, welche Dispositionen dazu führen. Wenn der Mensch überzeugt war, dass sein Leben an das Funktionieren des Körpers gebunden sei, kann die Seele nicht fassen, dass sie gestorben sein soll – sie hat ja Bewusstsein! Wenn der Mensch überzeugt war, dass es keine Engel gebe, hat die Seele Schwierigkeiten, ihren Führungsengel und andere helfende Wesen wahrzunehmen und sich leiten zu lassen. Wenn der Mensch sein Sterbenmüssen nicht innerlich angenommen hat, hängt die Seele an den Dingen, die auf Erden noch zu erledigen waren, und kann sie nicht loslassen. Wenn der Mensch nicht wusste, dass er seinen Angehörigen vom Himmel aus wirksam helfen kann, dann hält die Seele ihre weitere irdische Präsenz für unersetzbar. Wenn der Mensch zwar an Gott glaubte, aber die vermittelnden Instanzen nicht kannte oder nicht ernst nahm, fürchtet die Seele, schutzlos und hilflos einem übermächtigen, unfassbaren, fernen Gott gegenübertreten zu müssen. Wenn der Mensch in Sündenbewusstsein und Höllenängsten gelebt hat, scheut die Seele davor zurück, das Tor zum Himmel zu durchschreiten. Wenn der Mensch Opfer einer Tötung geworden ist, kann die davon überraschte Seele mitunter ihr Gestorbensein nicht akzeptieren. Diese Gefahr ist bei der »Euthanasie«, der »aktiven Sterbehilfe« besonders groß, weil sie der Seele von Menschen zugefügt wird, in deren Obhut sie sich befunden und auf deren verantwortungsvolle Pflege sie vertraut hatte.

In derartigen Situationen besteht also die Gefahr, dass sich die Seele an ihre frühere irdische Existenz klammert. Sie irrt verzweifelt auf der Erde herum, meist in ihrem früheren Haus oder in unmittelbarer Nähe.[49] Deshalb ist es so wichtig, dass der Mensch sein bevorstehendes Sterben im inneren Frieden angenommen hat. Deshalb wird ihr vom Vater die Gelegenheit dazu gewährt. Und deshalb ist es so schlimm, wenn wohlmeinende Angehörige und Ärzte ihrem Leben vorschnell ein Ende setzen.

49 Näheres zu den »verlorenen Seelen« siehe Alexa Kriele: *Wie im Himmel so auf Erden,* Bd. III, S. 164ff.

Schon öfter haben mir Menschen berichtet, sie hätten das Gefühl, dass es in einem Hause »spukt«, dass ein »Gespenst« über die Flure schlurft, dass sie ein Scharren oder Klopfen vernehmen oder dass sie sich beobachtet glauben. Sind das »verlorene Seelen«, die sich auf diese Weise bemerkbar machen wollen?

Das kann der Fall sein. Es kann sich aber auch um einen Schabernack von Naturgeistern handeln. In beiden Fällen gibt es keinen Grund, sich zu ängstigen. Es stecken keine dämonischen Mächte dahinter, wie es in euren Gruselfilmen dargestellt wird. Sollte es sich wirklich um eine »verlorene Seele« handeln, dann habt ihr keinen Grund, euch zu entsetzen, aber allen Grund, euch zu erbarmen. Versucht, mit ihr ins Gespräch zu kommen und ihr zur Aufklärung und Orientierung zu verhelfen.

Kann man auch unabhängig von solchen Vorkommnissen etwas tun, um solchen Seelen zu helfen?

Ja, es wäre sogar dringend geboten, dass spirituell veranlagte Menschen Erlösungsarbeit für verlorene Seelen machen.

Wie macht man Erlösungsarbeit für verlorene Seelen?

Man findet sich in einem kleinen Kreis zusammen, lädt verlorene Seelen ein, in diesen Kreis zu treten und betet für ihre Heimkehr ins Licht. Eine Anweisung, wie man das im Einzelnen am besten macht, habt ihr ja schon einmal bekommen. Ich möchte einfach darauf verweisen.[50]

Werden auf Dauer alle verlorenen Seelen den Weg zum Himmel doch noch finden?

Ja natürlich, keine Seele geht verloren. Aber es ist oft ein längerer und schmerzlicher Weg bis dahin. Die Erlösungsarbeit hilft dabei, diesen Weg abzukürzen. Der Himmel ist auch hier – wie überhaupt – auf die tätige Hilfe der Menschen angewiesen. Es wäre sehr hilfreich, wenn sich immer mehr Menschen an der Erlösungsarbeit beteiligen. Es gibt Klöster und andere religiöse

50 siehe Alexa Kriele: *Wie im Himmel so auf Erden*, Bd. II, S. 332ff.

Gemeinschaften, die sich sogar ganz vorwiegend dem Gebet für die Erlösung verlorener Seelen widmen. Diese Seelen strömen zu ihnen hin und sind unendlich erleichtert und dankbar, wenn sie durch ihre Erlösungsarbeit endlich den Weg zum Himmel finden.

Und wenn sie die Hilfe nicht annehmen und hartnäckig in ihrem Zustand verharren?

Dann sollte man es immer wieder versuchen. Es gibt auch zahlreiche Engel und Heilige, die sich um sie bemühen. Das Problem ist aber, dass diese Seelen Schwierigkeiten haben, diese Helfer wahrzunehmen. Aber nach einiger, mitunter längerer Zeit setzt eine gewisse Ermattung, Erschöpfung und Resignation ein. Die Seelen kommen zu der Erkenntnis, dass die Rückkehr ins Erdenleben ein unerreichbares Ziel bleibt, dass sie endgültig gestorben sind, obwohl sie ein Bewusstsein haben. Die scheinbare Ausweglosigkeit ihrer Situation macht sie schließlich bereit, sich den himmlischen Helfern zu öffnen, ihnen zu vertrauen und sich heimführen zu lassen.

Es ist ähnlich wie bei den »armen Seelen«, die in der »Steinwüste« hocken und die Begegnung mit Christus nicht wagen. Über kurz oder lang werden die »verlorenen Seelen« ebenso wie jene »armen Seelen« die Hilfe annehmen und ihren Weg finden.

6. Kapitel: Der gewaltsame Tod

I. Unfall, Mord, Naturkatastrophe

Wie ist es, wenn der Mensch nicht im Bett stirbt, sondern plötzlich und brutal, z.B. durch Unfall, Mordanschlag oder Naturkatastrophe? Dann kann ja der innere Diskurs der Seele mit dem Körper und dem Vater nicht stattfinden?

Doch, dann spielt sich der innere Klärungsprozess in Sekundenschnelle ab: »Sage ich jetzt ›Ja‹ zu dem, was auf mich zukommt? In welchem Zustand ist der Körper, ist da noch irgendetwas zu machen? Wenn ja, in welchem Zustand könnte der Körper noch funktionieren? Macht seine Rettung überhaupt noch Sinn?« Das schüttelt die Seele durch, kostet Kraft und kann sehr mühselig sein. Mühseligkeit hat nichts mit der Länge der Zeit zu tun, sondern mit der mangelnden Bereitschaft zum Einverständnis. Doch auch die in Sekundenschnelle geführten inneren Diskussionen können zum Einverständnis und damit zum inneren Frieden führen.

Es werden immer alle fünf Phasen des inneren Diskurses durchlaufen (siehe S. 154–161) – unabhängig von der zur Verfügung stehenden Zeit. Ihr kennt ein vergleichbares Phänomen bei Träumen, in denen ihr Abläufe durchlebt, die viele Stunden oder gar Jahre in Anspruch nehmen; auf der Uhr sind aber nur ein oder zwei Minuten vergangen. Ihr wisst auch, dass dem Dichter sein Drama, zu dem er inspiriert wird, in einem Moment vor Augen steht – die Aufführung des ausgearbeiteten Stückes dauert aber Stunden. Ebenso sind die inneren Erlebnisse des Sterbens nicht an Zeiträume gebunden. Eure Zeitvorstellungen orientieren sich an der Uhr oder am Kalender. Aus himmlischer Sicht sind das relative, den irdischen Lebensbedingungen angepasste Vorstellungen, nicht anders wie eure Raumvorstellungen. Ihr könnt ja Millionen von Lichtjahren entfernte Galaxien in Gedankenschnelle besuchen und so auch langwierige Prozesse in einem

Augenblick durchlaufen. Es sind »erfüllte« Augenblicke, es waltet, wie die Griechen sagten, der »Kairos«, nicht der »Chronos«. Es kommt nicht darauf an, ob der Mensch noch einige Sekunden oder Minuten oder Stunden zu leben hat – die ihm ja häufig auch beim Unfall noch gegeben sind. Er kann auch in Bruchteilen von Sekunden seine inneren Diskussionen aufgreifen und zu einem stimmigen Ende führen. Es ist beim überraschenden Tod nicht wesentlich anders als beim lange erwarteten: auch da wisst ihr nicht die Stunde, er kommt immer überraschend.

Die dunklen Hierarchien spiegeln euch aber vor, es komme auf die Zeit an. Dann kommt das Sterben ohnehin meistens zu früh: »Ich hab noch so Wichtiges zu tun.« Manchmal zeigt sich auch das Umgekehrte: »Alle können sterben, nur ich nicht, warum läuft meine Uhr nicht ab? Hat Gott mich vergessen?« Manch einer fürchtet auch das langsame Sterben und wünscht sich einen überraschenden Tod, bei anderen ist das umgekehrt. Das ist individuell verschieden, beides ist gleichwertig – jedenfalls für die Seele und ihre Probleme. Die Zeit ist gleichgültig, es kommt nur auf die innere Haltung an: »Kann ich loslassen, dem Ruf ›Folge mir nach‹ zustimmen?« Für die Angehörigen ist der überraschende Tod furchtbar, für die Seele selbst kann er schön sein; es geht ihr nichts verloren, sie durchläuft auch dann die Phasen, in denen sie zum Einverständnis findet.

Obwohl sie unbegleitet ist und keine Hilfe findet?

Es stehen ihr zwar keine menschlichen Sterbebegleiter zur Seite. Aber in den Innenräumen der Seele wohnen Repräsentanten des Vaters, der Mutter, des Sohnes und zahlreiche Engel und Helfer. Schutzengel, Führungsengel, auch andere Engel und Heilige stehen der Seele zur Seite. Zudem gibt es eine ganze Schar von Engeln, die eigens für solche Fälle zur Verfügung stehen. Sie werden um den Menschen herum sein und ihm vorsagen: »Ja, ja, ja« und »Nicht mein Wille, Dein Wille geschehe«. D.h. sie versuchen nicht nur, das Aufbäumen in Aggression oder Flucht zu überwinden und den Menschen in kürzester Zeit zum Einverständnis zu bringen. Sie verweisen ihn auch darauf, dass letztlich der Wille des Vaters im Himmel entscheidet: »Wenn es sein Wille ist, dass das jetzt so plötzlich geschieht, dann wird das seinen Sinn haben oder wird ihn bekommen. Vertraue und gib deine Zustimmung.«

Also diese inneren Gespräche finden auch beim plötzlichsten Sterben noch statt, wo ihr vielleicht meint, es bleibe gar keine Zeit dafür.

Sind diese Engel die so genannten »Todesengel«, von denen manchmal die Rede ist?

Einen »Todesengel« gibt es nicht, weil es den Tod nicht gibt. Die davon reden, meinen im Allgemeinen jenen Lichtengel, der die Seele in Empfang nimmt und durch den hindurch sie in den Himmel eingeht, z. B. Luminathron (siehe S. 84f.). Die Engel, die im Fall eines plötzlichen Sterbens zur Stelle sind, sind Helfer, die aussehen wie Feen mit Vogelgefieder; sie gehören zu den schönsten Engeln, die es gibt. Sie haben nichts Erschreckendes, sondern wirken äußerst liebenswürdig, zärtlich, geduldig, feinfühlig. Auf Erden würde man sagen: Sie sehen verführerisch schön aus. Sie schaffen eine heitere Stimmung, die es der Seele leicht macht, in Sekundenschnelle zum »Ja« zu finden.

Dann gibt es also keinen wesentlichen Unterschied zwischen dem monatelangen und dem überraschenden Sterben?

Die Besonderheit bei diesem überraschenden Sterben ist, dass weder der Vater noch die Seele selbst es zu diesem Zeitpunkt gewollt haben, dass vielmehr der Körper nicht mehr kann. Dann ist es wichtig, in welchem inneren Verhältnis die Seele zu ihrem Körper steht. Ihr solltet in ihm einen gleichberechtigten Partner sehen, der mitzureden hat und um den man sich kümmert. Manche Menschen setzen sein Funktionieren wie eine Selbstverständlichkeit voraus, nutzen ihn, beuten ihn aus und sehen in der Klinik so etwas wie eine Reparaturwerkstatt. Ihr solltet mit eurem Körper aber liebevoll-zärtliche Kameradschaft pflegen, seine Kümmernisse ernst nehmen, auf ihn hören, ihm dankbar sein. Er wird euch gern und in Freundschaft seine treuen Dienste leisten. Aber er hat auch das Recht, zu sagen: »Nun kann ich nicht mehr«, ohne dass ihr entsetzt und empört seid.

Dieses Recht respektiert auch der Vater. Wenn der Körper aufgibt – nicht aus eigener Initiative, sondern weil sein weiteres Funktionieren nicht mehr möglich ist oder zumindest nur unter Bedingungen, die es für dieses Leben nicht mehr sinnvoll erscheinen lassen –, bleibt dem Vater nichts anderes übrig, als seine Zustimmung zu geben. Dann kann die Seele dem Vater sagen: »Also wenn du mich jetzt rufst, bin auch ich einverstanden. Ich weiß ja: Mein Leben ist ein doppeltes Geschenk. Es ist mir geschenkt und ich habe es der Welt geschenkt. Weder ich noch die Welt haben ein Recht auf seine Fortdauer.« So kommt es in Sekundenschnelle zum dreifachen Einverständnis.

Die Zustimmung des Vaters bedeutet weder, er habe den Unfall gewollt, noch der Himmel billige Leichtsinn oder gar die absichtliche Tötung eines Menschen. So etwas ist das Werk der dunklen Hierarchien. Der Vater greift aber grundsätzlich weder in deren Freiheit noch in die Freiheit der Menschen ein, auch nicht, um einen Unfall oder einen Mord zu verhindern. Wenn die Seele sagt: »Dein Wille geschehe«, so bedeutet das nicht, der Vater habe so etwas gewollt. Er wollte es so wenig, wie er die Kreuzigung seines Sohnes gewollt hat. Es bedeutet nur, dass er das Unvermeidliche akzeptiert und dass er diesem Verlauf einen lichten Sinn hinzufügen wird.

Seine Engel werden zwar den Menschen zu schützen und zu führen versuchen, aber sie können das Unglück nicht abwenden, wenn er sie nicht hört oder sich nicht lenken lässt oder wenn andere Menschen es herbeiführen.

Ist es nicht immer der Körper, der den ersten Impuls zum Sterben gibt – auch im Fall von Krankheit oder Alter?

Es ist häufig der Körper, der die Information gibt: »Ich kann nicht mehr.« Er hat ja ein Mitspracherecht im demokratischen Prozess. Ist er nur krank oder erschöpft, aber nicht ganz zerstört, dann gelingt es der Seele mitunter, ihn durch eine betont liebevolle Hinwendung noch einmal umzustimmen und seine Kraftreserven zu mobilisieren. Gelingt es nicht, ist es für die Seele besser, dafür liebevolles Verständnis zu haben und das Leben im Einverständnis mit dem Vater würdevoll zu beenden.

Den ersten Anstoß zum Sterben kann aber auch der Vater geben, der sagt: »Es ist genug.« Das kann verschiedene Gründe haben, wie etwa: Das Leben ist nun abgerundet, die Aufgaben sind erfüllt, oder: Bei Fortsetzung des Erdenlebens würde sich immer wieder dasselbe wiederholen, eine Wendung ist nicht mehr zu erwarten, oder: Die Seele wird jetzt für bestimmte Aufgaben im

Himmel gebraucht, sie kann dort viel sinnvoller weiterarbeiten. Dann kann die Seele noch mit ihm ringen und argumentieren – und das nicht immer ohne Erfolg. Über kurz oder lang aber wird sie sich seinem Wunsche fügen.

Der Impuls kann aber auch von der Seele selbst ausgehen, die sagt: »Es ist vollbracht. Was ich mir für dieses Leben vorgenommen habe, ist getan.« Dann wird sich zeigen, ob der Körper und der Vater einverstanden sind.

Im Falle des Sterbens durch äußere Gewalt ist es zunächst der Körper, der den Verletzungen nicht mehr standhalten kann. Es kommt freilich vor, dass die Seele selbst die Umstände aufgesucht hat, die zum Sterben führen, ohne dass ihr das bewusst war (vom bewussten Selbstmord sprechen wir später). Das sind aber Ausnahmen.

Die Regel ist, dass die Hierarchien zur Linken ein menschliches Verschulden inszeniert haben, das zur Zerstörung des Körpers führt. Der Himmel wird das Geschehen vor seinem Eintritt abzuwenden versuchen, aber das gelingt nicht immer, weil er nicht in die Freiheit eingreifen kann.

Was kann er tun?

Engel und Heilige können versuchen, den Menschen zu warnen, z.B. in Träumen, aber auch im Wachbewusstsein: Der Mensch hat Ahnungen, ein »ungutes Gefühl«, bleibt daheim und wird dadurch gerettet. Oder sie fügen eine Durchkreuzung seiner Pläne: Der Mensch überhört den Wecker oder verpasst den Bus. Die Gattin hat Kopfweh und bittet ihn, erst zur Apotheke zu gehen. Oder er verirrt sich in der Stadt. Oder er wird durch eine Begegnung aufgehalten. Es gibt viele Möglichkeiten ähnlicher Art.

Solche Rettungsversuche gelingen nur, wenn der Mensch darin geübt ist, sie ernst zu nehmen. Das ist aber nicht häufig der Fall. Die meisten Menschen verfolgen unbeirrt ihre Terminpläne, sei es aus Pflicht, sei es aus Gewohnheit, sei es aus einer materialistischen Grundeinstellung heraus, die sie für die subtilen Warnungen und Fügungen taub und unzugänglich macht. Die Frage: »Wie kommt es, dass einer dem Unglück entgangen ist?«, ist häufig viel ergiebiger als die Frage: »Wie kommt es, dass er verunglückt ist?«

Können die dunklen Hierarchien auch bei der Seele ansetzen?

Sie können versuchen, einen Menschen seelisch zu brechen, indem sie Aktionen inszenieren, die ihn derart massiv verletzen, demütigen und entwürdigen, dass die Seele dem nichts mehr entgegenzusetzen hat und die Exkarnation vorzieht. Das gelingt ihnen aber nicht häufig. Es ist für sie am leichtesten und erfolgversprechendsten, bei der Zerstörung des Körpers anzusetzen.

Beim Vater können sie nicht ansetzen, den kriegen sie nicht kaputt. Aber er kann nichts machen, wenn Seele und Körper aufgegeben haben. Also setzen sie zumeist beim Körper an.

Werden auch Naturkatastrophen durch die dunklen Hierarchien angezettelt?

Nicht unmittelbar, sie werden durch einen Vorgang in der Natur ausgelöst. Sie sind nur dann beteiligt, wenn Menschen mitverantwortlich für die Katastrophe sind. Das sind sie mitunter, z. B. durch Missachtung ökologischer Erfordernisse, durch Unterlassen von schützenden Maßnahmen, durch leichtsinniges Siedeln in gefährdeten Gebieten, und überhaupt durch Unfähigkeit zum angemessenen Umgang mit Mutter Erde als einem lebendigen Wesen. Näheres wurde euch dazu ja schon gesagt.[51]

[51] siehe Alexa Kriele: *Die Engel geben Antwort auf Fragen nach dem Sinn des Lebens,* S. 261–265.

II.
Leben auf Abruf

Wie geht man mit diesen Erkenntnissen um?

Zunächst ist wichtig, sich klar zu machen, dass die Sterbestunde zur Zeit eurer Geburt nicht festgelegt ist, auch der Vater kennt sie noch nicht. Eine Lebensabsprache kann durchkreuzt werden, und der Vater respektiert die Freiheit sowohl der Menschen als auch der dunklen Hierarchien.

Ihr seid fast jeden Tag in Situationen gewesen, die lebensbedrohlich hätten werden können, sozusagen »Haltestellen«, wo ein Aussteigen möglich gewesen wäre. Manche sind euch bewusst, z.B. schwere Erkrankungen, Gefahrensituationen im Straßenverkehr oder in den Bergen oder im Wasser oder im Umgang mit technischen Geräten. Es hat in eurem Leben viel mehr solcher Situationen gegeben, als euch bewusst ist. Ihr habt sie entweder gar nicht bemerkt oder schnell wieder verdrängt. Es wird weiterhin solche Situationen geben. Das Leben ist wie eine Wanderung an einem Abgrund entlang. Das Leben ist lebensgefährlich; die Möglichkeit des Sterbens ist euer ständiger Begleiter.

Ist es nicht besser, sich das gar nicht bewusst zu machen, weil man sonst lebensängstlich werden könnte?

Im Gegenteil: die klare Bewusstheit führt zu einer an den Realitäten orientierten Lebenshaltung, die in vieler Hinsicht heilsam ist.

– *Erstens:* Das Lebensgefühl wird von Grund auf stimmiger, wenn ihr euch bewusst seid, dass ihr »auf Abruf« lebt. Schon im Moment der Inkarnation hat die Seele gewusst, dass sie nur vorübergehend auf Erden sein wird. Sie wusste zwar nicht, wie lange sie dort leben wird – das stand bei der Geburt auch noch nicht fest. Aber sie wusste mit Gewissheit, dass sie sterben wird, auch wenn sie das aus ihrem Alltagsbewusstsein verdrängt. Die Seele rechnet jederzeit mit dem Abruf – so wie der Arzt, der seinen »Piepser« bei sich trägt, oder wie die Mutter, die dem Babysitter ihre Telefonnummer hinterlassen hat. Je mehr ihr euch des Lebens auf Abruf bewusst seid, desto leichter wird euch das überraschende Sterben sein.

– *Zweitens* lernt ihr das Walten eures Schutzengels und eures Führungsengels kennen und schätzen. Sie haben euch schon an vielen gefährlichen Situationen vorbeigeführt, ohne dass ihr diese überhaupt wahrgenommen und ihr Wirken bemerkt habt. Sie werden das weiterhin tun, auch wenn ihr sie nicht ausdrücklich darum bittet. Aber es gibt euch ein stimmigeres Verhältnis zur geistigen Welt, wenn ihr euch dessen bewusst seid und ihnen von Zeit zu Zeit ein sehr, sehr herzliches »Danke!« sagt.

– *Drittens* gelangt ihr zur Klarheit darüber, dass das Älterwerden eine Leistung des Körpers, der Seele und der geistigen Welt ist, ein Geschenk, das euch mit Dankbarkeit erfüllen sollte. Jeder Tag eures Lebens ist ein Geschenk. Die Haltung »Ich habe ein Recht auf Leben, seine Fortsetzung ist normal, der Eintritt des Sterbens wäre eine Unverschämtheit« solltet ihr hinter euch lassen.

– *Viertens* lernt ihr das Wirken der lichten von dem der dunklen Hierarchien klarer zu unterscheiden. Für die dunklen Hierarchien ist schon eure Geburt eine unverfrorene Herausforderung, denn sie bedeutet: Geist wohnt in der Materie. Den dunklen Hierarchien ist seelenlose Materie lieber, sie ist für sie das eigentlich Normale; sie sind bestrebt, den in ihren Augen normalen Zustand wiederherzustellen. Das tun sie in erster Linie, indem sie Gelegenheiten zur brutalen Zerstörung des Körpers zu nutzen suchen.
  Die lichten Hierarchien hingegen begleiten euer Leben mit Freude, sie suchen, es zu schützen und euch hilfreich zu sein. Kommt es zum Sterben in ihrem Sinne, ist der Körper zwar müde und erschöpft – sei es durch Krankheit, sei es durch Alter –, aber das Leben ist abgerundet. Die Seele kann sagen: »Es ist vollbracht.« Dann wird es ihr – nach einigem Ringen – leichter, dem Ruf des Vaters zu folgen.

- *Fünftens* werdet ihr, dies alles bedenkend, eure Gesundheit als eine unendlich große Kostbarkeit schätzen und die Harmonie von Leib und Seele hegen und pflegen. Das tut ihr, indem ihr euch ins tätige Leben begebt, euch bewegt, Aktivität entfaltet. Der Gedanke, die Gefahren ausschalten zu wollen, kommt in dieser Haltung gar nicht auf. Ihr lebt vielmehr in vertrauensvoller Zuversicht. Bei aller vernünftigen Vorsicht sind Risiken nicht zu vermeiden, nicht einmal, wenn ihr ängstlich zu Hause bleibt.
- *Sechstens* gewinnt euer Leben an Intensität: Ihr habt den Impuls, die Zeit zu nutzen, eure Werte zu überprüfen und euch auf das Wesentliche hin auszurichten. Denn ihr habt nicht mehr die Vorstellung, Leben sei normal und Sterben sei eine Schlappe, und ihr könntet die Unsicherheiten des Lebens abbauen durch die sozialen Netze, das Gesundheitssystem, die Fortschritte der Medizin, durch verbesserte Sicherheitsvorschriften, technische Kontrollen, Versicherungen, Vermögensrücklagen usw. Was immer ihr unternehmt, mag es auch vernünftig sein, es befreit euch nicht von der Tatsache, dass die Möglichkeit des unerwarteten Sterbens euer ständiger Begleiter bleibt. Je klarer ihr euch dessen bewusst seid, desto größer die Chance, dass ihr euch eures Lebens Tag für Tag in Dankbarkeit erfreut und euer Wollen und Streben mit gesteigerter Intensität an den lichten Aufgaben orientiert, die ihr euch in der Lebensabsprache mit dem Sonnenengel vorgenommen habt.
- *Siebtens* werdet ihr hellhöriger für Vorahnungen des möglicherweise bevorstehenden Sterbens, die euch in nochmals gesteigerter Intensität auf das Wesentliche hin orientieren. Wenn die Seele im »Unbewussten« weiß, dass wieder einmal eine »Haltestelle«, ein »Sterbefenster« vorbeikommt, dann spürt das der Mensch schon Tage oder Stunden im Vorfeld. Viele Menschen sagen dann etwas Nachdenkliches, das euch nachträglich sehr erstaunlich erscheint. Oft aber durchdringen die Vorahnungen nicht die Schichten des Alltagsbewusstseins oder werden verdrängt, so dass der falsche Eindruck entsteht, die Seele werde »vom Tode überrascht«.

  Ihr solltet Vorahnungen zulassen und die Chance ergreifen, die sie euch bieten. Sie sind ein dringender Aufruf, die letzten Stunden zu nutzen, um eure Werteskala zur Stimmigkeit zu bringen und wesentlich zu werden. So werden diese Stunden zu lauter erfüllten Augenblicken, der Kairos tritt in sie ein. Das ist zwar anstrengend: Es bedeutet Arbeit, Disziplin, bewusste Motivation, Intensität, damit aber auch Lebendigkeit und Glück. Glück ist ja zu 90 Prozent Fleiß, Aktivität, intensives Bemühen. Den Rest gibt er Himmel dazu.

Übung

Ich rate, dass ihr euch Folgendes zur Gewohnheit macht:

1. Jeden Morgen sprecht: »Wie schön, dass ich noch lebe! Ich freue mich darüber und danke dafür!«
2. Bei jeder Begegnung mit einem anderen Menschen sagt euch im Stillen: »Wie schön, dass es ihn gibt!«
3. Bei jeder Erörterung von zukünftigen Vorhaben bringt die schöne alte Formel wieder zur Geltung: »So Gott will und wir leben.«
4. Bei jedem Abschied bedenkt kurz: »Sollte ich den anderen nicht wiedersehen, wird mein Abschied dem gerecht?« Blickt dem anderen noch etwas herzlicher in die Augen, drückt ihm die Hand noch ein klein wenig länger, sagt ihm von Herzen »Danke«. Denn es könnte das letzte Mal sein.

III.
Sinnfragen

Du sagtest, etwas habe entweder einen lichten Sinn »oder wird ihn bekommen«. Wie kann ein Unfalltod einen lichten Sinn bekommen?

Es ist die Kunst der Engel, dem Sinnlosen – oder genauer: dem Dunkelsinnigen – nachträglich einen lichten Sinn hinzuzufügen. Man lernt aus dem Unfall, entwickelt beispielsweise bessere Regeln der Verkehrssicherheit. Oder die Angehörigen des Verunglückten beginnen, sich mit der Sinnfrage und dem Himmel zu beschäftigen. Oder es entstehen neue Beziehungen und Verantwortlichkeiten unter den Überlebenden. Oder die Seele des Verstorbenen übernimmt als Konsequenz aus dem Unglück bestimmte Aufgaben für ihre nächste Inkarnation. Es gibt unendlich viele Möglichkeiten.

Alles wird am Ende aufs Lichte und Sinnvolle hingewendet werden.[52]

Kann auch die Ermordung eines Menschen einen lichten Sinn haben oder bekommen?

Zunächst: Mord ist niemals im Sinne des Himmels, d.h. er kann keinen ursprünglich lichten Sinn haben, auch wenn ihm nachträglich ein lichter Sinn hinzugefügt wird.[53] Das gilt nicht nur für den Mord, sondern für jede absichtliche Tötung, auch z.B. für die Vollstreckung der Todesstrafe oder für die Tötung im Krieg.

52 Näheres dazu: Alexa Kriele: *Die Engel geben Antwort auf Fragen nach dem Sinn des Lebens,* S. 71ff.

53 a.a.O. S. 73.

Auch im Verteidigungskrieg?

Auch dann. Darüber wurde euch an anderem Ort schon das Nötige gesagt.[54] Es handelt sich in jedem Fall um eine Auflehnung gegen den Vater, um die Vorstellung, man wisse besser als er, wann ein Leben zu beenden sei.

Stirbt der Mensch dann ohne das Einverständnis zwischen Seele, Körper und Vater?

Das ist beim Mord wie beim Unfalltod: Dieses Einverständnis kann noch in der letzten Zehntelsekunde herbeigeführt werden. Die himmlischen Mächte werden sich darum bemühen, die Seele zu diesem Einverständnis zu führen, damit sie in Frieden in den Himmel eingeht. Dem zerstörten Körper bleibt nichts anderes übrig, als ein Einverständnis zu erteilen, und der Vater wird sozusagen widerwillig sein Einverständnis geben. Das bedeutet aber nicht, dass die absichtliche Tötung als etwas Sinnvolles anerkannt wäre. Sie ist in jedem Fall das Werk der dunklen Hierarchien, die den Menschen eine scheinbare Sinnhaftigkeit vorspiegeln mögen.

Eine andere Frage ist, wie der Himmel selbst einem so eindeutig dunkelsinnigen Ereignis nachträglich einen Sinn hinzufügen kann. Das ist mitunter schwierig, auf lange Sicht gelingt es aber immer. Die *West Side Story* führt euch ein Beispiel vor Augen: Durch den Tod der Liebenden kommen die Bandenmitglieder zur Vernunft und überwinden ihre Aggressionen.

Wenn sich aber das Dunkle so manifestiert wie in den Vernichtungslagern der Nazis, dann kann doch selbst die größte Kunst der Engel nichts Sinnvolles daran anknüpfen?

Urteilt nicht zu schnell.

– *Erstens* hat gerade das ungeheuerliche Ausmaß des Bösen viele Menschen zu einer Besinnung auf die Grundprinzipien der Menschenwürde und einer an ihr orientierten Rechtsver-

[54] a.a.O. S. 249ff.

fassung geführt, nicht nur in Deutschland, sondern an vielen anderen Orten der Welt. Dieser Mahnmal-Effekt wird sich über Jahrhunderte hinaus weiter entfalten und sogar noch verstärken.[55]

- *Zweitens* haben sich viele der Ermordeten im Himmel die Aufgabe gesetzt, in ihren künftigen Inkarnationen für gerechtere Verhältnisse auf Erden einzutreten, und sie können das auf Grund ihrer Erfahrungen besonders wirkungsvoll tun.
- *Drittens* standen selbst viele der Mitverantwortlichen nach ihrem Sterben entsetzt und erschüttert ihrem früheren Tun gegenüber, ihr Gewissen erwachte und sie wollten sich ebenfalls dafür einsetzen, dass so etwas nie wieder geschehen kann.[56]

  Maßt euch nicht das Urteil an, etwas sei so absolut dunkelsinnig, dass der Himmel dann unmöglich einen lichten Sinn hinzufügen könnte. Auch der Kreuzestod des Herrn war eine Inszenierung der dunklen Hierarchien. Alles wird letzten Endes ins Lichte gewendet.
- *Viertens* wisst ihr nicht, ob sich nicht manche Seelen der Ermordeten in ihrer Lebensabsprache freiwillig zur Verfügung gestellt hatten, dieses furchtbare Gemeinschaftsschicksal gemeinschaftlich zu erleiden.

  Das betrifft nicht nur die Opfer staatlichen Terrors, sondern auch die des Krieges, der Sklaverei und des Hungers. Stellt euch eine Seele vor, der schon bei ihrer Lebensabsprache vor der Inkarnation die Möglichkeit vor Augen stand, dass es zu solchen Gräueln kommen könnte, aber sie entschied: »Ich gehe trotzdem. Ich bleibe bei den Menschen, denen ich mich in Gemeinschaft verbunden weiß, die sich jetzt auch in dieser Gegend inkarnieren. Ich bleibe bei meinen Freunden, meiner Familie, meinem Volk. Ich gehöre zu ›meinen Leuten‹ und sie zu mir. Wenn ihnen dieses Schicksal wirklich bevorstehen sollte, dann will ich es mit ihnen teilen.« Das Individuelle tritt dann zurück hinter das Gemeinschaftliche.

  Diese Tatsache soll natürlich keine Entschuldigung für die Täter sein. Sie können sich nicht etwa mit dem Gedanken entlasten: »Diese Menschen haben ihr Schicksal ja selber ge-

55 a.a.O. S. 213f.

56 a.a.O. S. 235f.

wollt.« Sie haben das Schicksal keineswegs gewollt, sondern sie wollten sich nur nicht aus ihrer Gemeinschaft wegen bevorstehenden Leidens ausschließen. Das ist ein lichter Impuls, dem auch der Himmel seine Zustimmung erteilen kann. Doch das Böse bleibt das Böse und hat unter keinen Umständen einen ursprünglich lichten Sinn.[57] Der Himmel wird die dunklen Hierarchien niemals in Dienst nehmen, um lichte Ziele zu erreichen, das läge auch gar nicht im Bereich seiner Möglichkeiten.

Das schließt aber nicht aus, dass das tödliche Unglück auch mal einen ursprünglich lichten Sinn haben könnte?

Die Seele kann mit dem Vater die Absprache treffen, dass es jetzt sinnvoll wäre, das Leben zu beenden. Dann wird sich der Mensch, ohne dass ihm das voll bewusst ist, an einen gefährlichen Ort begeben, wo er dann z. B. abstürzt oder von einer Lawine überrollt wird oder sonstwie tödlich verunglückt. So etwas kann vorkommen, meist wird es sich aber um puren Leichtsinn handeln. Das könnt ihr von außen nicht ohne weiteres erkennen.

Thornton Wilders Roman Die Brücke von San Luis Rey *erzählt vom Einsturz einer Brücke, der allen darauf Befindlichen das Leben kostet. Er rollt die einzelnen Lebensläufe auf und zeigt, dass für jeden aus ganz verschiedenen Gründen das Sterben sinnvoll und ihre Anwesenheit auf der Brücke zu diesem Zeitpunkt kein Zufall war.*

Ja, das ist meisterlich erzählt. Es kann ja durchaus einmal sein, dass die Seelen Einzelner oder mehrerer oder auch aller der an einem kollektiven Unfall Beteiligten eine entsprechende Absprache mit dem Vater hatten. Die Menschen sind dann nicht »zufällig« zur gleichen Zeit auf derselben Brücke oder im selben Flugzeug, sondern es war für jeden Einzelnen so gefügt. Das kann man nur klären, wenn man jeden Fall individuell betrachtet.

Was die Menschen zusammenführt, ist dann aber jedenfalls nicht, dass ihr Sterben zu diesem Zeitpunkt festgelegt gewesen wäre, sondern dass die Möglichkeit dazu bestand und dass ihr

57 a. a. O. S. 249f.

Sterben stimmig war. Es ist also nicht so, dass sie an einem anderen Ort gestorben wären, wenn sie nicht auf die Brücke gekommen wären. Vielmehr sind sie auf die Brücke gekommen, weil ihre Seele die Möglichkeit dieses Sterbefensters nutzen wollte.

Wenn sich eine Seele dem Unfalltod auf Grund einer Absprache mit dem Vater selbst ausgesetzt hat, lag dem die – unbewusste – Absicht zugrunde, die nachträglich hinzugefügte Sinnhaftigkeit herbeizuführen? Ist dann mit anderen Worten der nachträgliche Sinn zugleich der ursprüngliche Sinn gewesen?

Das kann so sein. Dann hat sich die Seele zur Verfügung gestellt und wollte, dass das für andere so erschütternde Ereignis etwas Lichtsinniges bewirkt, dass die Menschen z. B. etwas daraus lernen und entsprechende Konsequenzen ziehen. Es kann aber auch sein, dass die Absprache mit dem Vater ihren Grund in der individuellen Konstellation der Seele selbst gehabt hat.

Wenn der gewaltsame Tod nicht auf einer Absprache mit dem Vater beruht und keinen ursprünglichen Sinn hat, nimmt der Himmel ihn dann hin, weil er ihm ja nachträglich einen Sinn hinzufügen kann?

Nein, dann versucht der Himmel, den Menschen zu schützen. Das gelingt aber nur im Rahmen der praktischen Möglichkeiten und setzt voraus, dass der Mensch gelernt hat, seine Weisungen zu hören und ernst zu nehmen. Insbesondere der Schutzengel, aber auch Führungsengel und Sonnenengel tun das ihre, um den Menschen vor der Gefahr zu warnen und zur Vorsicht zu ermahnen. Oder sie greifen direkt ein: Sie wecken z. B. den am Steuer eingeschlafenen Autofahrer sofort auf. Am 11. September gelang es ihnen in einigen Fällen, dass im World Trade Center Beschäftigte den Wecker überhörten. Oder sie arrangierten Schwierigkeiten, die zur Versäumung des Flugzeugs führten. So etwas gelingt aber nur in Einzelfällen.

Massenkatastrophen wie z. B. Flugzeugabstürze wecken die Sinnfrage in besonderem Maße und führen die Öffentlichkeit in große Ratlosigkeit. Auch die Priester, die die Trauerfeierlichkeiten zelebrieren, zeigen sich mitunter hilflos.

Eine große Anzahl von Toten hat zwar etwas sehr Dramatisches, da erscheint der Minister, und die Abendnachrichten berichten ausführlich. Aber die Frage nach der Sinnhaftigkeit ist für jede Seele individuell zu beurteilen, nicht anders, als wäre ein Mensch allein verunglückt. Lasst euch nicht über die Maßen von Zahlen beeindrucken, sondern von den Einzelschicksalen.

Wenn euch das gleichzeitige Sterben mehrerer Menschen an einem Ort so viel aufregender erscheint als das Erfrieren eines einzelnen Kindes, so gibt es dafür keinen verständigen Grund. Es sterben ja in jedem Augenblick Hunderte Menschen an verschiedenen Orten. Und es sterben an jedem Ort Hunderte Menschen zu verschiedenen Zeiten. Das Zusammentreffen von Zeit und Ort bedeutet nicht eine besondere Art des Sterbens. Es ist zwar für die Medien interessant und kann unter kriminalistischen Aspekten erheblich sein. Jedoch: Wie viele Menschen mindestens sollten gleichzeitig am selben Ort gestorben sein, damit man es berührend findet? Gilt hier: je mehr, desto berührender – als komme es auf die Zahl an? Das Gegenstück dazu ist euch schon in dem Argument begegnet: unter Hitler seien nicht sechs Millionen Juden ermordet worden, sondern weniger – als wäre das dann weniger schlimm.

Ihr sollt euch nicht überfordern und euch nicht ständig von dem Unglück unzähliger Menschen auf der ganzen Welt erschüttern lassen. Orientiert euch in erster Linie an Fragen wie: Was kann ich dazu beitragen, dass es nicht zu wirtschaftlichen, politischen, kriminellen oder ökologischen Katastrophen kommt? Wo und wie kann ich jetzt in einer akuten Not Hilfe leisten, wenigstens mit einer Spende? Was lässt sich aus dem Unglück lernen – was gilt es zu vermeiden, welche technischen oder rechtlichen Verbesserungen sind erforderlich, welche Vorsichtsmaßnahmen sind zu treffen? Auf diese Weise könnt ihr dazu beitragen, dem dunkelsinnigen Geschehen nachträglich einen lichten Sinn hinzuzufügen.

Bei einem Flugzeugabsturz solltet ihr in der Regel *nicht* davon ausgehen, dass das Sterben für jeden Einzelnen zu diesem Zeitpunkt einen ursprünglich lichten Sinn gehabt hat. Es kommt aber häufig vor, dass jemand ein Flugzeug gebucht hatte, dann aber den Abflug verpasst, und alle Insassen kommen ums Leben. In diesem Fall könnt ihr damit rechnen, dass sein Schutz- und Führungsengel im Einklang mit dem Sonnenengel der Weisung des Vaters gefolgt ist, die Versäumung zu arrangieren, und dass die Seele des Geretteten geübt genug war, die Warnung wahrzunehmen und ihr Folge zu leisten. Dann wird der Betreffende der Einzige sein, der das Unglück überlebt.

IV.
Rat für die Hinterbliebenen

Das gewaltsame Sterben löst bei den Hinterbliebenen oft viel mehr als das sanfte Sterben ein Gefühl der Gottverlassenheit aus, ja lässt sie an Gott verzweifeln Was rätst du ihnen?

– *Erstens* ist wichtig zu wissen: Gewaltsames Sterben geht nie vom Himmel aus, es wird von den dunklen Hierarchien und ihren willigen Helfern inszeniert. Wenn die Angehörigen mit Gott hadern, so sollten sie ihm nicht vorwerfen, er habe das gewollt, sondern höchstens fragen: Warum hat er es zugelassen? Diese Frage aber sollten sie nicht rhetorisch, sondern ernsthaft stellen. Sie führt in das Grundsatzproblem, wie sich Gottes Allmacht mit der Freiheit der Menschen und der dunklen Hierarchien vereinbart. Wenn die Angehörigen an der Güte Gottes zweifeln und damit am Sinn der Welt verzweifeln, dann werden sie erst Trost finden, wenn sie ein stimmiges Verhältnis zu Gott wiedergewinnen.
Ein solches setzt die Einsicht voraus, dass der Vater weder in die Freiheit der von ihm abgefallenen dunklen Hierarchien noch der von ihnen beeinflussten Menschen eingreifen könnte, ohne grundsätzliche Prinzipien seiner selbst und seiner Schöpfung preiszugeben.[58] Er hat die Macht, die ganze Schöpfung jederzeit zurückzunehmen und war nach dem »Fall der Engel« anfangs auch geneigt, das zu tun, hat sich aber von der Mutter und auch vom Sohn davon abbringen lassen.[59] Er will, dass die Schöpfung in Freiheit aus Liebe zu ihm zurückfindet. Er ist sich sicher, dass sie nach einem langen Erfahrungsprozess auch tatsächlich heimkehren wird: das ist ge-

58 Näheres siehe Alexa Kriele: *Die Engel geben Antwort auf Fragen nach dem Sinn des Lebens,* insbes. S. 36f, 79ff. und 225ff.

59 siehe Alexa Kriele: *Mit den Engeln das Leben meistern,* S. 46f.

wiss. Er setzt vertrauensvoll auf die Mitarbeit des Menschen und die Hilfe des ganzen Himmels. Das Freiheitsprinzip also könnte er nicht aufgeben, ohne sich zu sich selbst in Widerspruch zu setzen, sein eigenes Wesen in Frage zu stellen.
Deshalb kann er nur mittels seiner Engel den Menschen vor einem Unglück zu bewahren suchen. Das gelingt auch oft, vor allem, wenn der Mensch darin geübt ist, den Hinweisen der Engel Gehör zu schenken.
Gelingt es nicht und die Angehörigen fühlen sich von Gott verlassen, so sollten sie bedenken, dass selbst Jesus Christus, Gottes Sohn, am Kreuz dieses Gefühl einen Augenblick lang hatte, als er nämlich den 22. Psalm zu beten begann: »Mein Gott, warum hast du mich verlassen?« Er wusste dann aber, dass er nicht verlassen ist: »Es ist vollbracht. Vater, in Deine Hände empfehle ich meinen Geist.« Gott hat selbst aus der Inszenierung des Kreuzestods durch die dunklen Hierarchien etwas Großes, Wunderbares werden lassen, er hat ihr nachträglich einen lichten Sinn gegeben. Die Angehörigen sollten also ihren Blick in die Zukunft richten und sich fragen, wie sie diesem schrecklichen Ereignis nachträglich einen lichten Sinn hinzufügen können, beispielsweise indem sie nun Verantwortung füreinander übernehmen, Lehren ziehen, neue Freundschaften begründen, ein stimmiges Verhältnis zum Himmel gewinnen.

– *Zweitens* ist wichtig zu wissen, dass der Verstorbene sehr rasch Abschied genommen und zum Einverständnis gefunden hat. Er hat bei einem plötzlichen Sterben weder Entsetzen noch Angst, noch Schmerzen erfahren, dazu ging alles zu schnell. Sollte das Sterben einige Zeit gedauert haben, war der Körper meist nicht mehr schmerzempfindlich. Jedenfalls ist die Seele im Himmel angekommen, ist freundlich empfangen worden und erlebt ungeahnte Formen der Freude und des Glücks.
– *Drittens:* Die Freude ist allerdings ein wenig getrübt. Die Seele empfindet ein liebevoll trauriges Bedauern für die Geschundenheit des Körpers. Sie trauert um die Angehörigen, besonders um die Kinder, und beobachtet besorgt, wie sie sich in dieser unerwarteten Situation zurechtfinden. Mitunter erfüllt es sie mit Bedauern, dass sie eine große Aufgabe, die sie sich vorgenommen hatte, nicht mehr erfüllen kann.

Derlei Empfindungen sind anfangs möglich, werden die Seele aber im Allgemeinen nicht auf Dauer belasten. Es kommt sogar vor, dass sie Wut auf die Täter empfindet, ja sogar Rachegedanken: »Das zahle ich dir einmal heim, dafür wirst du noch geradestehen«, weil in der Seele noch Eindrücke des Doppelgängers nachwirken. In der Regel wird die Seele auch diese Empfindungen spätestens im Gespräch mit Christus hinter sich lassen können, allerdings nicht immer.
Jedenfalls ist die Seele selbst nicht das Problem. Die dunklen Hierarchien konnten dem Körper tödliche Verletzungen zufügen, aber die seelische Ebene erreichen sie nicht mehr. Das Problem sind die anderen, die unter dem Ereignis zu leiden haben. Aber sie leiden weniger, wenn sie sich vor Augen halten: Der Seele des Verstorbenen geht es – mit den genannten Einschränkungen – gut.

Wenn der Körper des Verstorbenen zerfetzt, verstümmelt oder verkohlt ist, bringt das für die Angehörigen eine zusätzliche Bitterkeit mit sich. Was kannst du ihnen raten?

Da ist es wichtig zu wissen, dass der Schutzengel zunächst beim Körper bleibt und seine Beschädigungen heil lieben wird. Die dunklen Hierarchien, die sie inszeniert haben, haben damit Absichten verfolgt: Sie wollten Unverständnis, Hader und Hass hervorrufen, sie wollten den Eindruck erwecken, es gehe heillos zu, Brutalität und Gemeinheit, Krieg und Terror regierten die Welt. Sie wollten die Würde des Menschen angreifen. Er sei »krepiert«, und der Anblick des zerfetzten oder entstellten Körpers soll Ekel und Entsetzen hervorrufen.

In Wirklichkeit ist das Sterben nicht zu entwürdigen, es geschieht immer friedlich und würdig. Ihr könnt dazu beitragen, dass der im Inneren würdige Ablauf auch im Äußeren in Erscheinung tritt. Der Zustand des Körpers verwandelt sich, wenn ihr ihm seine Würde zurückgebt, und deshalb ist es eure Pflicht, das zu tun.

Wie können wir das tun?

Zunächst: Der Schutzengel geht mit seinem Beispiel voran; er liebt den Körper heil. Ist er zerfetzt, so fügt er die Teile »visualisierend« zusammen, d.h. er stellt den heilen Zustand im liebenden Blick wieder her. Auf der visualisierten Ebene ist so etwas tatsächlich möglich, auch ihr könnt das tun. Geht in Gedanken an den Ort des Sterbens, sagt dem Körper, dass er sich nicht zu schämen braucht, liebt ihn wieder heil, dankt ihm und verabschiedet ihn.

Dann dankt der Seele dafür, dass sie auf die Erde gekommen ist, dass sie dort so viel getan und bewirkt hat, und auch dafür, dass sie heimgekehrt ist und im Himmel weiter für ihr Heil und das Heil der Welt wirken wird.

Ihr könnt noch etwas für die Opfer von Massakern, Terrorangriffen oder KZ-Morden tun: Versucht ihre Namen zu ermitteln, sprecht sie laut aus und sagt ihren Seelen Dank. Die beste Form einer Gedenkstätte würde aus Tafeln bestehen, in die ihre Namen eingraviert sind. Lasst dort Kerzen brennen, legt Blumen nieder oder errichtet andere Zeichen des Gedenkens, und lasst die Namen von Zeit zu Zeit immer wieder laut verlesen. Das muss nicht am Ort ihres Sterbens, sondern kann auch an einem anderen Ort geschehen: Es wird ein Ort der Würdigung und des Friedens sein.

Die Würde der Verstorbenen liegt bei euch, ihr könnt sie durch euer Verhalten gestalten und den heillosen Absichten der dunklen Hierarchien die Heiligkeit der Seele entgegensetzen.

V.
Selbstmord

Der Selbstmord kommt zwar für die Angehörigen meist unerwartet, der Betreffende aber hat sich mit Vorbedacht dafür entschieden. Gibt es auch im Fall des Selbstmords ein Einverständnis des Vaters mit der Seele?

Dem Selbstmord liegt ein Machtkampf des Menschen mit dem Vater um den Todeszeitpunkt zugrunde, ein kurzfristiger totaler Krieg, den die dunklen Hierarchien inszenieren. Mitunter gelingt es dem Schutzengel, den Versuch misslingen zu lassen. Der Vater selbst aber führt keinen Machtkampf. Er nimmt die Kriegserklärung sozusagen achselzuckend zur Kenntnis: »Ja, also, wenn du meinst.« Er greift auch hier nicht in die Freiheit des Menschen und der ihn motivierenden dunklen Mächte ein.

Der Selbstmord ist ein Mord, er bedeutet ein Zurückweisen der Prinzipien der göttlichen Schöpfung, ja eine Infragestellung Gottes. Das nimmt der Vater hin und erträgt es mit Trauer, aber auch mit Lächeln, so ähnlich wie Eltern die Angriffe ihrer pubertierenden Kinder hinnehmen, ohne sie als persönliche Beleidigung zu empfinden.

Er sieht, dass sich der Täter über die Konsequenz für das weitere Leben seiner Seele nicht im Klaren war. Und er sieht, dass der Mensch in einem weiteren Irrtum gefangen war: Er hielt nämlich seine Lebenssituation für aussichtslos. Der Vater – so könnt ihr euch das bildhaft vorstellen – wird etwa sagen: »Schade, die Hilfe war doch schon unterwegs.«

Es gibt aber doch tatsächlich ausweglose Situationen?

Nein, wenn der vom Vater für sinnvoll gehaltene Todeszeitpunkt noch nicht gekommen war, war die Situation nicht aussichtslos, dann hätte vielmehr das Weiterleben noch Sinn gemacht. Der

Mensch wäre vielleicht durch Leid und durch eine schwere Krise hindurchgegangen, aber er hätte gelernt, hätte sich innerlich gewandelt, hätte seine Fähigkeiten gestärkt oder neue hinzugewonnen, hätte etwas abgearbeitet, das ihn für die Zukunft entlastet hätte oder was immer.

Der Vater weiß besser als der Mensch, ob dessen Weiterleben noch sinnvoll ist. Er trifft seine Entscheidung in voller Kenntnis aller Gegebenheiten, auf die es dabei ankommt. Er kennt

— *erstens* alle Vorinkarnationen des Menschen,
— *zweitens* seine Lebensabsprache mit dem Sonnenengel,
— *drittens* den Verlauf des aktuellen bisherigen Lebens und der Entwicklung des Menschen,
— *viertens* seine Beziehungen zu anderen Menschen und auch zu derzeit nicht inkarnierten Seelen,
— *fünftens* die Wünsche und Notwendigkeiten des Körpers,
— *sechstens* die stillen Wünsche der Seele,
— *siebtens* ihre möglichen Entwicklungen in der Zukunft, ihre Chancen und Tendenzen.

Der Vater hält das Sterben für sinnvoll, wenn er in Kenntnis all dieser Gegebenheiten zu dem Schluss kommt: Jetzt rundet sich das Leben, die Choreographie ist geglückt, das Finale ist erklungen. Er gibt einen Wink, der das für die Angehörigen, aber auch für die Seele selbst erkennbar macht.

Der Vater fragt die Seele: Magst du dich nicht auch zu dieser Erkenntnis durchringen? Vielleicht erhält er die Antwort: »Ich möchte den und den Menschen noch sehen, einen Brief schreiben, die Schublade aufräumen.« Dann wird der Vater ihr dazu Gelegenheit geben, falls der Körper das mitmacht. Wenn nicht, bekommt die Seele vielleicht Gelegenheit, ihr Leben wenigstens gedanklich abzurunden, indem sie an den geliebten Menschen denkt, ihm mündlich mitteilt, was in dem Brief stehen sollte, eine Anweisung zum Aufräumen der Schublade gibt. Wenn auch das nicht mehr möglich ist, kann die Seele innerhalb einer zehntel Sekunde dennoch zum Einverständnis finden.

Ihr tut gut daran, davon auszugehen, dass das Sterben auf göttlichen Wink hin geschieht. Ihr dürft die ruhige Gewissheit haben: Der Vater wird den Augenblick in weiser Sicht der Dinge, in Kenntnis aller Gegebenheiten gewählt haben. Er ist ein Künstler, der Mensch ist sein Kunstwerk. Auch dieses Leben ist ein Kunstwerk, das nun vollendet ist. Wenn ihr von dieser vertrauensvollen Gewissheit erfüllt seid, dann mögt ihr euren Plänen nachgehen, solange ihr könnt. Aber macht euch keine Sorgen um euren Sterbezeitpunkt!

Dem Selbstmörder mangelt es an dieser vertrauensvollen Gewissheit. Er kennt Gott nicht, oder er nimmt ihn nicht ernst, oder sein Gottesbild lässt es nicht zu, dass sein Leben sinnerfüllt ist und dass Gott es bedacht und kompetent zu einem gelungenen Ende führen wird. Er sieht nicht nur keinen Sinn in seinem Leben, sondern er vertraut auch nicht darauf, dass es sich zu einem sinnvollen Leben verwandeln könnte. Er hält es für aussichtslos und seine Fortsetzung für eine Zumutung. Er ist entweder in Panik geraten oder in Resignation verfallen. Die Zumutung erfüllt ihn mit Wut gegen die Welt oder wen auch immer, letztlich aber gegen sich selbst, weil er der einzige Bezugspunkt seines inneren Prozesses ist. Er urteilt: Ich kann das nicht, ich will es nicht, ich akzeptiere es nicht, ich setze meinem Leben ein Ende. Das ist eine Form von Selbstjustiz wie im »Wilden Westen«: Ich bestimme über das Sterben. Da kann von »Vollendung« des Lebens keine Rede sein. Es ist nicht Vollendung, sondern Abbruch.

Ist ein Leben vollendet, so gibt es einen Dialog zwischen Vater und der Seele. Der Vater sagt: »Es ist Zeit«, und die Seele antwortet: »Ja, es ist vollbracht.« Hätte Jesus angesichts der Aussichtslosigkeit seiner Lage Selbstmord begangen, dann hätte er nicht sagen können: »Es ist vollbracht.« Dieser Satz macht nur als Zustimmung Sinn, als ein »Ja« auf ein Wort des Vaters. Die Passionsgeschichte führt euch diese Zusammengehörigkeit von Ruf und Antwort anschaulich vor Augen. Für euch entspricht es dem Ruf des Herrn: »Folge mir nach«, und eurer Antwort: »Ja, ich folge dir.«

Der Selbstmörder will beide Rollen – die des Rufenden und die des Antwortenden – selbst übernehmen. Das geht nicht. Es gibt den Ruf nicht, also kann es die Antwort nicht geben. Der Vater wird nicht etwa an Stelle des Selbstmörders sagen: »Es ist vollbracht.« Er sagt höchstens: »Schade, versuchen wir es beim nächsten Mal neu.«

Eigentümlicherweise wird die Entscheidung zum Selbstmord meistens getroffen, wenn eine Wendung zum Guten kurz bevorsteht. Der Mensch hat das Warten, Hoffen, Durchhalten nicht mehr ertragen. Er hat – vielleicht zu Recht – das Gefühl, er befinde sich in einem langen dunklen Tunnel. Er steht aber in aller Regel nicht an dessen Anfang, sondern kurz vor seinem Ende. Hätte er nur noch ein wenig durchgehalten, hätte er das Licht am Ende des Tunnels erblickt. Er hat nicht gelernt, dass ihn auch in einer ihm aussichtslos erscheinenden Situation die Engel begleiten und führen, dass sie immer einen Ausweg finden. Er hat nicht gelernt, dass ihm selbst die äußerlich schwersten Krisen helfen, zu lernen, zu wachsen und zu reifen, dass sie ihn letzten Endes zu etwas Sinnvollem führen.[60]

Die Angehörigen fürchten oft, der Selbstmord sei eine Todsünde, die im Himmel nicht vergeben, sondern mit der ewigen Hölle bestraft wird.

Diese Ängste beruhen auf einer theologischen Doktrin, die von der Kirche nicht mehr anerkannt wird. Diese sieht im Selbstmord zwar eine Verfehlung, hat aber Vertrauen in die Barmherzigkeit Gottes und betet für die Seelen der Selbstmörder.[61] Die Seele findet in der Regel den Weg in den Himmel. Sie wird zur Einsicht kommen und die Tat bedauern. Sie wird bereuen, was sie sich selbst und meist auch anderen Menschen angetan hat. Aber sie wird nicht verdammt, schon gar nicht für die Ewigkeit, so etwas gibt es nicht.

Wenn es zu dem Gespräch mit Christus kommt, stellt euch das etwa so vor, dass er der Seele sagen wird: »Was du getan hast, war ziemlich brutal, findest du nicht auch? Etwas mehr Zärtlichkeit deinem Körper gegenüber wäre doch angebracht gewesen. Schade drum. Wenn du in einem künftigen Erdenleben wieder einmal in eine solch affektgeladene Situation gerätst, dann holst du tief Luft, verwirfst den Gedanken an Selbstmord und meisterst deine Krise.«

Gilt das auch, wenn der Selbstmord nicht im Affekt verübt wurde, sondern auf Grund eines Kalküls der Aussichtslosigkeit – also beim so genannten »Bilanz-Selbstmord«?

60 siehe Alexa Kriele: *Mit den Engeln das Leben meistern. Wie sie uns durch Krisen helfen.*

61 Katechismus der katholischen Kirche, 1993, Ziff. 2280–2283.

Der Selbstmord ist immer eine Affekthandlung, auch bei dem von euch so genannten »Bilanz-Selbstmord«. Bei diesem sind die Auswege, die die Engel in jeder Situation zu finden wissen, nicht in Rechnung gestellt. Es kann immer eine unvorhergesehene Wendung, vielleicht sogar ein Wunder geben – wer weiß das? Auch sind die traurigen Auswirkungen des Selbstmords für die Seele selbst nicht bedacht. Der so genannte »Bilanz-Selbstmord« geschieht aus Hoffnungslosigkeit und Verzweiflung, also im Affekt.

Immerhin hat der Selbstmörder eines richtig erkannt, nämlich dass das Sterben nicht so furchtbar schlimm ist.

Ja, es schreckt ihn nicht, weil seine Seele, ohne dass ihm das bewusst ist, aus der Erinnerung an frühere Inkarnationen weiß, dass das Sterben ihn nicht zu ängstigen braucht. Der Selbstmord ist für ihn eine Möglichkeit, die man wählen kann, um sich einer Situation zu entziehen. Er ist für ihn ein gar nicht besonders dramatischer Gedanke, mit dem man spielen und den man dann auch in die Tat umsetzen kann. Insofern ist der Selbstmörder in gewissem Rahmen ein spiritueller Mensch. Nach außen allerdings manifestiert sich sein leichtfertiger Umgang mit dem Sterben oft in der doktrinären Überzeugung, Sterben bedeute den Tod, also den Übergang ins Nichts. Das schreckt ihn aber nicht so, wie es eigentlich der Fall sein müsste, weil diese Überzeugung mit einer realistischeren Ahnung sozusagen »unterfüttert« ist. Deshalb wird der Selbstmörder im Allgemeinen auch nicht zur »verlorenen Seele«.

Nach einem Selbstmord werfen sich die Angehörigen oft vor, sie hätten ihn abwenden können, wenn sie sich richtiger verhalten hätten. Das kann ja berechtigt sein, oder nicht?

Das kann berechtigt sein, aber dann sollten sich die Angehörigen fragen, ob sie gewusst haben, was richtiges Verhalten gewesen wäre und was in der Seele des Betreffenden vorgegangen ist. Sie haben ihn vielleicht tatsächlich überfordert, ohne es zu merken.

Nun aber würden sie sich selbst überfordern, wenn sie sich sagen, sie hätten es wissen oder merken müssen. Sie haben es ja erst durch das Ereignis des Selbstmords gelernt. Da gilt: um Verzeihung bitten und in die Zukunft schauen.

Hinzu kommt: Wenn einer wirklich beschlossen hat, diese Welt so nicht zu akzeptieren, dann wird ihn kaum jemand von seinem Entschluss abbringen können. Er wird den Entschluss vor den Angehörigen verbergen, und wenn sie ausnahmsweise davon Kenntnis haben, wird er ihren Belehrungen kaum noch zugänglich sein. Es ist also für sie nicht gut, in Selbstvorwürfen und Schuldgefühlen zu verharren, statt sich in das erlittene Schicksal zu fügen, daraus Lehren zu ziehen und sich auf die Zukunft auszurichten.

Können wir gar nichts tun, um Selbstmorde abzuwenden?

Ihr könnt dazu beitragen, dass sich das Wissen um die Fähigkeit der himmlischen Mächte, durch Krisen hindurchzuhelfen, allgemein verbreitet. Das tut ihr nicht nur durch eure Arbeit an den Büchern, sondern auch durch euer Beispiel. Euer Leben wird von anderen angeschaut, ihr lebt immer auch für andere. Sie sind enttäuscht, wenn ihr eine kritische Situation nicht akzeptiert, aufgebt oder gar euer Leben abbrecht. Damit tragt ihr dazu bei, dass sie in ähnlichen Situationen in Panik und Resignation verfallen und eurem Beispiel folgen. Seid euch bewusst: Jedes Durchhalten, jedes Meistern einer Krise adelt den Menschen nicht nur, es entfaltet auch eine Strahlkraft, die sehr nachdrücklich auf andere wirkt und ihnen zum Vorbild werden kann.

VI.
Selbstmordattentäter[62]

Welche Erfahrungen machen die Seelen der Selbstmordattentäter nach ihrem Sterben? Sie haben ja in der Überzeugung gehandelt, einer heiligen Sache zu dienen und von Allah belohnt zu werden. Da müssten ja eigentlich ein bisschen Enttäuschung und Besinnung eintreten. Oder bleiben die aus?

Enttäuschung und Besinnung bleiben nicht aus. Was eintritt, ist mehr als Enttäuschung, es ist Entsetzen. Das Problem dieser Seelen ist ein unstimmiges Gottesbild gewesen, eine verkehrte Vorstellung von dem, was Gott will und wie er ist. Das wird den Selbstmordattentätern nach ihrem Sterben bewusst – auch denjenigen, die nur einen einzigen Menschen umgebracht haben. Ihr Problem ist weniger der Selbstmord, sondern der Mord.

Ihre Seelen gehen zunächst durch eine Sphäre der Trugbilder. Ihr kennt doch vielleicht diese chinesischen großen Drachen mit wilden Fratzen, die an Stangen hochgehalten werden. Stellt euch vor: Eine Seele, die den Körper verlassen hat, begegnet einem riesigen, bunten, sehr lauten, schrillen Umzug von allerlei Figuren und Gestalten mit Masken, Fratzen oder Grimassen. Allerlei wirbelt bunt und laut durcheinander. Dann kommt so ein riesengroßer, löwenartiger Kopf mit diesem sich wild bewegenden Schwanz und dem ganzen Getöse. Das wird von der Seele mit fasziniertem Schauder in der inneren Haltung betrachtet: »Aha, so ist Gott.« Es gibt eine Menge Wesen in der Sphäre der Trugbilder, die hervorragend Gott spielen können.

Plötzlich ist das wie weggezogen, löst sich auf, verschwindet wie eine Luftspiegelung. Es ist, wie wenn man durch eine Filmleinwand hindurchgegangen ist. Dann ist es ganz, ganz still. Nach

[62] Erstveröffentlichung dieses Abschnitts im *Brief an die Freunde* vom Mai 2002 (gekürzt).

der Lebensrückschau ist da ein Seeufer, da sitzt der Herr und erwartet die Seele. Er lächelt ein bisschen traurig und abwartend. Er sagt: »Bist du nun endlich wirklich angekommen?«

Diese sehr stille Begrüßung nach diesem lauten Gewirbel und Gewimmel, nach diesem vermeintlichen: ›So ist Gott‹!, jagt einer solchen Seele das blanke Entsetzen ein. Wenn sie eine Gestalt hätte, dann würdet ihr sie in Entsetzen erstarrt sehen. Denn sie erkennt, dass sie sich getäuscht hatte über Gott, über seine Art, sein Wesen, seine innere Gestimmtheit, über das, was er sich wünscht von seinen Geschöpfen.

Übung

Übt mal das Erlebnis plötzlicher Stille. Wenn ihr Gelegenheit habt, an einem sehr lauten, tumultuösen, verwirrenden Ort zu sein, beispielsweise mitten in einem Karnevalsumzug oder in dem lauten Gewühle einer Großstadt, wo Menschenmassen, Autos, Hupen, Lichter, Leuchtreklamen, Werbesprüche auf euch einstürzen, dann geht in eine Kirche. Ihr seid dort ganz allein, es herrscht völlige Stille. Da fällt alle Täuschung, aller Schein, alles Gewirr, alle Verwirrung von euch ab. Für einen Moment wird alles ganz ruhig, ganz klar – und auch ganz einfach. Was vorher war, wird plötzlich als unwesentlich, nebensächlich, überflüssig erkannt.

Ähnlich ist es, wenn ihr aus dem Getriebe der Welt in einem Ballon aufsteigt oder einen hohen Berg erklimmt. Plötzlich ist alles ganz, ganz still. Dann werdet ihr sehen: Das hat eine äußerst klärende, ja fast läuternde Wirkung und befreit von so manchem. Seid ihr dazu in der Lage, dann schließt die Augen und geht in die Innere Kirche. Dort ist es ganz still, und es wird vieles klar.

Ungefähr dies geschieht einer solchen Seele. Das heißt, es geht ihr nicht sehr gut – nicht, weil jemand sie bestraft, sondern weil sie in Schreck und Entsetzen gebannt ist. Was dann kommt, ist das Allerwichtigste, die Scham: »Wie konnte mir das passieren? Wie konnte ich mich dermaßen vertun? Wie konnte ich so weit weg sein? Ich wollte doch das Beste und habe mich so geirrt.« Da gibt es keine Rechtfertigungen wie: »Ich hab ja nicht die Anweisung gegeben, sondern der war das!«, oder »Wir stützen uns durch Gemeinschaft« oder so, das geht dann nicht. Diese Scham ist vehement und hat große Wirkungen für die nächste Inkarnation der beteiligt gewesenen Seelen. Sie finden später zusammen und nehmen sich zum Beispiel vor, das nächste Mal als eine Gruppe von Mönchen wiederzukommen. Meistens suchen solche Seelen in neuen Inkarnationen Räume der Stille auf.

Erkennen auch nicht christlich gewesene Seelen, dass es sich um Christus handelt?

Sie erkennen zumindest, dass sie einem Vertreter Gottes gegenüberstehen, auch wenn sie das nicht genau verstehen.

Hat die Begegnung mit dem Herrn zur Folge, dass sich die Einstellung als Moslem gegenüber dem Christentum ändert?

Ja, natürlich! Das heißt nicht, dass diese Seelen das nächste Mal unbedingt Christen werden. Aber sie erkennen, dass jede Religion ihre Berechtigung hat und dass bestimmte Religionen bestimmte Aspekte der Trinität in besonderer Art und Weise leben, praktizieren, verwirklichen helfen.

Kann es passieren, dass eine solche Seele sich selber nicht verzeihen kann?

Ja, das ist der schlechteste Fall. Dann bleibt sie in dieses Entsetzen gebannt und flieht vor dem Blick des Herrn, den sie nicht ertragen kann. Sie will wie eine Maus im Mauseloch verschwinden, um diesen Anblick nicht aushalten zu müssen, weil da nichts mehr zu sagen ist. Sie verharrt mit niedergeschlagenen Augen in einer inneren »Steinwüste«.

Der bessere Fall ist, dass die Seele die Scham erträgt. Sie erkennt, dass der Herr verzeiht und dass auch sie sich verzeihen kann.

Wenn die Seele im Dunkeln verharrt, wer holt sie da wieder heraus?

Es geht nicht, ohne dass sie es selber will. Alles hängt davon ab, ob sie bereit ist, dem Herrn wieder zu begegnen: »Ich werde es jetzt doch ertragen, dass der Herr mich anschaut. Ich halte diesen Blick aus.«

Jemand muss doch Mut machen und sagen: »Komm, probier das noch mal!«

Ja, natürlich! Es gibt jede Menge Engel und menschliche Seelen, die sich dieser Aufgabe widmen. Aber die können nichts bewirken, solange die Seele nicht selber mitmacht und sagt: »Ja gut, ich komme mit. Ich lasse mich jetzt da hinführen.«

Auch menschliche Gebete und Fürbitten haben eine durchlichtende, Licht stärkende Wirkung, weil sie Mut machen. Das ist ungefähr so, wie wenn du sagen würdest: »Komm, ich nehm dich an der Hand! Du brauchst nicht alleine zu gehen, ich gehe mit!« Dann kann die Seele immer noch auf halbem Wege sagen: »Nein, nein, das traue ich mich nicht. Geh wieder!« Dann wird man es irgendwann wieder versuchen: »Komm jetzt mal mit! Du wirst sehen, es wird gar nicht so schlimm werden!«

Aber es ist eine freiwillige Leistung, »Ja« zu sagen. Es gibt keine Zwangserleuchtung, auch keine Zwangsbefreiung, keine Zwangsführung ins Licht, sondern es gibt immer wieder ein Angebot, auch durch eure Mitunterstützung z.B. durch Fürbitten, durch Gebete, durch Vergebung, durch gedankliche Hinwendung, durch gute Wünsche, durch Hoffnung. Solche Kraftäußerungen, die von euch kommen, können eine große Wirkung haben.

VII. Kinderselbstmord – und wie Kinder aufwachsen sollten

Wie kommt es, dass die Zahl der Selbstmorde von Kindern ab acht Jahren bei uns ständig ansteigt, wie die Statistik ausweist? Wie kommt es zu einem solchen Maß an Wut, Verzweiflung, Aggression noch vor der Pubertät, wo also Motive wie Liebeskummer oder Scheitern in Beruf und Lebensplanung noch gar nicht gegeben sind?

Wenn ein Kind kindgemäß aufwächst, geht es vertrauensvoll auf sein künftiges Leben zu. Dann kann es zwar mal passieren, dass es seine Erzieher erschrecken und beeinflussen will, indem es mit Selbstmord droht oder einen Versuch vortäuscht; das ist dann aber nicht ernst gemeint. Um sich bewusst umzubringen, muss es sich in einem solchen Maße überfordert fühlen, dass ihm dieser Druck unerträglich erscheint. Dann hält es manchmal den Selbstmord für eine mögliche Art und Weise, in der man sich dieser schwierigen Situation entziehen kann. Kinder sind dem Himmel noch nicht so fern und empfinden den Unterschied zwischen Leben und Sterben als nicht so gravierend.

Worin liegt diese Überforderung?

– *Erstens* in einer viel zu großen Zahl von Eindrücken in viel zu hoher Geschwindigkeit. Die Kinder bekommen zu viel, besitzen zu viel, tun zu viel, erleben in geringer Zeitspanne zu viel, schon durch Radio und Fernsehen. Oder sie werden in die Zukunftspläne des Erwachsenenlebens mit eingebunden, sollen schon mit diskutieren, sich vielleicht schon politisch interessieren. Sie sollen die Lebens- und Sinnerfüllung der Eltern sein, der Kummerkasten der Erwachsenen, die in Beziehungsnöten oder in Sinnproblemen stecken. Sie sollen der Lebenspartner des Alleinerziehenden sein. Sie bekommen den Wohnungsschlüssel, sollen allein nach Hause kommen und sich selbst versorgen. Man hat sie zu frühreifen kleinen Erwachsenen getrimmt.

– *Zweitens* will man sie zu früh zu viel fördern: Sie sollen ihre Zeit nicht mit Träumen und »sinnlosem Herumspielen« vertun, sondern planmäßig Wissen und Können erwerben. Sie sollen sich Gedanken machen, was sie werden wollen und sich systematisch darauf vorbereiten. Sie sollen gute schulische Leistungen erbringen und auch in der Freizeit lernen. Wenn sie auf dem Klavier herumklimpern, sollen sie richtigen Musikunterricht nehmen, wenn sie zu lesen beginnen, dann Bücher, die sie weiterbringen. Sie sollen Sprachen lernen, man setzt sie an den Computer und dergleichen. Bei schlechten Leistungen stellt man ihnen vor Augen, dass sie ihre künftigen Lebenschancen verderben und bestraft sie überdies mit dem Entzug von Liebe und Respekt. Man setzt sie ständig unter Druck, verplant ihre Zeit, überbürdet sie mit Verantwortlichkeiten.

  Beide Komponenten lösen das Gefühl aus: »Ich schaffe dieses Leben nicht, also werde ich erst recht das Erwachsenenleben nicht schaffen. Meine Situation ist aussichtslos.« Gleichzeitig fühlt sich das Kind unter Druck gesetzt und reagiert mit Wut und Verzweiflung. Die früheren Autoritäten – Eltern und Lehrer –, die ab dem neunten Lebensjahr ohnehin kritisch gesehen werden, können das Kind nicht stabilisieren, da sie ihm ja als schuldig an der Ausweglosigkeit seiner Situation gelten.

– *Drittens* fühlen sich die Kinder zu viel allein gelassen. Die gelebte menschliche Beziehung zu den wesentlichen Bezugspersonen, vor allem zur Mutter, ist zu sehr reduziert. Am liebsten hat man Ganztagsschulen, mit dem erwünschten Nebeneffekt, dass die Mutter sie nur morgens und abends kurz sieht und im Übrigen als emanzipierte Frau im Berufsleben stehen kann. Die Kinder haben dann das Gefühl, es gehe in der Welt seelenlos zu. Es fehlt ihnen an Liebe und Geborgenheit, die nur die Familie ihnen bieten kann. Es ist ein seelisches Verhungern, Verdursten, Erfrieren. Dann sehnen sie sich nach der Welt des Himmels zurück, aus der sie kamen und an die ihre Seele noch einen Hauch von Erinnerung hat. Sie wollen davonlaufen, damit ihre Seele wieder aufatmen kann. Dann ist der Moment gekommen, den die dunklen Hierarchien nutzen: »Na, dann greif doch zur Waffe, tu es doch endlich!« Und dann wird es getan.

Ist das ein Argument gegen die Ganztagsschule?

Nicht unbedingt. Die Ganztagsschule kann insofern nützlich sein, als sie den Kindern ein stressfreies Lernen ermöglicht, ihnen Hilfestellung bei den Schularbeiten bietet, ihnen sportliche oder musische Tätigkeiten ermöglicht. Die Bedingung für ihre Unschädlichkeit ist aber, dass sie das Familienleben nicht verdrängt, dass dieses vielmehr an den Abenden und den Wochenenden umso intensiver gepflegt wird. Kommt das Kind heim, sollte es nicht eine leere Wohnung vorfinden, sondern erwartet und herzlich begrüßt werden. Vor allem die Mutter sollte sich von ihm die Ereignisse des Tages erzählen lassen, mit ihm spielen und sprechen, es mit Liebe umhüllen. Unter keinen Umständen sollte sie das Gefühl aufkommen lassen, sie habe es den ganzen Tag in die Schule geschickt, um es loszuwerden, weil sie an ihrer »Selbstverwirklichung« mehr interessiert sei als an ihrem Muttersein.

Wie sollten Kinder denn idealerweise aufwachsen?

Der Idealfall ist oft nicht mehr machbar: die Großfamilie wie auf den Bauernhöfen oder Handwerksbetrieben, Vater und Mutter im Haus erreichbar, mindestens vier Geschwister, Großmutter und Tanten nahebei. Man kann sich auch zu Großfamilien im geistigen Sinn zusammenschließen, also mit Menschen gleichen Geistes, gleicher Lebenshaltung, eines gleichen Wertekodex zusammenleben. Das bringt zwar auch Schwierigkeiten mit sich. Aber für die Sozialisierung von Kindern ist die Großfamilie der ideale Beziehungsraum, und die Blutsverwandtschaft ist durch die geistige Verwandtschaft ohne weiteres ersetzbar. Da gibt es dann nicht nur Vater und Mutter, sondern auch Frauen, die die Rollen von Großmutter, Tanten, Schwestern wahrnehmen. Man kann dort auch eine Gemeinschaftsküche einrichten wie in einem Kibbuz.

Es geht ja nicht darum, die Frau an den Herd zu verbannen. Es geht darum, dass die Frau die Rolle wahrnimmt, die den Kindern die bestmögliche Verwurzelung in dieser Welt ermöglicht. Die Kinder leben dann gern auf der Erde und betrachten das Sterben nicht als eine in Frage kommende Alternative zum Leben.

Den Kindern sollte ferner viel Zeit zum spielerischen Selbstgestalten und auch zum Nichtstun bleiben. Es ist gut, die Kinder auch mal ganze Nachmittage lang sich langweilen zu lassen, weil sich daraus eine poetische oder musische Stimmung entwickeln kann. Langweile ist eine außerordentlich aktive Tätigkeit und macht sehr erfinderisch und kreativ! Natürlich sollten die Kinder auch im Haushalt mitarbeiten, das bedeutet keine psychische Belastung, wenn sie sich in Maßen hält. Und sie sollten lernen, die Schularbeiten zu machen und das Klassenziel zu erreichen.

Haben sie aber Schwierigkeiten, so ist zweierlei wichtig: Erstens die Ermutigung: »Du wirst es schon schaffen. Was immer das Leben von dir fordern wird, du wirst es meistern, du hast ja gute Fähigkeiten!« Ebenso wichtig ist zweitens die Bedingungslosigkeit des Respekts und der Liebe: Diese muss sich das Kind nicht immer wieder durch Leistungen verdienen, sie leuchten unter allen Umständen über ihm wie die Sonne. Es gibt keinen Liebesentzug, keinen Ausdruck von Missachtung, schon gar nicht als Mittel des Drucks und des Leistungsansporns. Es kommt auch nicht darauf an, dass die Kinder es einmal »besser haben als die Eltern«. Sie werden umso lebenstüchtiger werden, je kindgemäßer und glücklicher sie ihre Kindheit verbringen dürfen. Dann kommt ihnen der Gedanke an Selbstmord gar nicht in den Sinn.

Wenn zu einer kindgemäßen und glücklichen Kindheit die Bedingungslosigkeit des Respekts und der Liebe gehört, dann ist sie am ehesten in einer intakten Familie gegeben?

Ja, die Familie ist ein von der Natur vorgegebenes Grundkonzept, sie ist sinnvoll und gewollt, und ihr Zentrum ist die Dreiheit Vater–Mutter–Kind. Alternative Lebensmodelle sind natürlich möglich, bleiben aber Notlösungen. Dann sollte wenigstens ein Elternteil präsent sein, nach Möglichkeit die Mutter.

Je mehr sich die Lebensgemeinschaften dem Grundmodell annähern und es nachzuahmen vermögen, desto günstiger ist dies für die glückliche Entwicklung des Kindes. Es ist ja auch kein Zufall, dass dieses Grundmodell der Natur in den Gegebenheiten des Himmels – im himmlischen Vater, der himmlischen Mutter und dem Sohn – vorgezeichnet ist. Auch hier sollte für euch gelten: »Wie im Himmel, so auf Erden«.

Wenn möglich, sollte die leibliche Mutter zugleich die soziale Mutter sein. Die soziale Mutter kann sie nur ersetzen, wenn sie das Kind wirklich liebt, eine innige persönliche Beziehung zu ihm aufbaut, es erzieht, indem sie ihm mit Autorität Werte vermittelt und es seelisch nicht frieren lässt. Ist der leibliche oder soziale Vater sehr mütterlich, vermag er manchmal diese Mutterrolle zu übernehmen, aber dann fehlt dem Kind die eigentliche Rolle des Vaters: die Repräsentation der gesellschaftlichen Außenwelt in der Familie. Die braucht das Kind auch. Aber in erster Linie braucht es die Mutter.

Manche Menschen meinen, da die Familie an die Blutsverwandtschaft anknüpft, beruhe sie auf einer von der modernen Zivilisation überholten Tradition. Sie sei mit aufgeklärtem Denken nicht vereinbar.

»Aufgeklärt« sein heißt, von seinen Gedanken und Gefühlen freiheitlichen Gebrauch zu machen, seine Orientierung eigenständig zu suchen, seine Entscheidungen selbstverantwortlich zu treffen. Das ist eine Grundhaltung, die der Himmel fördert und unterstützt. Er sagt ja nicht: Ihr müsst die Kinder in der Familie aufwachsen lassen, weil das Tradition oder Pflicht oder göttliches Gebot sei, sondern er rät, das zu tun, weil es für die Kinder die in aller Regel günstigsten Entwicklungsbedingungen bereitstellt. Er sagt auch nicht, es komme auf die blutsmäßige Verwandtschaft an. Adoptiveltern können das Gleiche leisten, ebenso auch Großfamilien, die ihr auf der Grundlage gemeinsamer geistiger Orientierung mit nicht verwandten Menschen bildet. Zum Aufgeklärtsein gehört, sich in aller Freiheit von vernünftigen Gründen bestimmen lassen.

Bedeutet Einbindung in die Familie nicht, die Emanzipation der Frau zu blockieren?

Das Gegenteil ist der Fall, wenn ihr die Emanzipation der Frau richtig versteht. Emanzipation bedeutet Gleichberechtigung, die Überwindung aller rechtlichen und sozialen Benachteiligungen der Frau, die Eröffnung aller Bildungs- und Betätigungschancen. All das ist ganz im Sinn des Himmels. Häufig versteht ihr aber unter »Emanzipation«: Die Frau soll über Schwangerschaft und Geburt hinaus nicht mehr Frau sein dürfen, sondern leben, denken und fühlen wie ein Mann – Karriere machen, sich im Konkurrenzkampf durchsetzen, in der Berufswelt Erfolg haben.

Gibt es denn spezifische Unterschiede zwischen Mann und Frau, die nicht nur auf Tradition und den biologischen Gegebenheiten beruhen?

Oh ja, die Frau hat Stärken, die der Mann nicht im gleichen Maße hat: Sie ist die Vermittlerin der gelebten Kultur. Kultur ist ja mehr als Wissenschaft und Literatur. Ihre Grundlage ist das Hegen und Pflegen von Werten und Idealen, die in der Seele lebendig werden und die die Gesamtbereiche der Fürsorge, der Erziehung, der Beziehungen zur Umwelt durchdringen und prägen. Das Heilige, das Gute, das Schöne, das Wahre pflegen heißt, die Seele ernähren und kräftigen. Das können Frauen besser als Männer. Ohne diese Seelenpflege durch Frauen gibt es Zivilisation, aber keine Kultur, die Gesellschaft wird seelenlos. Die heranwachsende Generation ist dann zwar ausgebildet, aber nicht kultiviert worden.

Es kommt darauf an, dass sich die Seele im inkarnierten Zustand wohl fühlt. Das hängt vor allem von der Wärme des seelischen Klimas ab. Es ist angenehm und schön auf der Welt, wo ein seelenvoller Zustand herrscht, wie er nur durch die Frauen lebendig gemacht werden kann. Die Emanzipation der Frau wäre erst dann vollendet, wenn die Frauen das leben dürfen, was sie wirklich sind: Sie sind die Vertreterinnen der himmlischen Mutter auf der Erde.

In einer neuen Welle der Emanzipation wird es nicht mehr darum gehen, dass sich die Frauen in Rollen begeben, in denen sie durch Männer jederzeit ersetzbar sind. Vielmehr werden sie leisten wollen, was nur sie leisten können und worin Männer sie nicht ersetzen können. Im bisherigen Emanzipationsstreben dominierte die weibliche Faszination von der Männerwelt, vermischt mit ein wenig Neid und Eifersucht. Der so genannten emanzipierten Frau geht es weniger um die Selbstverwirklichung des Weiblichen als um die Nachahmung des Männlichen. Damit ist der eigentliche Sinn der Emanzipation blockiert und verfälscht. Fehlt eurer Zivilisation aber das Element des Femininen, fehlt ihr die Seele und damit die Kultur. Ihr solltet in der steigenden Zahl der Kinderselbstmorde ein Signal sehen. Es weist euch darauf hin, dass die Frau noch nicht zu sich selbst gefunden hat und die Emanzipation noch nicht an ihr Ende gekommen ist.

7. Kapitel: Trauer

I.
Totenwache, Trauerfeier

Es wird oft gesagt, dass die Seele ungefähr drei Tage braucht, um sich ganz vom Körper zu lösen. Stimmt das?

Nein, das Heraustreten der Seele ist wie ein Ausatmen, es geschieht in einem Moment. Trotzdem ist es richtig, bis zur Beisetzung drei Tage vergehen zu lassen. Aufbahrung, Kränze, Blumen, Totenwache, das Erweisen der letzten Ehre, die Gebete, die kirchlichen Zeremonien: das sind alles sehr schöne und würdige Bräuche. Sie tun nicht nur den Angehörigen und Freunden wohl, sondern auch der Seele des Verstorbenen, die das ja wahrnehmen kann.

Es gibt aber noch einen weiteren Grund dafür: Weil Materie ja träge ist, behält der Leichnam noch kurze Zeit sein eigenständiges, von der Seele unabhängiges »Körperbewusstsein«, d.h. eine Empfindung dafür, dass er eine organisch zusammengefügte Einheit bildet, fast so etwas wie eine verschworene Gemeinschaft. Es mag für eure Ohren absonderlich klingen, aber der Körper hat eine zärtliche Sicht auf das, was er mit Händen, Füßen, Magen, Darm, Nieren usw. gemacht hat, er hält noch ein bisschen Einkehr und Rückschau. Das dauert ungefähr drei Tage, wenn er nicht vorher schon der Erde oder dem Feuer übergeben wird. Der Körper hat es aber verdient, dass man ihn mit Würde und Dankbarkeit behandelt. Das ist ein Anliegen des Schutzengels, der deswegen noch drei Tage bei dem Leichnam bleibt, während der Führungsengel die Seele begleitet, bis sicher ist, dass sie den Weg in den Himmel gefunden hat.

Sollte der Leichnam zu Hause aufgebahrt werden?

Nach Möglichkeit ja, es sei denn, der Verstorbene hat einen anderen Wunsch geäußert. Die meisten Menschen wollen gern daheim in der Familiengemeinschaft sterben und dort auch aufgebahrt werden. Wenn sie sich in der Klinik befinden, kann man es vielleicht möglich machen, dass sie zum Sterben nach Hause dürfen. Dort sollte man den Wunsch des Sterbenden respektieren: Möchte er im Bett oder im Wohnzimmer auf der Couch liegen, allein oder inmitten der Familie, in feierlicher Stille oder in fröhlicher Umgebung? Kann er sich nicht äußern, orientiert man sich an seinen früheren Vorlieben. Entsprechend sollte man es dann auch mit der Aufbahrung halten.

Wird der Leichnam in der Klinikkapelle aufgebahrt, wird die Seele nach Hause reisen und in ihrer gewohnten Umgebung noch ein wenig in Ruhe verweilen. Dann gibt es für die Angehörigen zwei Möglichkeiten: entweder den Leichnam mit nach Hause zu nehmen oder in der Wohnung eine zweite Gedenkstätte – mit Foto, Blumen und Kerzen – einzurichten. Die Totenwache findet dann an zwei Orten statt: in der Klinikkapelle aus Respekt für den Körper, daheim aus Respekt für die Seele.

Wie lange sollte die Aufbahrung dauern?

Am besten drei Tage, wenn das nicht geht mindestens 24 Stunden Der Zeitablauf von Sonnenaufgang bis Sonnenuntergang und wieder bis Sonnenaufgang symbolisiert die Vollendung des Lebens: Der Kreis schließt sich. In der 25. Stunde öffnet sich der Kreis zur Spirale, da kommt wieder neue Dynamik ins Geschehen.

Sollte man denn 24 Stunden durchwachen?

Nein, die Angehörigen lösen sich ab. Aber es wäre schön, wenn immer einer präsent wäre.

Was ist der Sinn dieser Totenwache?

Sie ist zunächst eine Ehrenbezeugung, aber sie ist auch noch mehr. Man nimmt sich ganz bewusst Zeit, Abschied vom Verstorbenen zu nehmen, ihm gute Gedanken und Bitten mit auf den Weg zu geben, vielleicht auch in eine stille Ansprache mit ihm zu treten und sich selbst dem Himmel zuzuwenden. Man spricht beispielsweise auch mit dem Namenspatron oder anderen Heiligen, die dem Verstorbenen wichtig waren, mit den Engeln, die ihn begleitet haben, mit dem Sohn, dem himmlischen Vater, der himmlischen Mutter. Es ist die Zeit einer ganz intensiven Kommunikation mit dem Himmel – zur Würdigung des Verstorbenen, zu seiner Begleitung, zum Dank an ihn, zum Bitten für ihn.

Die Hinterbliebenen tun damit einen ganz intensiven Schritt in der Trauerarbeit, der alle weitere Trauerarbeit wesentlich leichter, tröstlicher, versöhnlicher machen wird. Sie tun also etwas sehr Schönes für den Verstorbenen, zugleich aber auch für sich selbst.

Einen so günstigen Moment habt ihr nur in dieser Übergangszeit und dann nicht wieder. Noch könnt ihr das Gesicht des Verstorbenen sehen, seine Hände berühren, auf ganz direkte Weise Abschied nehmen. Es geschieht noch, ehe die Öffentlichkeit Kenntnis von seinem Sterben erlangt hat, es ist noch vom Schutz des Privaten umhüllt.

Hält man die Seele des Verstorbenen nicht auf ihrem Weg zum Himmel auf?

Nein, man gibt ihr etwas mit auf den Weg, ohne Antwort zu erwarten: Euren Dank, eure Entschuldigungen, eure schönen Erinnerungen, eure Gebete. Und ihr übergebt dem Himmel, was ihr dem Verstorbenen vielleicht einmal zugefügt habt und was euch Leid tut. Die Seele bekommt das mit, während sie ihre Reise fortsetzt. Sie empfindet es, wie wenn ein warmer Windhauch, erfüllt von Blütenduft, Sonnenschein und Lächeln sie umweht.

Was ist der Sinn von Kerzen, Blumen und Kränzen?

Kerzenlicht ist dem Licht Christi ähnlich. Es ist so hell, so vielfältig, so warm, so intensiv, so angenehm und bewegt sich so lebendig wie der Christusfunke in euch. Es erinnert an den Inneren Christus in eurem Herzen.

In den Blumen ist die himmlische Mutter präsent, sie bringen ein Stück Natur. Die Schöpfung entbietet Grüße in der Schönheit von Farben, Duft und Formen. Die Blumen bedeuten den Wunsch: Die himmlische Mutter möge da sein, sie ist da und legt ihren Blumenmantel um den Verstorbenen.

Kränze sind ein Symbol der Ewigkeit und der Vollendung.

Welches Symbol steht für den Vater?

Der Vater wird präsent in der Gesamthaltung an Heiligkeit, die ihr dem Geschehen zufließen lasst, in eurer Stimmung bei der Totenwache und der Trauerfeier, die klar macht: Hier hat ein Geschöpf Gottes die Welt wieder verlassen. Selbst noch der Leichnam zeigt die Schönheit und damit den göttlichen Ursprung dieses Geschöpfes. Wenn der Hauch der Heiligkeit das Geschehen von der Aufbahrung bis zur Grablegung durchweht, dann wird alles schön, und in dieser Schönheit wird die Anwesenheit Gottes sichtbar. Auch der Gesichtsausdruck der Trauernden spiegelt diese Schönheit: Er wird in beeindruckender Weise schön. Trauer ist schön und macht schön.

Nun zur Trauerfeier: Ist die Seele des Verstorbenen anwesend?

Für die Seele ist die Trauerfeier nicht nötig. Sie kommt auch ohne sie in den Himmel und nimmt dadurch keinen Schaden. Die Trauerfeier hat andere Gründe.

- *Erstens:* Sie dient der nochmaligen Würdigung des Verstorbenen und seines Lebens. Sie macht ihn für die Weiterlebenden so lebendig, wie das Malen eines Porträts, das seine wesentlichen Erkennungszeichen, seine Größen und Stärken, seine Hoffnungen und Visionen sichtbar macht. Man darf mit liebevollem Humor auch seine Schwächen und Marotten erwähnen. Bleibt bei der Wahrheit – überzeichnet nicht und verletzt nicht.
  Zu dem Porträt gehört auch eine Gesamtgestaltung, die den Vorlieben des Verstorbenen entspricht: die Wahl der Blumen, der Musik, der Lieder. Wenn der Verstorbene es schlicht und einfach liebte, dann beerdigt ihn im engsten Kreise. Liebte er groß angelegte, feierliche, musikalisch gestaltete Messen, dann versucht, dem Rechnung zu tragen. Es ist *seine* Trauerfeier. So prägt sich den Herzen noch einmal ein lebendiges Porträt des Verstorbenen ein.
  Der Sprecher kann die Teilnehmer auffordern, die Augen zu schließen und sich noch einmal charakteristische Züge des Verstorbenen in Erinnerung zu rufen: Seine Art zu lächeln oder zu schmunzeln, den Tonfall seiner Stimme, seinen Blick

und dergleichen, damit sein Bild möglichst lebensnah vor ihnen ersteht.

- *Zweitens:* Für die Seele des Verstorbenen wirkt dieses »Nachspiel« wie der Blick in einen Spiegel. Die allermeisten Seelen interessieren sich sehr für Fragen wie: »Wer kommt, wer fehlt, was wird über mich gesagt, was wird nur gedacht?« Manchen Seelen tut es gut, was da gesagt wird: Es stärkt, befriedet, erfreut, wärmt sie, sie gewinnen wachsenden Respekt für sich selber. Manche Seelen reagieren mit einer Prise Humor: »Ich habe ja selber nicht gewusst, dass ich so gut war – da übertreibst du aber!« Mitunter aber wirkt das Ungesagte und vielleicht nur Gedachte oder Geflüsterte ausgesprochen erschütternd.
  Jedenfalls hört die Seele aufmerksam zu – vom Himmel aus oder auch im Raum selbst. Sie sitzt vielleicht neben dem Sarg oder auf der Empore oder auf den Treppenstufen des Altars. Wenn ihr wissen wollt, wo, schließt die Augen, erlebt den Verstorbenen in euch und stellt euch die vielleicht merkwürdig klingende Frage: »Wo sitzt das Lächeln?« Die Seele wird nämlich lächeln – sei es mit Tränen, sei es humorvoll, sei es glücklich.
  Der Sprechende kann durchaus auch die Seele direkt ansprechen, z. B.: »Wie du immer so hilfreich zur Stelle warst, das wird uns fehlen«, oder: »Deine Art des Humors wird uns unvergesslich bleiben« oder dergleichen.
- *Drittens:* Ein weiterer, wenig beachteter, aber wichtiger Grund dieses Porträtierens ist, dass es einen Auftrag an die Teilnehmer enthält: »Was den Verstorbenen ausgezeichnet und liebenswert gemacht hat, das haltet in den Herzen wach und tragt es an seiner Statt im Leben weiter.« Die anderen werden das nun zu übernehmen haben, die Stafette wird weitergereicht. Es gibt dann eine Spiegelung des Satzes: »In ihm und mit ihm und durch ihn« in die Form: »In euch und mit euch und durch euch.« So kann der Verstorbene auf der Welt weiterleben.

II. Beisetzung, Trauermahl und Grabpflege

Nun eine Frage zum Begräbnis: Hat die Seele irgendeine Beziehung zu ihrer letzten Ruhestätte?

Nein. Sobald sie vom Himmel aus geschaut oder durch ihre Anwesenheit miterlebt hat, dass man in Würde von ihr Abschied genommen hat, wendet sie alle ihre Aufmerksamkeit dem Himmel zu. Was jetzt auf sie zukommt, nimmt sie voll in Anspruch. Wenn Hinterbliebene nach ihr rufen, empfindet sie das als unangenehm und störend. Auch von ihrem Körper hat sie in Dankbarkeit Abschied genommen. Dieser kehrt nun zur großen Mutter Erde zurück, aus der er gekommen war. Der Leichnam bleibt zwar hochaktiv in den Prozessen der Verwesung. Aber sein anfängliches Körperbewusstsein hat sich verloren. Er ist Materie im Schoß der Materie, und die Seele blickt nicht mehr darauf zurück.

Gibt es Einwände gegen die Feuerbestattung?

Nein, es ist sowohl für die Seele als auch für den Körper völlig gleichgültig, ob der Körper im Sarg oder seine Asche in der Urne beigesetzt wird oder ob ihr die Asche auf dem Wasser verstreut. Der Gedanke, dass der künftige Auferstehungsleib einer Anknüpfung an irgendwelche Knochenreste bedürfte, ist sehr materialistisch und wirklichkeitsfremd.

Ist Obduktion etwas Unwürdiges?

Nein. Es kann sogar von der Seele selbst gewünscht sein, dass bestimmte Fragen geklärt werden.

Und Organentnahme?

Es kommt darauf an, ob der Mensch das vorher beschlossen und mit seinem Körper abgesprochen hat, sodass dieser sich darauf eingestellt hat.

Die Organverpflanzung ist in Ordnung, wenn sie von Menschen als ein Geschenk an andere verfügt worden ist. Sonst wird sie vom Körperbewusstsein als etwas so Verletzendes empfunden wie ein Diebstahl. Sie ist ja nur möglich, solange das Körperbewusstsein noch nicht erloschen ist. Das Einverständnis braucht nicht schriftlich erklärt zu sein, es genügt die Mitteilung an einen Angehörigen. Liegt eines vor, wird sich das Organ bereitwillig in einen anderen Körper einfügen und sich freuen, seinem früheren Herrn einen Dienst zu erweisen und helfen zu dürfen. Sonst wird es schwierig.

Gilt das auch im Fall des so genannten »Hirntods«? Ist der »Hirntote« gestorben oder befindet er sich nur in einer Art Tiefschlaf?

Er ist gestorben. Dass der Körper noch wie im Tiefschlaf daliegt, hat mit der Lebendigkeit des Körperbewusstseins zu tun und ist nicht dem Koma vergleichbar, aus dem der Mensch wieder aufwachen kann. Die Seele hat das Sterben akzeptiert, hat Abschied genommen, hat den Körper endgültig verlassen und ihre Reise in der jenseitigen Welt angetreten. Trotzdem sollte eine Organentnahme auch in diesem Fall nur erfolgen, wenn der Verstorbene zuvor sein Einverständnis erklärt hat.

Es ist üblich, sich nach dem Begräbnis zu einem Trauermahl zusammenzufinden.

Ja, und das ist sehr sinnvoll. Das Trauermahl setzt ein Signal, dass das Leben weitergeht. Trauer weist immer nach vorn, nicht nach hinten, sonst ist es keine Trauer. Trauer hat mit Heimweh zu tun: »Wir schreiten weiter zu Dir, Vater, heim.« Ihr schaut nicht mit einem verzweifelten Blick in die Vergangenheit: »Es ist alles vorbei.« Ihr bedauert zwar, dass etwas vorbei ist, aber ihr lebt mit einem Lächeln voller Heimweh auf die Zukunft hin, ihr ehrt die Zukunft. Ihr habt den Verstorbenen im Rücken – dieser hat ein Stück Vergangenheit mitbegleitet. Er ist jetzt über euch, aber auch in euch: Ihr tragt sein lebendiges Bild im Herzen. Und durch euch wird er die Zukunft mitgestalten.

Warum bedarf es eines mit Grabstein und Pflanzen geschmückten Grabes?

Das Grab ist keine »letzte Ruhestätte«, weder für die Seele, die im Himmel sehr intensiv beschäftigt ist, noch für den Leichnam, der in Zersetzung begriffen und für den es insofern eher eine Unruhestätte ist. Das Grab ist vielmehr eine Gedenkstätte für die Hinterbliebenen. Im feierlichen Begräbnis besiegeln sie die Endgültigkeit des Abschieds. Im späteren Besuch des Grabes und in seiner Pflege finden sie einen Ort, an dem sich das Gedenken in aller Ruhe zentrieren kann.

In vielen ländlichen Gemeinden ist es üblich, dass sich der Friedhof unmittelbar bei der Kirche oder um sie herum befindet und dass die Hinterbliebenen nach jedem Gottesdienst an den Gräbern für die Seele des Verstorbenen beten.

Ja, das ist ein schöner Brauch. Dieses Gebet könnte natürlich ebenso gut in der Kirche oder zu Hause gesprochen werden, nur tut man es dann vielleicht weder so regelmäßig noch so innig und konzentriert. Dieser Brauch bietet eine Stütze, das Gebet für den Verstorbenen nicht zu vergessen.

Noch etwas ist wichtig: Wenn die Hinterbliebenen am Grab des Verstorbenen gedenken, so kann es sein, dass die Seele das vom Himmel aus manchmal wahrnimmt. Insofern – und nur insofern – ist das Grab ein Ausdruck der exkarnierten Seele in der inkarnierten Welt. Sie weiß, hier gedenkt man ihrer, dieser Ort ist der Platz, hier wird das Gedenken durch nichts überlagert oder verdrängt und es ist weder laut noch hektisch. Die Friedhofsruhe entspricht einem großen Wunsch sowohl der Seele als auch der Hinterbliebenen: Stört nicht das Gedenken!

Und noch etwas: Für die Hinterbliebenen, die sich am Grabe versammeln, wird noch einmal erlebbar, dass sie eine Gemeinschaft bilden. Sie alle haben den Kummer über den Verlust erfahren, sie alle tragen das Bild des Verstorbenen im Herzen. Sie ermutigen sich aber auch: Das Leben geht weiter, ein jeder geht wieder seinen Geschäften nach. So miteinander zu gedenken und zu beten wird nicht bloß aus Gründen der Tradition gepflegt: Es stellt Gemeinschaft her und diese hat etwas sehr Tröstliches, Bergendes und Wohltuendes.

III.
Nicht untröstlich bleiben

Nach den Trauerfeierlichkeiten kehrt der Alltag ein, nun wird das Verlassensein erst richtig bitter. Wie sollten die Hinterbliebenen jetzt mit der Trauer umgehen?

Sie sollten sich vor allem zweierlei vor Augen halten:

- *Erstens:* Um den Verstorbenen brauchen sie nicht zu trauern, ihm geht es gut. Seine Seele ist im Himmel. Der Sterbebegleiter kann den Hinterbliebenen, die dafür offen sind, erläutern, was sie dort erlebt. Die Hinterbliebenen trauern um sich selbst, um den Verlust, den sie erlitten und mit dem sie nun zurechtzukommen haben. Die Bedrückung kann anfangs sehr schlimm sein und sich bis zum körperlichen Schmerz steigern.
- *Zweitens:* Diese Trauer ist normal und völlig in Ordnung. Nur sollte der Trauernde nicht untröstlich sein. Damit aus der akuten Trauer nicht eine chronische wird, sollte er sich alles bewusst machen, was ihn – sei es auch nur für einige Sekunden oder Minuten – zu trösten vermag: eine Melodie, ein lieber Anruf oder Besuch, ein schöner Morgen, ein singender Vogel. Es macht nichts, wenn danach wieder die Tränen rollen. Im Laufe der Zeit mehren sich die tröstenden Fügungen und er sollte sie dankbar begrüßen.

Irgendwann werden dann die Phasen des Getröstetseins die Phasen der Trauer zu überwiegen beginnen?

Ja, und das ist wichtig, damit man seine Souveränität zurückgewinnt und sein Schicksal zu meistern beginnt, sein Leben selbstverantwortlich und eigenständig in die Hand nimmt und sich und anderen vergibt, was eventuell zu vergeben ist. Die Trauerarbeit braucht ihre Zeit, vor allem dann, wenn der Trauernde mit dem Verstorbenen eng zusammengelebt hat und mit ihm liebevoll verbunden war. Es ist nicht angemessen, Schnelligkeit beim Verarbeiten von Trauer zu fordern.

Wie viel Zeit braucht diese Trauerarbeit, bis wieder Normalität einkehrt?

Das erste Jahr ist im Allgemeinen ein Jahr im Ausnahmezustand. Bisher hat man Weihnachten, Silvester, den Geburtstag, den Besuch von Freunden stets gemeinsam erlebt. Doch im vorigen Jahr war es das letzte Mal. Nun geschieht alles zum ersten Mal ohne den Verstorbenen. Vergangenheit und Zukunft berühren sich mit solcher Intensität, dass die Gegenwart kaum zu ertragen ist. Man ist jetzt allein zurückgeblieben, kann es nicht fassen und ist von jeder erneuten Bewusstwerdung dieser Tatsache mit einer Intensität ergriffen, die an die Grenze des Erträglichen zu gehen scheint. In solchen Stunden wird das Erleben der Gegenwart zur Mühsal.

Dann geht es darum, den Augenblick zu überstehen und nicht zu denken: Das wird für immer so bleiben. Die Trauer wird zwar bleiben, aber diese Mühsal wird vergehen. Man gewöhnt sich allmählich an den Zustand, beginnt, sich darin einzurichten und wird dann auch wieder Pläne machen, in denen sich der Lebenswille zeigt.

Nach etwa neun Monaten beginnen die Momente des Getröstetseins zu überwiegen. Nach Ablauf eines Jahres hat das Geschehen nicht mehr den Charakter des ersten Mals und wird nicht mehr mit einer solch schmerzlichen Intensität erlebt. Dann wird es leichter, sich innerlich und äußerlich in den neuen Gegebenheiten einzurichten.

IV.
Kontakt zum Verstorbenen

Kümmern sich die Verstorbenen um den Trauernden, wollen sie ihn trösten, beraten, beschützen?

Nein, Verstorbene sind keine Schutzengel und normalerweise auch keine Heiligen. Sie verhalten sich nicht so, und man sollte es von ihnen auch nicht erwarten. Sie sind ja sehr intensiv beschäftigt und haben Anspruch darauf, dass das respektiert wird. Es kommt zwar vor, dass sich die Seele eines Verstorbenen sofort den Hinterbliebenen zuwendet. Im Allgemeinen aber wird sie den Trauernden höchstens mal eine kurze Botschaft zukommen lassen, wie etwa: »Hier ist es schön, mir geht es gut, ich habe dich lieb, ich freue mich aufs Wiedersehen, werde wieder fröhlich« oder dergleichen. Dann aber will sie sich wieder ihren neuen Aufgaben zuwenden.

Auch ein solch kurzer Kontakt kann ja schon sehr tröstlich wirken. Wie kann man ihn herstellen?

Zunächst empfehle ich, Verabredungen zu treffen, während beide noch leben – nachher wird es nämlich sehr viel schwieriger. Ihr vereinbart z. B.: »Wenn einer von uns beiden stirbt, wird sich der andere sonntags bei Sonnenuntergang unter dem Lindenbaum einfinden, den wir so geliebt haben, und die Kommunikation mit dem Verstorbenen suchen.«

Wenn ich eine solche oder ähnliche Abmachung versäumt habe, was dann?

Dann frag dich: Welchen Ort hat der Verstorbene besonders geliebt – was war seine Lieblingsaussicht, seine Lieblingsbank, sein Lieblingsplatz in der Wohnung? Welches Kleid, welchen Duft liebte er an mir am meisten? Was war seine liebste Musik, sein liebstes Gedicht, sein liebstes Gesprächsthema? Begib dich an den Ort, stimme dich ein in das, was er liebte. So machst du es ihm wünschenswert und angenehm, den Kontakt aufzunehmen. Vielleicht wird er sich über diese Einladung freuen und dir ein Wort sagen, wenn er gerade Zeit und Lust hat und es mit seiner jetzigen Tätigkeit vereinbaren kann.

Und wenn es nicht gelingt?

Dann sei nicht enttäuscht und habe Verständnis dafür, dass er jetzt auf einer großen ereignisreichen Reise ist. Er hat dich deshalb weder aus dem Herzen noch aus dem Blick verloren und wird schon einmal wieder nach dir schauen. Bedenke aber auch: Es könnte sein, dass du dich nicht genügend auf ihn eingestimmt hast, sondern in dem verharrst, was *du* bist, denkst, willst, liebst. Dann wird er deinen Ruf gar nicht wahrnehmen.

Das Ungeeignetste wäre, den Verstorbenen herbeizwingen zu wollen: mit der Forderung, sich gefälligst mal zu melden, weil du sonst den Tag wieder heulend verbringst, in Wut, Verzweiflung, Trauer, Hilflosigkeit, Schwäche, Isolation, Vorwürfen oder dergleichen. Angebracht wäre vielmehr ein Ton wie: »Schau, ich bin an den Platz gegangen, den du so geliebt hast, wäre es nicht schön, wir könnten miteinander reden? Jedenfalls will ich dir sagen, dass ich dich sehr sehr lieb habe und dass ich hoffe, es geht dir gut.« Dann kann es sein, dass der Verstorbene einen Kuss zurückschickt und vielleicht antwortet: »Ja, ich liebe dich auch, und hier oben ist es schön.« Es kommt auf den richtigen Tonfall an.

Das ist sehr hilfreich, denn ich erlebe sehr oft, dass Hinterbliebene den Kontakt zum Verstorbenen herbeizuzwingen versuchen.

Ja, aber dann mache ihnen klar: Der Kontakt wird gar nicht herstellbar sein, solange Zwang im Spiel ist. Diese Kontakte beruhen auf Liebe, und Liebe ist immer eine Sache der Freiheit. Der Hinterbliebene hat die Freiheit, den Kontakt zu wünschen, zu erhoffen, zu ersehnen. Aber der Verstorbene hat die Freiheit, sein neues Leben zu leben. Auch deswegen ist für den Hinterbliebenen die Trauerarbeit so wichtig. Die Kontaktaufnahme darf für ihn nicht lebensentscheidend sein.

Es wird immer wieder mal berichtet, dass der Hinterbliebene mit seiner Trauer die Seele des Verstorbenen regelrecht bindet.

Nimm einmal an, die Seele eines verstorbenen Kindes nimmt die Untröstlichkeit der Mutter wahr und versucht auf jede denkbare Weise, mit ihr in Kontakt zu treten und ihr über den Schmerz hinwegzuhelfen. Es gelingt ihr nicht, sie steigert sich immer weiter in diese Idee hinein und versucht es über längere Zeit hinweg immer von neuem. Dann hast du einen solchen Fall. Da liegt aber in Wirklichkeit kein Gebundensein vor. Die Seele handelt freiwillig, auch so etwas liegt in ihrer Freiheit. Es ist dann nur eine Frage der Zeit, bis sie zu der Einsicht kommt: »Die Mutter ist für sich selbst verantwortlich, sie versucht aber, mich mit ihrer Untröstlichkeit festzuhalten. Das geht nicht auf Dauer, ich will jetzt weiterkommen.« Dann wird sie – ebenso freiwillig – ihr vergebliches Bemühen aufgeben und gehen. Das ist nicht nur ihr Recht, das ist auch notwendig.

Ich höre häufig, dass Menschen das Gefühl haben: »Der Verstorbene ist mir ständig sehr nahe.« Wie erklärt sich das?

Er ist ja tatsächlich sehr nahe. Wo ist denn das Jenseits, die »Anderwelt«, in der er jetzt lebt? Direkt vor deiner Nasenspitze, überall um dich herum, nicht an einem bestimmten Ort über den Wolken. Der Verstorbene lebt in einer anderen Befindlichkeit.

Übung

Stell dir einmal deine irdische Umgebung als ein Ölgemälde vor. Dieses verwandle nun in eine Glasmalerei, die du nicht nur anschaust, sondern durch die du zugleich hindurchschaust. Du siehst dahinter die jenseitige, die »Anderwelt« wie ein weiteres Gemälde und darin in aller Lebendigkeit die Seelen der Menschen, die dir besonders nahe stehen. Du hast sie sozusagen in greifbarer Nähe. Du hast das Gefühl, du könntest durch das Glasgemälde hindurchgreifen und sie berühren. So wirst du die Empfindung haben, dass sie dir nahe sind – und mit Recht. Du nimmst sie nicht mit den äußeren Sinnen wahr, sondern mit den inneren Augen, den inneren Ohren, dem inneren Tastsinn.

Ob dir das gelingt, hängt davon ab, wie weit deine Fähigkeit entwickelt ist, anderen Menschen mit liebevollem Verständnis zu begegnen.

Kann man diese Fähigkeit erlernen?

Ja. Wenn z.B. ein Kind ganz in sein Spiel versunken ist, wirst du das Gefühl haben, es sitzt neben dir und lebt doch in einer anderen Welt, meilenweit von dir entfernt. Du kannst es mit einem barschen Wort aus dieser Welt herausreißen. Aber du kannst auch in eine liebevolle Kommunikation mit ihm treten, wenn es dir gelingt, dich in seine Innenwelt hineinzuleben. Ebenso trittst du mit einem Künstler in Kommunikation, wenn du dich einfühlsam in sein Werk versenkst, oder mit einem Pianisten, wenn du dich still hinsetzt und aufmerksam zuhörst. Wenn du solche Verhaltensweisen bewusst trainierst, wirst du deinen Erfahrungshorizont enorm erweitern und schließlich auch die Türen zwischen »Diesseits« und »Jenseits« öffnen können.

Denn wenn du gelernt hast, Menschen wirklich zu verstehen, wirst du auch die Seele eines Verstorbenen verstehen und seine Nähe erleben können. Verstehen bedeutet, sich in den anderen einfühlen, in seine Haut schlüpfen, durch seine Augen schauen, so denken und empfinden wie er und deshalb für ihn einstehen können.

Übung

Suche dir einen Menschen aus, der die Fähigkeiten hat, die du gern hättest, z.B. einen Meister seines Fachs. Lies seine Biografie und versuche ihn zu verstehen, dann aber auch zu arbeiten und den Tag zu erleben wie er. Durch liebevolles Verständnis und Nachahmung lernt es sich am leichtesten. Du kannst auch ohne Lehrer selbstständig und auf individuellem Weg lernen, das geht auch, ist aber schwerer. Willst du die Fähigkeit erlangen, mit der geistigen Welt in Kontakt zu kommen, dann wähle einen großen Heiligen, Mystiker oder Weisheitslehrer, oder – am besten – wähle Jesus Christus und folge ihm nach. Hast du einmal das Prinzip des »Verständnisses« erfasst, wirst du auch die Seele eines Verstorbenen verstehen und dann auch seine Nähe wahrnehmen können.

Ein Weg, liebevolles Verständnis zu üben, ist die Pflege eines geistig behinderten Kindes. Man ist gehalten zu verstehen, was sonst keiner versteht. Wenn Eltern ein solches Kind haben, hat das einen lichten Sinn, es eröffnet ihnen geradezu einen Königsweg der Einübung des Verständnisses. Die Eltern sollten das also nicht als sinnlosen Schicksalsschlag oder als Strafe oder Last oder Versagen der Medizin ansehen, sondern als Gelegenheit, ständig die geduldige Einfühlung in eine andere Welt zu üben. Das ist eine hochspirituelle Arbeit, die ihnen den Himmel näher bringt und die Kontaktaufnahme mit Verstorbenen leichter machen wird.

Können die Seelen der Verstorbenen auch ihrerseits in die irdische Welt »hineingreifen«?

Natürlich. Sehr oft ist ja das Erste, was sie tun, sich von nahe stehenden Menschen zu verabschieden.

Ja, dafür gibt es viele Zeugenberichte. Die Betreffenden erzählen anderen oft von diesem Abschiedsbesuch, ehe die Todesnachricht über die äußeren Kanäle eingetroffen ist – eine Tatsache, die auch Skeptiker nachdenklich stimmt. Wie kann das denn geschehen?

Ihr wisst ja, dass sich der Lichtleib der Seele, der den Menschen in seinem Lieblingsalter zeigt, außerhalb von euren Raum- oder Zeitvorstellungen bewegt.

So kann sich die Seele in Gedankenschnelle einem ihr lieben Menschen zeigen, um ihm ein Wort des Dankes und der herzlichen Verbundenheit zu sagen. Dieser sieht ihn mit seinem »inneren« Auge und hört ihn mit seinen »inneren« Ohren, d.h. er hat eine »Vision«. Er kann ihn zumindest im Halbwachen wahrnehmen: Ihm ist, als erwache er aus einem Traum, und er weiß doch, dass die Begegnung nicht bloß ein Traum gewesen ist. Meist zeigt sich die Seele, um Abschied zu nehmen, sie kann es aber natürlich auch in einem späteren Stadium tun, etwa um einen Trauernden aufzurichten.

Es gibt auch Berichte, wonach Menschen einen Verstorbenen sogar mit den äußeren Augen und Ohren wahrnehmen.

So etwas kann vorkommen. Nimm einmal an, dass sich ein Mensch ahnungslos in akuter Lebensgefahr befindet und angeschrien werden muss, damit er den Schritt in einen Abgrund vermeidet. Es gibt Menschenseelen, die sich in solchen Situationen mit äußerster Energiekonzentration für einen Moment »materialisieren« können. Das geschieht aber äußerst selten, nicht nur, weil es besonders ausgebildeter Fähigkeiten bedarf, sondern auch, weil es mit hohen Risiken für den Menschen verbunden ist, dem der Verstorbene leiblich erscheint. Er erleidet z.B. einen Schock oder einen Herzschlag, oder er hält sich für »verrückt« oder wird es tatsächlich. Damit wäre nichts Sinnvolles erreicht.

Es gibt auch Berichte, wonach sich nach dem Sterben eines nahe stehenden Menschen etwas »Paranomales« ereignet, es klopft beispielsweise, die Uhr bleibt stehen, das Bild fällt von der Wand. Wie kann das die Seele des Verstorbenen bewirken?

Gar nicht, das bewirken die Naturgeister. Die Seele wollte sich verabschieden oder der Führungsengel des Verstorbenen benachrichtigt den Führungsengel des Angehörigen. Dieser ist aber nicht darin geübt, den Führungsengel wahrzunehmen. Dann kommen die Naturgeister zu Hilfe, um ein äußeres Signal zu geben. Naturgeister gibt es in jedem Haus, und für sie ist solch ein Hineinwirken in die Materie im Allgemeinen nicht besonders schwierig. Das bedeutet dann aber nicht, dass der Verstorbene ein großer Magier gewesen wäre und die Naturgeister angewiesen hätte, so etwas zu tun. Sie tun es von sich aus.

Es gibt Berichte über das so genannte »Mitsterben«, z.B.: die Mutter eines Verunglückten oder eines gefallenen Soldaten nimmt das Ereignis wahr, ist plötzlich außerhalb ihres Körpers und sieht, wie ihr Sohn seine Jenseitsreise antritt.

Dann hat der Führungsengel des Verstorbenen den Führungsengel der Mutter benachrichtigt und es liegen zwei besondere Voraussetzungen vor: Die Mutter ist erstens in der Lage, den Anruf ihres Führungsengels zu vernehmen, vor allem, wenn es um ein Unglück ihres Kindes geht. Sie ist ohnehin in Gedanken bei ihm, fragt sich, was es gerade tun und erleben mag, sorgt sich, ist ihm nahe, ist also auf den Empfang von Informationen eingestellt wie ein Notarzt am Telefon. Die zweite Voraussetzung ist eine hohe Beweglichkeit des Bewusstseins, d.h. die Fähigkeit, mit einem Teil ihres Bewusstseins aus ihrem Körper herauszutreten und sich in Gedankenschnelle an den Ort des Geschehens zu begeben. Sie hat auf spiritueller Ebene diese innere Beweglichkeit entwickelt, ist hellhörig, flexibel, offen für Kommunikation und gegebenenfalls auch für »Reisen« in dieser Ebene.

V.
Schuldgefühle der Angehörigen

In die Trauer mischen sich oft Schuldgefühle: »Ich hätte den Tod des geliebten Menschen verhindern können, wenn ich dies und jenes getan oder unterlassen hätte.« Das gibt es besonders häufig beim plötzlichen Tod und beim Selbstmord: »Ich habe nicht genügend aufgepasst, nicht gewarnt, Zeichen nicht verstanden oder nicht ernst genommen.« Es gibt es aber auch beim krankheits- oder altersbedingten Sterben: »Ich hätte von den getroffenen Maßnahmen abraten, anderes versuchen, für gesündere Ernährung oder Pflege oder Lebensumstände sorgen sollen« oder dergleichen. Wie ist mit solchen Schuldgefühlen umzugehen?

Das Wichtigste ist eine klare Unterscheidung von Schuld und Schuldgefühl. Die Schuldgefühle gehen in den meisten Fällen weit über die tatsächliche Schuld hinaus. Das gibt es nicht nur in solchen Zusammenhängen, sondern allgemein. Hinter einem übertriebenen Schuldgefühl verbirgt sich meistens eine Überzeichnung der eigenen Person. Das mag hart klingen, aber es ist so. Man überschätzt seine Möglichkeiten, seine Kraft, seine Kompetenz, seinen Einfluss, seine Wichtigkeit und reagiert deshalb empfindlich, wenn einer sagt: »Dich trifft keine Schuld an dem Unglück.« Das mögen manche Menschen nicht hören. Doch da sind Strenge und Klarheit geboten.

Angenommen, ein Kind ist ertrunken, und die Mutter wirft sich vor, schuld zu sein. Wie sollte man damit umgehen?

Dann sollte man sich gemeinsam mit ihr und vielleicht auch einem therapeutischen Helfer genau anschauen, welche Verantwortlichkeiten sie hatte und ob sie diese wahrgenommen hat oder nicht. Das ist Punkt für Punkt durchzusprechen: Konnte das Kind überhaupt schwimmen? Trug es denn einen

Schwimmgürtel? Ist es weiter hinausgeschwommen als erlaubt war? Musste man mit Ungehorsam rechnen? Gab es gefährliche Strudel? Hätte die Mutter das wissen können? Gab es professionelle Aufsicht? Hatte sie das Kind einem vertrauenswürdigen Begleiter anvertraut? Hatte sie es selbst im Auge behalten und sich im Augenblick seines Verschwindens nur gerade die Nase geputzt?

Die Erstellung einer solchen Liste kann die Schuldfrage klären. In vielen Fällen wird sich herausstellen, dass die Mutter in den meisten oder sogar in allen Punkten freizusprechen ist, auch wenn sie das nur widerwillig akzeptieren mag.

Entsprechend sollte man in anderen Fällen vorgehen, z.B. wenn das Kind überfahren worden ist: Hatte es gelernt, dass es auf dem Bürgersteig zu bleiben hat, die Straße nur auf dem Zebrastreifen überqueren darf und auch dann nach links und rechts zu schauen hat? Hat es diesen Geboten bisher immer Folge geleistet, sodass sich die Mutter darauf verlassen durfte?

Auch ohne konkrete Schuld machen sich Eltern oft den Vorwurf, das Kind dem Risiko ausgesetzt zu haben.

Dann gilt es, ihnen klar zu machen, dass niemandem etwas abverlangt wird, was über seine praktischen Möglichkeiten hinausgeht, und dass sich Risiken nicht ausschließen lassen. Es wäre auch nicht gut, sie ausschließen zu wollen, denn das Kind soll ja lernen, mit den Risiken eigenverantwortlich umzugehen, Vorsicht walten zu lassen, Warnungen ernst zu nehmen. Ihr könnt die Kinder nicht vor dem Leben bewahren, und das Leben ist nun einmal lebensgefährlich. Schon das Geborenwerden kann tödlich enden, jedes Spiel, jeder Sport, jedes Klettern, jedes Handwerk, jede Teilnahme am Straßenverkehr, jede Reise bringt Gefahren mit sich. Ihr könnt das Kind nicht in der Wohnung wie in einem Käfig einsperren, und selbst dort kann ein Unglück passieren. Ein Kind bedarf der Aufsicht und Kontrolle, aber es ist nun mal ein Kind. Es handelt so spontan, dass es nicht vollständig zu beaufsichtigen ist.

Ihr könnt nicht mehr tun, als auf typische und wahrscheinliche Gefahrenquellen zu achten, Risiken zu kalkulieren, die gebotenen Vorsichtsmaßnahmen zu treffen und sie auch dem Kind einzuschärfen. Wenn dann dennoch ein Unglück eintritt, liegt das nicht in eurer Verantwortung, sondern in der Struktur der Welt, die nicht in eurer Gewalt ist. Ihr könnt das Unglück dann nur in einer religiösen Perspektive akzeptieren: »Nicht mein Wille, Dein Wille geschehe.« Es ist dann sehr hilfreich zu wissen, dass dem Leben und manchmal auch den Umständen des Sterbens eine freiwillig getroffene Lebensabsprache zugrunde liegt. Doch auch wenn das Unglück die Lebensabsprache durchbricht, geschieht es nur, wenn die Seele darüber Einverständnis mit dem Vater erzielt hat. Dies gilt für Kinder ebenso wie für Erwachsene. Es wird der Mutter helfen, wenn sie das weiß und versteht.

Was man ihr grundsätzlich klar machen sollte, ist: »Dein Kind gehört nicht dir, du bist sein begleitender Helfer und Freund, nicht mehr und nicht weniger. Es hatte ein Recht, auf die Welt zu kommen, sein Leben zu leben und seine Sterbestunde mit dem Vater abzusprechen. Füge dich darein und klage nicht über die Risiken des Lebens auf dieser Welt.«

Und wenn die Mutter tatsächlich ein Verschulden trifft, wenn sie z.B. ihre Aufsichtspflicht vernachlässigt hat?

Dann sollte sie zweierlei tun. Sie sollte erstens den Himmel und auch die Seele des Verstorbenen um Vergebung bitten und etwa sagen: »Ich bereue meinen Fehler zutiefst, er tut mir in der Seele Leid.« Sie sollte zweitens in die Zukunft sehen, sich vornehmen, einen solchen Fehler nicht wieder zu machen und auch andere in ihrer Umgebung oder, wenn sie Gelegenheit dazu findet, in der Öffentlichkeit vor Leichtsinn dieser Art zu warnen. Ihr Beispiel kann dazu dienen, dass alle etwas lernen und die entsprechenden Konsequenzen ziehen.

Nicht sinnvoll ist es, stattdessen den Rest des Lebens mit Selbstanklagen zu verbringen, die eigene Seele sozusagen in Schuldgefühlen zu baden. Damit schwächt sich die schuldig Gewordene selbst, bringt sich nicht weiter und findet nicht die Kraft zu sinnvollen, zukunftsweisenden Reaktionen. Das betrübt den Himmel und kann übrigens auch die Seele des Verstorbenen sehr betrüben.

Ist ein Kind ermordet worden, sind die Selbstvorwürfe der Eltern, nicht genügend aufgepasst zu haben, besonders bitter. Was rätst du in diesem Fall?

Dann kommt zu dem Schmerz über den Verlust noch der Schmerz über die einsamen Qualen, die das Kind erlitten hat, und über die Ohnmacht und Hilflosigkeit der Eltern hinzu. Aber die Schuldgefühle der Eltern sollten genauso realistisch analysiert werden wie bei einem Unglücksfall. Die Eltern sollten sich z.B. nicht anklagen, dass sie das Kind nicht täglich von der Schule abgeholt haben oder dass sie ihm das Herumtollen im Freien erlaubt haben, wenn das der Altersstufe angemessen war. Vielleicht liegt ein Verschulden darin, das Kind nicht eindringlich genug gewarnt zu haben, mit fremden Männern mitzugehen. Dann macht es wiederum keinen Sinn, den Rest des Lebens in Selbstanklagen zu verbringen, sondern es gilt, erstens um Vergebung zu bitten und zweitens Lehren für die Zukunft zu ziehen und anderen mitzuteilen.

Ein Problem kommt beim Kindesmord hinzu: Die Situation wird von den dunklen Hierarchien zu dem Versuch genutzt, Wut, Hass, Rachegedanken und den Wunsch nach der Todesstrafe zu wecken. Dann kommt es für die anderen Menschen darauf an, das zu akzeptieren und nicht zu früh mit moralisierenden Einwänden auf die Eltern einzureden. Diese Gefühle sollten zunächst einmal Raum bekommen, durchlebt und formuliert werden dürfen. Das gehört in diesem Fall zur Trauerarbeit und beansprucht mindestens ein Jahr. Also da sollte man nicht heiliger sein wollen als die Heiligen, sondern es zulassen und die Eltern liebevoll darin begleiten, ihnen vor allem verständnisvoll zuhören, auch wenn sie das Bedürfnis haben, den Vorgang zum hundertsten Mal durchzusprechen.

Erst nach einer angemessenen Phase kann man vorsichtig testen, ob tröstende Worte und lichte Ratschläge schon Gehör finden. Wenn das der Fall ist, kann man langsam und vorsichtig versuchen, die Eltern von ihren unbegründeten Schuldgefühlen zu befreien, indem man diese einer sachlichen und genauen Prüfung unterzieht. Erst dann lässt sich eine zukunftsorientierte Aufbauarbeit beginnen, die die Trauernden von ihrer Bitterkeit erlösen kann.

Es ist also nicht gut, in Selbstvorwürfen und Schuldgefühlen zu verharren, statt sich in das erlittene Schicksal zu fügen, daraus Lehren zu ziehen und sich auf die Zukunft auszurichten.

VI. Trauer in Liebe verwandeln

Ist ein geliebter Mensch gestorben, so ist die Trauer ein Ausdruck der Liebe zu ihm. Anfänglich erscheint sie als die einzige Form, in der diese Liebe noch Gestalt haben kann. Mit der Zeit aber lässt der Schmerz über den Verlust nach, während die Liebe nicht in gleichem Maße nachlässt. Im Gegenteil, sie wird selbstloser und inniger. Gleichzeitig weitet sie sich auf andere aus: auf Menschen, die dem Verstorbenen ähnlich sind oder zu Lebzeiten waren, auf Menschen, die ebenfalls um ihn trauern, auf andere Trauernde, die ihren geliebten Menschen durch ähnliche Umstände verloren haben, auf Trauernde allgemein, auf Menschen, die verlassen worden sind, überhaupt auf leidende Menschen, mehr und mehr aber auch auf glückliche Menschen. Der Kreis wird immer größer und seinem Wachstum sind keine Grenzen gesetzt. Schließlich erstreckt sich die Liebe des Trauernden auf alle Kreatur.

Das Beste ist, wenn sich die Liebe in tätige Fürsorge umsetzt und man sich beispielsweise um Kinder kümmert, die an derselben Krankheit leiden, an der das eigene Kind gestorben ist. Der Tod eines Kindes erweckt eine Mütterlichkeit, die nun anderen Kindern zugewandt wird. Aber auch gegenüber anderen Menschen kann man neue Verantwortlichkeiten übernehmen, es entstehen neue Beziehungen und die Angehörigen ordnen ihre Beziehungen zueinander neu. Es kommt eine neue Lebendigkeit auf. Die Trauer wird zur Quelle einer sehr großen und sehr intensiven Liebeskraft.

Die dunklen Hierarchien suchen das zu verhindern. Sie nutzen die Trauer, um Hader, Vorwürfe, Hass, Angst, Unsicherheit, Einsamkeit, Hoffnungslosigkeit zu erzeugen. Sie versuchen, die der Trauer innewohnende Tendenz zur Liebe abzublocken. Sie wollen die Trauer umwandeln in das Gefühl, einem blind waltenden, sinnlosen Schicksal ausgeliefert zu sein, und es gehe nun alles so weiter: dunkel, sinnlos, schmerzlich. Der Trauernde sollte auf solche Angriffe gefasst sein, dann wird er sie leichter abwehren können. Denn in Wirklichkeit ist das Sterben auch für die Angehörigen eine Brücke zum Leben hin. Das Leben wird zwar ein anderes sein, aber ein lichtes und schönes und gutes.

In der menschlichen Trauer spiegelt sich die Trauer des himmlischen Vaters, der himmlischen Mutter und des Sohnes wider. Sie haben ja allen Grund, über das zu trauern, was die Menschen unter dem Einfluss der dunklen Hierarchien tun und andere tun lassen. Aber sie hadern nicht, sie sind nicht verbittert und pessimistisch. Im Gegenteil, wo sie Anlass haben zu trauern, wenden sie sich den Menschen mit umso intensiverer Liebe zu. Und sie wissen, dass am Ende alles gut werden wird, sie sind erfüllt von vertrauensvoller Zuversicht. So ist im Himmel vorgezeichnet, was auch auf Erden geschehen kann.

Sterben bedeutet Neugeburt im Jenseits: Es beginnt ein neues Leben, das menschliche Leben endet in einer Geburt. Auch die Trauer ist ein Geburtsprozess. Sie führt in eine neue Lebendigkeit. Sie wird, richtig verstanden, zur Quelle einer neuen, großen, Himmel und Erde umfassenden Liebe. Aus einer tiefen Trauer gehen oft sehr erquickende, lebendige, lichte Menschen hervor. Sie haben die Trauer in Liebe verwandelt.

Alexa Kriele

Mit den Engeln das Leben meistern
Wie sie uns durch Krisen helfen

272 Seiten · Gebunden mit Schutzumschlag
ISBN 3-7205-2432-9

Ob Krankheit, Scheidung oder Arbeitslosigkeit – keinem Menschen bleiben Schicksalsschläge erspart. Die Engel sehen in der Krise jedoch eine großartige Chance, sich selbst zu finden und etwas Neues entstehen zu lassen. Alexa Kriele stellt wunderbare Botschaften der Engel vor: praktische Hilfestellungen, um Lebenskrisen erfolgreich zu meistern.

KAILASH